人才测评

从入门到精通

张云华 著

上海科学技术文献出版社

S Shanghai Scientific and Technological Literature Press

图书在版编目（CIP）数据

人才测评：从入门到精通 / 张云华著 . —上海：上海科学
技术文献出版社，2021
ISBN 978-7-5439-8243-7

Ⅰ.① 人… Ⅱ.① 张… Ⅲ.① 人员测评 Ⅳ.① C962

中国版本图书馆 CIP 数据核字（2020）第 253833 号

责任编辑：孙　嘉
封面设计：道启倍睿｜陈雨强

人才测评：从入门到精通
RENCAI CEPING: CONG RUMEN DAO JINGTONG
张云华　著
出版发行：上海科学技术文献出版社
地　　址：上海市长乐路 746 号
邮政编码：200040
经　　销：全国新华书店
印　　刷：常熟市文化印刷有限公司
开　　本：720mm×1000mm　1/16
印　　张：16
字　　数：252 000
版　　次：2021 年 5 月第 1 版　2021 年 5 月第 1 次印刷
书　　号：ISBN 978-7-5439-8243-7
定　　价：88.00 元
http://www.SSTLP.com

自序

　　随着现代科技和经济的高速发展，新产业新技术不断喷涌。如何利用先进的科学手段，对各类人才的知识水平、能力倾向、工作技能、个性特征及其发展潜力，实施有效的、客观的、科学的测量和评价，以优化人力资源配置，构建公开、公正、平等、竞争、择优的用人机制和选人理念，提高人力资本效能，节约人力成本和风险，已引起人们特别是企业界的高度重视。人才测评作为现代化的人才评估方法，其客观、公正、科学、全面的特点，得到了企业界的广泛认可。在企业人才管理实践过程中，企业管理者无论是中高层管理者，还是基层一线管理者，只要涉及人才管理工作都会面临"识人用人"的问题。其中，"识人"就是找到企业发展所需人才，"用人"是使人才发展与企业发展最大化地结合，做到"人事相宜、权责匹配、动态发展"。人才测评是以现代心理学和行为科学为基础，运用多种测评技术手段，识别个体知识技能、胜任素质及发展潜力等心理特质差异的"识人用人之术"。将人才测评运用到"识人"过程，能极大提高人才识别效率，短时间内最透彻、最精准地认识人才，了解人才；同时将人才测评结果用现代化工具记录下来，形成人才档案，通过周期化人才盘点，可构筑人才梯队，实现人才动态发展，提高人力资源利用率和回报率。近十多年来，国内越来越多的企事业单位运用人才测评技术来对企业的管理者、核心骨干进行评估，但专业从事这项工作的人士更多集中在咨询公司、测评公司，单位内部的人力资源从业者却较少能够熟练掌握人才测评技术。人才测评技术需要从业者掌握心理测评的技术，掌握人力资源管理、组织管理学等多学科的专业知识和技能，是一门复合的技术。所以企业建立内部评价中心较难，就是因为缺乏专业的测评人才，专业测评人才的培养任重道远。

　　在近14年的人才测评咨询实践工作中，我和客户共同去挑战他们面临的问题：有的企业觉得没有心仪的人才，而外部招聘的人才又不能满足企业快速发展的需求；有的企业组织了大量的线下课程，每年投入大量的资源去做培训，却发现效果有限；非常看好的员工突然提出离职，加入竞争对手；高技术技能人才紧缺，却不知如何能够快速培养和引进；人才梯队建设势在必行，配套的甄选工具却无法操作，等等。解决这些问题都需要运用人才测评技术进行人才选拔、盘点、培养、发展。2019年下半年，北大纵横人才测评研究院开发了适用于职场人士快速掌握人才测评技术的人才测评师认证课程。该认证课程从人才测评是什么、测什么、怎么测、怎么用等四大模块设计十八讲内容，我们的初衷是让每一个人才测评新手通过不懈努力和实践能够成为熟手，从熟手进而成为专家，因此，与课程配套的这本书的书名就叫《人才测评——从入门到精通》。

本书共分为三篇，从认识篇、基础篇再到实践篇。认识篇和基础篇告诉读者人才测评是什么、测什么和怎么测，实践篇告诉读者怎么用。

认识篇共两章。第一章主要介绍人才测评的相关知识，包括人才测评的定义与特点、起源与发展，人才测评的基本问题，以及心理测验的编制程序与实施等方面。第二章主要介绍人才测评师的基本知识，包括人才测评师的内涵、分类、定位、现状及发展前景，成为人才测评师需具备的素质及恪守的道德准则。

基础篇共八章，分别介绍人格测验、能力测验、兴趣测验、价值观测验、心理健康测验、评价中心概述、常见评价中心技术、绘图测验等内容。本篇既介绍心理测验最常见的一些测验，又介绍人力资源领域应用最广泛的评价中心技术（公文筐、无领导小组讨论、面谈技术）等，跨越了心理学、管理学、人力资源三个学科专业。

实践篇共七章，分别介绍胜任素质模型构建、人才盘点、人才招聘、人才培养、人才选拔、职业生涯规划、领导力开发应用。实践篇更多来源于本人多年的人才测评管理咨询实践经验，通过理论和案例告诉读者人才测评应该怎么用。

最后附录是心理测验管理条例和心理测验工作者职业道德规范。

本书适合人力资源从业者、有兴趣从事人力资源工作的高校学生、社区工作者，以及对人才测评感兴趣的其他社会人士阅读。本书由浅入深，不管您是想入门了解人才测评的基本知识理论，还是想精通人才测评技术，并能应用到企业管理中的各个领域，本书都能满足您的学习欲望。本书包含大量真实案例，以帮助读者解决在人才管理方面遇到的难题。本人很庆幸自己从事这样一份有价值又充满被信任的工作。因为我深知人才测评工作不仅仅关乎组织的人才选拔、培养和发展,更关乎组织中每个个体的个人职业发展。这是一份需要专业、客观、公正的职业素养的工作,衷心希望更多有志于从事人才测评工作的同仁能够以这样的职业素养来认真对待这份工作。

感谢我多年服务的客户,书中很多内容都是在项目实践的互动中与他们共创出来的,他们中的好几位还热情地给本书写了推荐语。感谢北大纵横人才测评研究院研究员韩宪国先生和王雅琴女士对本书提出的重要参考意见。感谢上海科学技术文献出版社编辑孙嘉女士在本书出版过程中的支持。本书写作有一年有余,但还有不足之处,还望读者海涵。我更渴望与读者朋友们建立良性互动,大家可以通过我们的微信公众号"纵横人才测评"留言。让我们一起在实践中持续运用人才测评技术,使人力资源价值不断提升,使组织基业常青。

愿每一位读者阅读快乐!

张云华

2021 年 1 月于上海

目 录

认 识 篇

基 础 篇

实 践 篇

认识篇

第一章

认识人才测评

1988 年,上海市任职资格评价中心成立,中国出现了首家社会化的人才评价机构。这标志着中国的人才选拔与评价开始从主观的、单一的评价方式向客观科学的、多元的方向发展,人才测评也逐步进入政府、国企、民营及合资企业的日常人力资源管理工作中,蓬勃发展。人才评价不是一个新兴的概念,在我国有着悠久的历史,但真正意义上的量化评价是近三四十年出现的。随着现代科技和经济的高速发展,新产业新技术不断喷涌,如何利用先进的科学手段对社会各类人才的知识水平、能力及其倾向、工作技能、个性特征及其发展潜力,实施有效、客观、科学的测量和评价,以优化人力资源配置,构建公开、公正、平等、竞争、择优的选人用人机制,提高人力资本效能,节约人力成本和风险,已引起各界人士,特别是企业界人士的高度重视。人才测评作为现代化的人才评估方法,以其客观、公正、科学、全面的特点,得到了学界和企业界的广泛认可。本章主要介绍人才测评的基础知识,包括人才测评的定义与特点、起源与发展,人才测评的基本问题,以及心理测验的编制程序与实施等方面。

1.1 人才测评的定义与特点

1.1.1 什么是人才测评

人才测评，也称为人才素质测评，是借助于一定手段，采用定量与定性相结合的方法来判别个体差异的一门科学。做人才测评，首先要明白"人才"的概念。什么是人才，不同的人有不同的理解，不同的学科也有不同的理解。无论怎样理解，人才本质上是创造性、进步性与社会性的统一。是否拥有创造性，是判定人才的关键，人才提供的创造性劳动促进社会进步与人类发展。

人才测评技术是建立在心理学、组织行为学、教育学、测量学、统计学等基础上的跨学科综合方法体系，包含已日臻成熟的心理测验（Psychological testing）、面试（Interview）和评价中心（Assessment center）三大技术，在企事业单位的选人、用人、育人、留人方面发挥巨大作用。人才测评通过对员工或展开适当的心理测验、行为观察和情境模拟演练，可对人才的个性特征、职业素质、岗位匹配程度等做出综合评价，成为现代人力资源管理与开发的重要基础性环节。

从概念上讲，人才测评包括测量（Measurement）和评价（Assessment）两个部分。测量指的是依据一定规则用数字化方式对人的各素质要素进行定量描述，是定量分析，是客观描述；评价则指的是在测量的客观基础上依据某些标准评定受测对象的价值与意义，是定性分析，是主观判断。人才测评中通过测量和评价的有机结合，能在对受测者开展价值判断基础上，提供具体翔实的客观评估资料。

需要说明的是，任何人才测评活动都有其目的性，如企业为拓展新业务选拔优秀人才而开展的选拔性测评，为摸清企业人力资源发展状况、实施人才发展规划的摸底式测评，等等。强调人才测评的目的性是提醒测评者：测评不是目的，而是实现目的的手段，不要为了测评而测评。

1.1.2 人才测评的特点

人才测评是一项特殊复杂的社会认知活动，与其他的测评活动不同，参与的主体测评者与测评对象都是现实生活中的人，这使得人才测评具有很强的独特性和很高的复杂性。归纳起来，人才测评具有以下几项鲜明特点：

（1）人才测评强调使用定量测评。传统人才测评方法存在"重性轻量"特性，而现代人才测评方法通过科学定量分析方法的运用，加入一套完整的计量体系与数理统计分析方法，极大地改善传统方法的弊端，增强了测评结果的准确性、客观性、有效性与权威性。当然，现代人才测评虽注重定量分析方法，但并不排斥或否定定性分析方法。相反，现代测评方法更加重视定性分析的科学性，强调定量与定性的有机结合。

（2）强调测评内容的全面性和系统性。传统人才测评偏重受测者道德品质和绩效表现，而忽视或弱化知识技能、心理特性等方面的考察，认为心理素质较为虚幻或难以评估。由于心理测评技术的发展，传统测量方法的缺陷已经得到有效克服，现代人才测评不但注重德智、能力、绩效等全面系统评估，而且能够制定详细可行、可观测的行为指标和评价标准，使得人才测评在具有科学性的同时还是可以操作、可以量化的。

（3）强调测评流程的规范化和严密性。传统人才测评注重定性考核，缺乏严密规范的流程，所以测评结果具有很强的主观性。与之不同，现代人才测评方法拥有一套从确定测评目标、制定人才评价标准、制定测评实施规划，到组织测评活动、处理测评数据、反馈测评结果的体系完整、规范有序的测评评估流程。这不仅是应对当前日益复杂的社会环境的需要，也是现代人才测评体系自身发展的需要，是其有别于传统测评的重要标志。

（4）注重测评手段的先进性。社会在发展，科学在进步，人是社会的最小单位，人的发展受社会环境变化的影响，心理变化的客观规律也会随时代而变化。因此，测评必然不能守旧，需要测评师不断更新测评技术手段，在实践中不断探索变革，保持技术手段的先进性。

除以上特点外，人才测评作为一种科学测量人才的手段，与其他测量还有以下不同。

（1）人才测评是心理测量，不是物理测量。这句话很容易理解，但却常常被忽视。作为人才测评的核心内容，人才测评测量的是个体的心理现象，包括胜任素质、兴趣、气质、价值观等，具有很强的内在性和隐蔽性，理解并测量比较困难。

然而,我们自身所处的是理性科学为主导的世界,人们偏好用物理学、数学等定量的规则去比较心理层面的差异。其实,人才测评远没那么简单。比如,我们不能认为幸福感得分4分的人一定不如5分幸福,幸福感分数的高低其实还只是主观体验,判断一个人是否幸福还要看社会经济因素、家庭和工作环境等,了解这些之后我们也只能得到一个大概轮廓,通过与个体深度沟通反馈才能给出确切答案。这也是人才测评并没有弱化定性分析,而是更加重视定性分析的根本原因。

(2)人才测评是抽样测量,不是具体测量。这讲的是人才测评的统计学意义。前面说过,人才测评评估的是心理特质,具有较高的复杂性,想要得出准确的测评评估结果,就需要全面可靠的个人信息资料,但实践操作中,测评师常面临短时间内就要通过一定的测评技术手段给出客观科学的测评结果的情况。为了解决这个问题,需要测评师按照"部分能够反映总体"的原则,对受测者进行抽样分析,并根据统计学"小概率事件不能发生"的判断标准,从抽样群体测评结果推断总体样本的内容。这也意味着,如果提供的个人信息资料不够完整或包含误导信息,或者抽样群体较小,那么测评结果的可靠性将会受到影响。所以,要尽可能地收集相关资料,并在设计和评估时考虑与预防可能出现的风险因素,做到"广泛收集、小心求证"。

(3)人才测评是相对测量,不是绝对测量。人才测评的测评内容和统计学意义已经说明测评结果不是绝对量化的,而是相对的,存在一定的测量误差。测评师需要怀着开放的心态去面对存在测量误差这一客观事实。但我们也要指出,测准是相对的,测不准是绝对的,目前的测评技术已经日臻完善,人才测评也逐步逼近测准的状况。实践经验表明,采用评价中心的技术手段的人才测评,准确率已经在80%以上,再加上个人测评报告反馈,准确率高达90%以上。可见,人才测评的结果是相对的,有测评不准确的情况,但却有一定的技术手段逼近准确的状态。

(4)人才测评是间接测量,不是直接测量。这是由测评对象内在特质特点所决定的。人的特质具有隐蔽性,比较抽象,但却客观存在,可以通过人的外在行为表现反映出来。在素质与行为之间存在某种相对固定的中介物,可以通过一定的方法加以提取。因此,我们并不能直接测量个性特质,但可以通过行为特征加以测量,故人才测评是一种间接测量的方法。

1.1.3 人才测评的意义

（1）从企业角度看

1）人才测评为人才资源配置提供科学依据。人才资源的配置包括人与事的配置及人与人的配置,即通常所说的"人岗匹配、团队建设",是人力资源管理的基础工程。传统的人事管理由于主观意识较强,缺乏客观科学的人才测评技术,不能科学合理地配置人才和资源,造成人才闲置、埋没人才、浪费人才的现象,从而影响组织的发展。究其原因,是对人才的认识不够,对人才的素质状况、兴趣爱好、能力专长等缺乏足够的了解。现代人才测评技术的加入,弥补了这一缺陷,组织一旦掌握这类信息,无论是在人事决策,还是组织协同,甚至是人力资源规划方面,都能够获得科学根据。

2）人才测评能够促进人力资源开发。人事管理或者人才管理,本质上是人力资源不断开发的过程。无论是发掘、选聘、启用新人才,还是对已有人才配置调整,都以"知人识人"为基础。现代化的人才测评能够为"人尽其才、人尽其用"的最佳人事管理状态提供有效的途径和方法。开展人才测评,不仅能够发掘优秀人才、核心人才,而且能够明确个人优势不足,提供培养效力,最大化开发人才潜能。

（2）从个人角度看

1）人才测评有利于个人择业。人才测评目前在大学生就业方面已经得到广泛普及。通过人才测评,个体能够了解自身的优点和兴趣,知道自己存在的不足,更加全面深刻地了解自己,对择业有很大的帮助。

2）人才测评有利于个人发展。人是在不断选择的过程中成长的,但有时候由于自我的认识并不全面,人们常做出错误的选择。心理学表明,人的发展是存在关键期的,在关键期,个体的选择尤为重要,甚至决定以后的人生发展。而如果个体在关键期之前或之中,能够有外力促使自己深刻地分析自己、了解自己,则可尽量扬长避短,更好地实现人生目标,体现人生价值。

（3）从社会角度看

从社会角度来看,人才测评有调节社会人才资源的作用。在社会主义市场经济中,人才流动主要靠计划配置和基础性的市场机制来调节,人才测评在这一条件下可以发挥信息咨询作用,主要体现在以下三个方面:第一,有助于从国家、地区、产业等宏观层面的人才结构和职业分布结构进行调节;第二,可以促进人才横向和纵向流动,使人力资源分布更加合理;第三,可以明确社会的人才供求标准,使区域人才需求和人才特点有机结合。

1.1.4 人才测评的应用领域

(1)组织中人力资源管理:招聘、选拔、晋升、培训、职业发展等。

(2)学校教育:智力评估、性格测试、心理健康普查、学业提升等。

(3)政府部门:公务员的选拔、考核、培训等。

(4)军事部门:人才的选拔,如飞行员、特殊兵种选拔等。

(5)心理健康辅导:对心理健康的测评(包括精神病医院)。

(6)个人:职业选择和职业生涯管理。

1.1.5 人才测评的常见误区

认识误区一:人才测评无用论。尽管现代人才测评的普及面越来越广,影响力越来越大,但仍有人觉得人才测评无用,甚至得不偿失。他们认为,企业过去并没有使用人才测评但依旧发展得很好,而且测评对象如果仅限于基层员工,或许影响还不大,如果扩展到中高级管理人才,一旦误用将会带来不可估量的损失。其实,这是对人才测评的误解,作为"识人用人之术",没有好坏之分,用得好能极大提高人力资源管理效率,用得不好也难免导致一些消极影响,关键在于能否合理利用,而这恰恰需要使用者本人的积极配合。此外,对人才测评的不信任还源于对测评结果准确性不认可,以及自我封闭的心理。前面已经说明,人才测评需要提供个体的详细资料,有时测评师还会使用一些潜在方法评估个人隐秘的一面,而在企业环境下,利益纠葛复杂,个体极其容易掩盖真实信息,有时甚至提供虚假信息,使得测评师无法短时间排除较多虚假信息,这极易使测评师得出错误结论。另外,测评师的专业性不足也是导致这一现象的原因。

认识误区二:人才测评万能论,以人才测评代替人事决策。与"人才测评无用论"的论调相反,有人提出"人才测评万能论",过分夸大人才测评的作用,甚至有企业直接以人才测评结果替代人事决策。实践中,会经常遇到用人单位要求测评专家做出用人决策的情况,这其实很危险。人才测评提供的只是咨询服务,测评专家的主要工作是协助用人单位做出用人决策,降低主观判断带来的失误率,而如果用人单位将决策权完全交给测评专家,悉数采纳测评专家的建议,并不真正参与决策,那么当出现测评不准的情况时,就会给用人单位带来一定的损失。这类似于医生问诊,医生在看病的时候会要求病人提供各种化验报告,而不仅仅是某个单一指标,但至于究竟是什么疾病,还需要医生的综合判断,需要病人提供可靠的问诊信息。完全相信测评结果是有风险的,但也需要说明的是,有时候测评专家所提供的决策建议确实比用人单位自身主观判断的更加准确客观,但是否真正采纳,还需要用人单位自己来决定。

认识误区三:对测评结果的准确性缺乏认识。前面已经阐明,人才测评无用论和万能论的产生,其部分原因是对测评结果的准确性缺乏正确的认识。测评结果的准确性是相对的而不是绝对的,有几方面的原因:首先,人才测评做不到像物理学测量那样的准确性;其次,测评结果容易受各种因素干扰,比如受测者的配合程度、施测时受测者的情绪状态等;最后,人才测评是间接测评,无法从真正意义上得出完美的因果性结论。其实,人才测评结果能有 80% 的准确性已经是相当不错了。

认识误区四:人才测评不如直接试用。"百练不如一试",测评结果再完美,也不如实际试用来得可靠,许多用人单位都这样认为。这种认识并不可靠。首先,大规模试用是不可能实现的,成本和风险太高;其次,试用结果理想也并不意味着将来依旧理想,或许换个环境人才就不再适应;最后,试用阶段存在极强的掩饰现象,用人单位需要投入成本进行跟踪评估,且试用人员存在较大的随机性,无法有效地控制培养投入产出比例。为了解决这一问题,现代人才测评开发出情境模拟技术,让受测者置身于模拟现实工作的场景当中,观察受测者的真实反应。大量实践经验表明,情境模拟具有很高的预测价值和经济价值,可靠性非常高。

1.2　人才测评的起源与发展

1.2.1　中国古代人才测评的产生与发展

中国古代是没有"人才测评"这个说法的,没有相关文字记载。但关于人素质特点的描述,在远古时期就存在。比如,商周时代的《周易》用占卜观测自然现象,预测人的生死祸福;《尚书》也曾记载"知人则哲,能官人"的说法,讲的是唯有聪明睿智之人,方可了解他人,做到用人得当。

古人认为人才选拔是件必须要做的事情,所以就有了关于人才选拔的相关论述。孔子说:"始吾于人也,听其言而信其行;今吾于人也,听其言而观其行。"孟子说:"权然后知轻重,度然后知长短,物皆然,心为甚。"荀子认为,选将任职需考究人的"德能"。这些论述为人才选拔提供了参考依据。

关于人才选拔的具体实践,中国古代有着独特的演变与发展。比如我们所熟知的,在汉代,流行"察举",在魏晋六朝时期,流行"人物品评",遗憾的是,这些时期虽有丰富的人才选用经验,但并未上升至理论高度。直至隋炀帝大业年间,朝廷为加强中央集权,需大量补充官吏,才开始"开科取士",开启了选举与考试的新篇章,标志着中国古代科举制度的开端。唐朝进一步完善这一制度,引入智力测验,此后宋元明清时期并无重大变化,直至 1905 年废止。中国古代铨选制度,不仅是世界上最古老、最完备的人才选拔制度,同时,所使用的方法也推动了当今世界考试与测量的发展。

1.2.2　西方人才测评的产生与发展

尽管我国古代已经有朴素的人才测评的思想、制度及方法,但现代人才测评却起源于西方,军事领域的成功运用和管理科学的蓬勃发展促进其不断发展与完善。

心理测验的产生与发展是西方人才测评产生的重要基石。早期先驱高尔顿、卡特尔等人发明了许多测量仪器,测量人的身高、拉力、听力、肌肉强度、痛觉感受等人体感知觉信息;此后,法国心理学家比奈编制第一个智力量表,开始研究人的高级心理品质。智力量表在教育领域的成功运用,使人们看到心理测验的广泛应用前景。

科学管理思想创始人泰勒提出的科学管理及量才分工的思想,推动了现代人才测评技术在企业管理方面的广泛应用。最早将人才测评方法应用到企业人员选拔的是美国电报电话公司,该公司经过十年的追踪观察,发现现代人才测评方法是非常可靠、有效的。同时,一批社会化的人才测评组织相继成立,比如,为社会提供人才测评服务的著名考试公司 ETS(总部位于美国普林斯顿)等。

随着在军事、教育、企业管理等领域的成功推广,以及心理学、统计学等相关学科提供的理论支持,当代西方人才测评与选拔已经发展到较为成熟的阶段,形成了一门独立学科。

1.2.3 现代中国人才测评的发展

我国现代人才测评始于 20 世纪早期,共走过了引进、停滞、复苏和繁荣四个阶段。1916 年,樊炳清最早将比奈-西蒙的智力量表引入中国;20 世纪 30 年代,职业介绍所出现,开始使用较为简单的心理测量开展人才测评工作;到 20 世纪 80 年代初,伴随着改革开放的春风,人才测评也开始复苏;20 世纪 90 年代之后,市场经济改革不断深化,企业人事管理开始转向全面人才管理,人才测评开始走入了繁荣发展阶段。

目前,随着全球化的深入和单边主义抬头,社会和市场整体环境面临较多的不稳定因素,进入了 VUCA(Volatility 易变,Uncertainty 不确定,Complexity 复杂,Ambiguity 模糊)时代,对人员胜任素质的要求尤其是对企业管理者的要求不断增强,人才已经成为第一资源,因此,社会和企业对作为"识人用人之术"的人才测评工作也更加重视。

1.3　人才测评的基本问题

1.3.1　理论基础

（1）个体差异性

人与人之间的差异性是人才测评存在的前提条件。俗话说，"龙生九子，各有所好"，就像世界上找不到两片完全相同的树叶一样，也不存在两个心理特征完全相同的人，况且心理特征也不像身高体重那样容易区别。人的心理特征之所以差异万千，主要是遗传和环境共同作用的结果，不同的遗传素质和差异化的生存环境使得个体在能力、个性和行为表现出巨大不同。有人以逻辑思维见长，有人以形象思维闻名；有人性格暴躁，有人谦逊温和；有人做事严谨，有人随意应付。正是这万千差异，构筑了我们形形色色的世界，也是推动人才测评产生与发展的力量源泉。

（2）个性特质的相对稳定性

心理特征不是个体身上的偶尔表现，而是具有相对稳定性的。人自出生之后，会逐步经历社会化的过程，这一过程中逐渐形成相对稳定的生活态度与行为风格，且一旦形成，将极难发生变化。譬如，性格外向的人，不仅常与家里人嬉笑打闹，而且在工作社交场合也非常活跃，且不仅现在如此，以往也是如此，将来还是如此。正是由于个人特质的相对稳定，我们就可以通过一个人过去的行为特征去推断将来的行为表现，使得人才测评具有实现的可能性和存在的意义。

（3）心理的可测性

内在心理可以经由外在行为体现，我们可以通过人对外界刺激的反应来间接测量心理特征。现代人才测评技术就是通过个体的外在行为表现推断内在心理活动过程。比如，一个对体育运动感兴趣的人，会比较喜欢观看各种体育比赛，会主动参与竞技类体育活动，且表现出极大的韧性，所以我们可以推断这个人的兴趣爱好偏向运动竞技，当在竞技比赛中获奖时，他会有极强的幸福感和自豪感。大量研究和实践经验表明,这种测量方法具有很高的可靠性和准确性,也意味着心理活动是有方法加以评估测量的。在此需要说明的是,现代人才测评技术远不止于此。进化心理学是从生物演变生存的角度理解人的行为变化,认知神经科学是通过脑机制的层面阐述人的心理过程,社会心理学是从人际关系层面阐明人的心理改变,等等。依据这些研究发现,人们开发了心绪感知仪等现代技术,大大改变了行为科学这种测评方式,但由于人际互动仍以行为表现为参照,所以行为科学在现代人才测评领域仍具有重要地位。

(4)人职匹配理论

人职匹配理论是描述个人心理特质与职业特点相契合的理论。每种职业的性质特点、条件环境、工作方式等差异较大,对人员的知识水平、专业能力、气质特点、心理特征等的要求也千差万别。实践和研究发现,如果个人心理特质与职业有较高的契合度,即所谓的人职匹配或人岗匹配,那么其工作效率会明显提高,事业成功可能性加大。因此,人岗匹配成了现代人力资源管理的重要关注领域。而若想实现人岗匹配,就必然需要对岗位和人有深刻客观的认识。现代人才测评为了解职业或岗位,发明了工作分析、能力特质分析等岗位评估方法;为了解人,开发了心理测评、评价中心、情境模拟技术、结构化面谈等测评手段。测评师之所以能够在企业中有其用武之地,究其根本是测评师对人的了解程度远高于对岗位的了解,而企业对岗位的了解远高于对人的了解,人岗匹配又是企业提高人力效能的最佳路径,那这两者交互的诉求点才是人才测评发挥巨大作用之所。

1.3.2 测量的信度

信度是检验测验内容的可靠性或一致性程度的指标,即测验的内容是否反映同一心理特质。信度系数较高的测验具有跨时间、跨空间的一致性。如果信度较低,则表明该工具进行人才评价时所得测评结果缺乏稳定性,有可能出现同一测评者使用同一工具在不同时间、不同场合所得结论不一致的情况,而这种不一致将大大影响测评结果的使用效力,能诱发人事决策出现偏误。为了减少这一现象的出现,美国人才测评专业委员会建议,如果一项测评工具、技术方法其信度系数高于 0.7(内部一致性指标,在 0 到 1 之间),则表明测评结论是一致可靠的,所得结论可被采纳。

常见信度系数估计方法有重测信度、分半信度、同质性信度、评定者信度等。

重测信度:同一测验在不同时间对同一群体施测两次,所得分数的相关程度。该指标反映测评的跨时间一致性程度,是评估测验稳定性的一个指标。

分半信度:将一套测验分成两半,所得分数的相关程度。该指标反映测评工具内容的一致性程度。

同质性信度:测评量表内部各题目间的一致性程度,相关程度越高,量表的题目越同质。

评定者信度:反映多评分者用同一量表对同一受测者评定的一致性程度,分值越高,表明评分者内部评分标准的一致性程度越高。

影响信度的因素主要有以下几种:

(1)样本特征

样本群体分数分布会影响信度水平,分布范围越大,信度系数会随之增高。此外,群体异质性程度也是一个影响因素,如果群体特质差异较大,往往所得信度系数较高。另外,信度也会受样本平均能力水平的影响,群体整体水平较高,题目的区分度会随之降低,从而影响信度。

(2)测验的长度

测验中添加同质性题目会提升测验信度水平。测验越长,被试的猜测因素影响越小,内容取样越有代表性,但这也会增加受测者的疲劳感,应合理控制。

(3)测验的难度

测验太简单,分数集中在高分段,出现"天花板效应";测验太困难,分数集中在低分段,出现"地板效应"。这些都会影响测验结果的可靠性。

(4)测验的时间间隔

这是就再测法或复本测验等追踪测验而言的。两次时间间隔过短,受测者改变不明显甚至题目内容残留记忆,所得重测信度较高;若两次时间间隔过长,受外界干扰的因素增加,所得重测信度必然降低。值得一提的是,对同一群体进行采用同一量表进行时间间隔较长(比如,间隔时间在五年以上)的追踪研究时,若所得相关系数依旧显著,表明所测特质极为稳定。

因此,提高测量信度的方法主要为:

（1）提供样本群体的代表性。

（2）适当增加测验的长度。

（3）控制测评难度在中等水平，整体难度接近正态分布。

（4）增强测验题目的区分度。

（5）严格执行施测规程，控制干扰源。

1.3.3　测量的效度

效度反映的是测验的有效性程度，即测量工具真正测出想要测量的心理特质的程度。效度是科学测量工具所必须具备的最重要的条件。

评价效度的方法常使用校标对比，校标常为心理特质的外在表现程度且已经被证实是真实可靠，如果选用的测评工具与某个校标高度相关，则表明我们选取的测评工具是有效的。比如，已知贝克焦虑量表是国际上反复证实能够测查一个人的焦虑水平的工具，此时根据需要开发了一个针对中国文化背景下职业经理人焦虑量表，为了证明新开发的焦虑量表是有效的，我们可以将贝克焦虑量表作为校标，对同一批职业经理人采用新开发量表和贝克焦虑量表同时施测，如果所得分数高度相关，那么可以认为新开发的量表能够真实测查职业经理人的焦虑程度。

信度和效度存在一定差异，信度是效度的必要条件，但并不充分，即效度高信度一定高，但信度高效度不一定高。总的来说，影响效度的因素很多，包括测验本身特点、样本群体特征、选择校标、测验信度、测验的编排方式、实施过程的干扰因素等。

1.3.4　测验常模

测验常模简称常模，指特定人群（代表性样本）某测验所得分数的分布结构，一般采用集中趋势（用平均数表示）和离散趋势（用标准差表示）呈现。常模的意义是比较不同受测群体测验分数高低的标准，是为了使受测者了解测验结果分数的含义。心理测验是评估个体心理状态的方法，就像医生用血压计量一下你的血压就明白你是否存在血压偏高或偏低的情况，使用常模也希望能够达到类似的效果。

1.4　心理测验编制与实施

1.4.1　编制测验的一般程序

（1）确定测验目的

测验编制的首要工作是确定测验目的。确定测验目的可以通过明确回答下面三个问题来完成：

1）测谁？——明确测评对象。明确测评对象特点是确定测验目的的第一步，不同的测评对象，特征特点也不相同。这就需要了解测评对象的年龄、教育水平、社会身份、心理生理特征、人群分布等，对于儿童测验的编制，还需要了解儿童的认知特点，是否需要安排测评指导员等。

2）测什么？——明确测评内容。明确测评对象之后，紧接着需要明确测量测评对象有哪些品质。是能力还是人格？若是能力，是一般能力还是特殊能力；若是人格，是何种人格，是稳定的气质特征还是病理性的精神特征等。一旦明确欲测的品质，紧接着需要探明品质的内在结构，细化测量目标。细化测量目标，确定测验的具体内容，会大量用到工作分析的方法，这是测验编制的基础性工作，如果想要更好地完成这一工作，需要自身对教育学和心理学等有深刻的认识。

3）为何测？——明确测评用途。测评的用途指的是测评结果的应用。可以是人员招聘、晋升选拔等，辅助人事决策；也可以是个性诊断，促进个人发展。用途不同，测验编制内容的侧重点也会有一定的差异。

（2）设计测验编制方案、制定测验编制计划

明确测验目的之后，就需要设计一个科学、详细、可行的测验编制方案。

方案要科学，指的是编制方案从测验目标到测验内容都要遵循心理学与测量学基本原理，每项选择都是符合测验目的，考虑心理学和测量学基本原理及技术支持后的最佳选择。

方案要详细，目的是避免因考虑不周而导致后期进展受阻，且详细的方案也

可为编制流程有序开展提供指导。

方案要可行,这里的可行有两个层面的含义:从科学意义的角度来看,测验目的能实现,则认为可行,否则不要勉强;从主客观条件的角度来看,测验目的并非理论可行,则认为可行,若主客观条件不具备,则不要勉强。

测验编制方案主要由分析测验目的、设计测验方案和详细的测验编制计划三个部分构成。测验编制方案要对测验的方法、测验的类型、测验的题型及其分布、测验的题量及其分布、测验的分数系统、测验质量的评价方法和测验质量的总体目标进行详细的设计和规定,同时要对整个编制流程提出详细的设计和要求。

(3)设计测试项目

1)搜集有关资料

设计测验项目的第一步要搜集相关资料。搜集资料时要紧扣测验目的,搜集到的资料要尽可能丰富,且要具有普遍性。

2)选择题本形式

题本形式有很多种,可以是迫选题,也可以是李克特计分量表等。具体选择何种形式,主要由下面三点决定:

➢ 测验的目的和测评材料的性质。

➢ 样本群体的特征。

➢ 时间、人力、经费等实际因素。

3)编写和修订题本

当搜集到所需的相关资料并确定题本形式后,就可以尝试编写测评题目了。编制题本需要注意的是:

➢ 题本范围须与测验计划相吻合。

➢ 题本数量须比最终确定题本多 1 倍以上,以备筛选题本和编制复本。

➢ 题本难度须与测验目的相一致。

➢ 题本说明必须简单清楚明了。

(4)项目的试测与分析

1)项目试测

题本初稿编制完成之后,为了检验题目的有效性,需要对题本进行试测。试

测题本需要注意的是:

➢ 试测对象应与正式测验群体一致。

➢ 试测情境应与正式测验情境相似。

➢ 试测时限可略微宽松,确保被试完成所有项目。

➢ 试测时应及时记录被试反应,比如,被试完成所有题本所需时间、题本表意不清之处、指导语含糊不清等。

2)项目分析

项目分析包括质的分析和量的分析。质的分析是从内容取样的适当性、题本的思想性和表述是否简洁清晰等方面加以分析。量的分析是对试测数据进行统计分析,确定题本的难度、区分度和备选答案的适宜性等。

(5)合成测验

当包括备选题本在内的所有题本检验完成后,就需要完成合成测验,形成一个可正式施测的测验题本。这个过程需要完成以下几个工作:

1)题本的选择

题本选择要考虑测验的目的、性质与功能,以及区分度、难度等信息。

2)题本的编排

题本的编排需要遵循一定的原则,即测题的难度排列按难易程度逐步上升、同类题目尽可能放在一起、要考虑各类题型的特点。常见试题排列方式有两种:并列直进式和混合螺旋式。

3)编造复本

测验的各份复本必须等值,所谓等值需符合下列几个条件:

➢ 各份测验测量的是同一种心理特质。

➢ 各份测验包含相同的内容范围,但题目不应有重复。

➢ 各份测验题型相同,题目数量相等,并且有大体相同的难度分布。

(6)测验使用的标准化

测验使用需要进行标准化,包括三个方面:

1)施测过程标准化。

2)评分计分标准化。

3)分数解释标准化。

（7）搜集信度、效度资料

严格按照要求和程序形成的测验问卷，并无把握确定是否就是高质量的问卷，需要进一步调查取证。调查取证的主要是测验信度和效度证据，信度取证主要是对自身测试数据的统计分析，而效度取证则比较多样，方法和类型较多，有时还需提供一些测评外的相关证据。

（8）编写测验手册

完成调查取证之后，还需要编写测验手册，为他人使用提供指导。测验手册主要包括以下内容：

1）测验的目的和功用。

2）测验的理论背景以及选择项目的根据。

3）测验的实施方法、时限及注意事项。

4）测验的标准答案和记分方法。

5）常模表或其他有助于分数转化与解释的资料。

6）测验的信度、效度资料，包括信度系数、效度系数以及这些数据是在什么情境下得到的。

1.4.2　测验的实施

测验施测因测验类型不同存在难易程度的差异。一般来说，团体测验、纸笔测验施测过程比较简单，个体测验、操作类测验较为复杂。但无论何种测验，都需要在具有相应资质的测评技术人员的指导下有序施测，施测时环境布置、指导语、材料发放、进程控制都须规范统一。施测前也要尽可能防止干扰事件的发生，比如纸笔测验时要求全员统一进场、手机关机或处于静音状态等。

需要注意的是，一般测验评分结果都是施测后进行的，但有时也会需要在测评进程中展开，比如情境模拟测验。该类测验对主试的要求特别高，需要具有较强的综合判断能力和反应能力。但无论如何，测评评分都应该严格按照测验指导说明规定的方法和标准开展，为防止意外，需要对评分人员进行严格培训，多人评分时须统一评估标准。

1.4.3 测评结果分析与报告

测评实施结束后,需要在定量和定性分析的基础上,撰写测评报告。

(1)测评分析报告

测评结果分析包括个体测评报告和群体测评报告分析两个部分。

1)个体测评结果分析

受测者在测评中使用的测评方法不同,所采用的统计分析方法也存在不同。比如,心理测验主要通过受测者得分与常模比较确定最终得分,而小组面谈则需要统计所有考官评分的均值,或根据不同权重计算最终得分。

2)群体测评结果分析

群体测评数据整合依据综合性原则展开,对各子测评的得分进行综合分析。其目的在于对受测者的素质特质进行全面、深入剖析。通常,当存在多名考官时,越具有权威的考官所给出的评分权重也越高。

(2)个人测评报告样例

实施人才测评后,还需撰写一份内容翔实、真实可靠的测评报告。报告要有较好的结构性和逻辑性,可以让受测者或用人单位充分理解测评报告内容和结果。一般来说,个人测评报告撰写的格式如下:

1)测评机构的名称和测评时间

2)测评报告说明

测评报告包含较多的专业术语时,需要进行说明。

3)个人信息

个人信息通常包括编号、姓名、性别、年龄、教育程度、岗位(部门)、职务等,可根据具体情况进行取舍。

4)测评结果

测评结果指的是各项测试的结果,如数据、图表等,不包含书面解释。这一部分有时可以作为附件放在报告的最后。

5)结果分析

结果分析指的是各项测评结果的书面解释。按照测评项目的内容逐一解释各项测试的维度含义和分数,并作出必要的文字阐述。

6）总评

根据测评的目的和被试各项测评的综合情况，评价该被试的优势和特点、需要提高的方面及发展建议。需要注意的是，任何测验都存在偏误，心理测验也不例外，所以进行结果解释时要尽可能采用辩证思维，忌标签化，忌绝对化。

7）报告撰写人的姓名和日期

测评报告上要注明报告撰写人的姓名和日期。便于委托方和受测者就任何不明白的地方向报告撰写人进行咨询。

第二章

认识人才测评师

在企业人才管理实践过程中，企业管理者，无论是中高层管理者，还是基层一线管理者，只要涉及人才管理工作，都会面临"识人用人"的问题，其中，"识人"就是找到企业发展所需人才，"用人"是使人才发展与企业发展最大化地结合，做到"人事相宜、权责匹配、动态发展"。人才测评是以现代心理学和行为科学为基础，运营多种测评技术手段，识别个体知识技能、胜任素质及发展潜力等心理特质差异的"识人用人之术"。将人才测评运用到"识人"过程，能极大优化人才识别效率，短时间最大最优地认识人才，了解人才；同时将人才测评结果用现代化工具记录下来，可形成人才档案，通过周期化人才盘点，可构筑人才梯队，实现人才动态发展，提高人力资源利用率和回报率。人才测评师是掌握人才测评技术和人力资源管理知识的专业人员，也被誉为"现代伯乐"。本章主要介绍人才测评师的基本知识，包括人才测评师的内涵、分类、定位、现状及发展前景，以及成为人才测评师需具备的胜任素质及恪守的道德准则。

2.1 人才测评师概述

2.1.1 人才测评师的内涵

识人用人之术自古有之,但将人才测评技术大范围用在企业人才管理实践是近五六十年的事情,其最早起源于西方,但随着全球化加强,以及中国近三四十年工业化程度飞速发展,加上中国企业管理从粗放型不断向精细化过渡,这就导致了企业对人才的要求不断增强,尤其进入 VUCA 时代,常出现高素质人才"千金难寻"的尴尬局面。需要指出的是,高素质人才的"识别"与"使用"很久以来都是一个大难题。很多企业认为"高素质"就是"高发展",同时也是"高管理",是一把"双刃剑"。越是有能力的人越是有想法,能给企业带来巨大效益,助推企业发展进入"快车道",同时也意味更多的"心思",其破坏力同时也为企业所头疼。为了解决企业对人才能力要求的增长与人才管理成本增加的矛盾,将人才测评技术应用于人力资源管理和开发之中,是有效缓解之策。但同时也需要说明,目前中国文化环境下,人才测评的应用和发展还处于初级阶段,招聘晋升是人才测评最常见的应用场景,人才培养(非培训)、人才梯队建设等人才发展应用较少,这大大限制了人才测评的使用效力。形成这一局面的因素很多,但更多的是人才测评专业人员培养的缺乏,市场鱼龙混杂,降低了企业对人才测评师的信任,后续章节会详细介绍。本书的另一个目的是希望为中国人才测评领域的发展助力,早日形成人才测评领域的专家团队,将先贤智慧加以利用,形成中国特色的人才测评技术。

人才测评师是能够将现代化的人才测评技术与实际操作有机结合,通过心理测验、面试、情境模拟等技术手段对人员素质状况、发展潜力、个性特点等心理特征进行客观测量、科学评价,帮助个人更好地了解自身特征,帮助用人单位实现科学有效的选才、用才、育才、留才的专业人员。目前,人才测评师的工作主要是为用人单位选才用才提供专业服务,因此被称作"现代伯乐"。

从广义上讲,任何从事人才评价选拔(包括笔试和面试等)、人才测评活动的人员,都在一定程度上担任"人才测评师"的角色。但相对来说,企业内部管理者,虽必要时会参与人才评价工作,在实践中决定人才去留,但不能称之为"人才测评师"。只有那些以"人才测评"为职业专长的从业人员,才称得上是"人才测评师"或"人才测评职业从业者"。

值得一提的是,人才测评师与人力资源管理师常被"混淆",有人认为人力资源管理师就是企业的人才测评师,其实两者既有区别也有联系。这里着重谈谈两者的区别。

一方面,两者所需掌握的知识结构不同。人力资源管理师需掌握经济学、管理学、人力资源管理学等相关学科的知识,而人才测评师对心理学、行为科学、测量学、人力资源管理学、统计学等相关学科要求较高,能够综合理解并应用。

另一方面,两者应用领域迥异。人力资源管理师主要服务于企事业单位内部,比如人力资源部(或人事科)、办公室等内部职能机构,而人才测评师既可以担任人力资源管理师的某些相关职能(此时主要是作为完成企事业单位内部人员选拔、招聘、生涯规划和绩效考核等的具体负责人员),同时也可以服务于专业人力资源管理顾问公司、人才服务公司、猎头公司等,担任管理咨询工作,提供高质测评服务。

2.1.2　人才测评师的分类

结合人才测评特性特点和目前我国人才测评实践,可以从服务范围、主要职责等方面大致将人才测评师分为三类,即社会化测评师、组织内部测评师和职业测评师(或专业机构测评师)。

(1) 社会化测评师

社会化测评师,顾名思义,即专门从事社会化测评的专业人员。社会化测评师测评对象面向全体社会成员,测评项目主要是某些特定人群特定方面的测评(比如,全球企业家领导力测评),一般由国家、行业协会、高校或大型跨国公司等机构组织实施。由于测评对象面向全社会,因此社会化测评具有开放性、广泛性、权威性、规模化等特征。

社会化测评师在社会测评项目中主要承担命题人员、组织实施人员、测评评价人员等角色。在命题方面,社会化测评主管单位通常外聘专家组成命题小组,建立测评题库,外聘命题专家一般都是行业或某个领域的专家,采取兼职的作业方式,专职的社会化测评师较少。在组织实施方面,社会化测评主管单位一般聘请提供人才测评服务的专门机构的工作人员来担任组织实施人员,他们主要的职责是根据测评对象特点、命题方式、组织实施和评价的需要,组织外部专家和专业人员完成社会化测评实施工作。在测评评价方面,主要采用笔试、网络化标准测验和情境模拟评价(比如技能评价)等大规模施测的测评技术,这方面通常也是外聘外部人员负责实施和操作。

(2)组织内部测评师

在当前环境下,企事业单位对人力资源工作越来越重视,有更多的组织在内部组织人才招聘、选拔、竞聘等人才管理工作,企业领导者积极主动地担任测评专家,有条件的企业甚至成立专门的测评中心或领导力发展中心,安排专职人员从事内部的人才测评评估工作。通常,我们将为达成企业战略目标而对组织内成员进行测评的专职人员,称作组织内部测评师。

组织内部测评师是专门在组织内部从事人才测评活动的专职人员,主要为组织战略服务,常就职于组织内部固定的测评机构或部门。可以看出,组织内部测评师主要是企业内部人员,多由企业内部高层管理者、人力资源管理者和专员,以及各部门的管理人员构成。

组织内部测评工作中,组织内部测评师主要承担命题人员、组织实施人员、测评评价人员和人才发展人员的角色。

首先,组织内部测评师是组织内部测评的命题人员。组织内部测评师先要能够承担起命题专家的角色,能够根据测评目的、测评对象特征特点,采用合理有效且成本在控制范围内的人才测评技术,进行专业知识、技能、能力等方面的命题工作。能否结合组织发展目标、利用合理技术方法开展测评命题工作,是考察组织内部测评师能力高低的核心。命题人员需要精通管理和业务,精通人才测评方式,因此,命题专家组一般由较为资深的人力资源部门人员和业务部门人员组成。

其次,组织内部测评师要做好组织实施指导工作。人才测评是一个复杂而精细的工作,组织内部测评师需要承担指导组织实施人员的角色,规范高效地完成测评规划和操作。具体测评实施细节,一般由 HR 专员或助理在组织内部测评师的指导下完成,主要包括安排测评计划、准备测评材料、测评过程的组织工作等。

再次,组织内部测评师需承担测评评价工作。测评结果的可靠性受评估人员能力水平的影响很大,一般组织内部测评评价人员由 HR 部门人员和业务部门人员共同组成。

最后,组织内部测评师需承担起人才发展人员的角色。人才测评不是目的,人才发展才是人才测评的灵魂,但得到测评结果后,组织内部测评师也需承担人才发展人员的角色,对测评对象进行后续发展指导,或者基于对测评结果的分析,结合人力资源应用领域,促进组织人才发展。人才发展人员一般由人力资源资深负责人组成,少数情况下,业务部门的资深直线经理也会参与其中。

(3)职业测评师(或专业机构测评师)

职业测评师(或专业机构测评师)就是那些以人才测评为职业,供职于专业测评服务公司、人才服务公司、猎头公司等第三方机构的人员。

人才测评是一项专业要求高、技术性强的工作,在开展各种测评活动时,尤其组织内部,为了保证人才评价的客观公正、科学规范,保证测评结果的可靠性等,对人才测评师的要求越来越高。目前,社会化测评侧重专业资格、技能水平的评价,以笔试、标准化测评为主,难点是前期命题开发,存在覆盖面广但对单个组织针对性不高的问题;组织内部测评以组织利益诉求为导向,但从事人员技术水平有待加强,无法满足当前社会各企业各事业单位对人才测评的需求。职业测评师具备高度专业、操作规范、评价独立客观等优势,目前是许多大中型国有企业、事业单位、民营企业和合资企业进行人才测评时首选的第三方专业人员。

职业测评师以为各类组织提供精细化测评为宗旨和目标,专业技术上的要求比社会化测评师和组织内部测评师更为精细化;同时,在测评标准设定和测评结果的可靠性方面要比社会化测评师和组织内部测评师要求更高。职业测评师根据从业年限、所掌握专业知识、技能的不同,通常可分为初级测评师、中级测评师和高级测评师等不同级别的职业测评师。

2.1.3　人才测评师的价值定位

人才测评师是提供人才管理方面服务的专职人员,是以人才测评为基础,通过对人才发展规律的掌握,并反哺人才管理实践的"现代伯乐"。

可以看出,人才测评师首先应是一位实战专家。人才测评师不但要深究人才测评"是什么、为什么、怎么样"等理论问题,掌握人才发展规律,更重要的是要精通各种人才测评手段,并将之贯通于实践,解决人才管理中遇到的形形色色的难题。另外,合格的人才测评师要勇于担当,要做行业中流砥柱。我国人才测评行业仍处于起步阶段,人们对人才测评师还缺乏清晰的认知,这就需要大量能够真正利用人才测评技术和工具为人力资源管理实践服务的骨干团队和实战专家,来推动人才测评行业的发展。就个人层面而言,在扎实可靠的技术实践功底之上,也需要从业人员具有良好的道德品行。每个人才测评师都是人才测评行业未来发展的种子,每个人都需以身作则,扛起中流砥柱的重担。

那么从企业和个人的角度而言,人才测评师究竟体现了哪些价值?

从企业的角度来说,人才测评师能够承担以下职责:

(1)协助企业全面了解员工的职业能力、职业兴趣、人格特点、职业价值观、团队角色、管理风格等特点。

(2)帮助企业甄选最适合企业需要的员工,大幅度降低企业的招聘成本。

(3)结合员工的优劣势,建立最佳组合的工作团队,达到人员优化组合。

(4)根据员工的主导需求,有针对性地对员工进行有效激励。

(5)为企业员工的培训、职业发展提供重要的参考依据。

从测评师个人的角度来说,掌握关键核心要素的人才测评师能够完成以下工作:

(1)协助总监或高层管理人员搭建人才测评体系。

(2)设计岗位胜任素质模型,合理选取评价要素,并匹配测评工具和方法。

(3)根据评价要素开发测评工具,编写测评题目,比如无领导小组讨论、案例分析、公文筐等。

(4)根据岗位需要,参与并完成评价中心和发展中心面试。

(5)出具测评报告,为人才管理及人才发展提供帮助。

(6)反馈测评结果,引导受测者设计个人发展计划。

(7)担任人才测评导师,进行测评技术应用培训。

(8)协助测评工具开发。

2.1.4 人才测评师的现状与前景

人才测评师正在社会活动的各个环节中发挥"伯乐"价值。无论是企事业单位招聘选拔、政府部门公务员培训开发,还是国有或民营企业的员工绩效管理和职业生涯管理,甚至大学就业指导中心的大学生就业指导,等等,都能看到人才测评师的身影。这些人才管理方面的工作都需要专业的人才测评师在人才"选用育留"提供帮助。随着人才测评技术不断发展,科学评价、流程规范的特性在人才管理、培养与发展中的优势逐渐明晰,人们不断看到人才测评巨大作用和发展潜质,对人才测评师的需求也与日俱增。

目前,人才测评在中国还属于新兴行业,但其在人力资源管理与人才开发方面的作用已经得到认可。诺姆四达研究院早期发布的一份调查报告显示:截至2015年初,人才测评技术已经在超过45%的企业获得使用,企业认可率高达90%以上;未得到应用的企业,也有超过70%表示已经将人才测评列入年度计划;但同时有一半的企业表示,公司对人才测评技术缺乏了解,且内部缺乏专业人员,开展人才测评工作存在一定程度的困难。因此,随着我国人力资源管理从以前粗放型的人事管理向精细化的全面人才管理的转变,掌握专业测评技术和工具、能进行科学评价的人才测评师有越来越多的用武之地。

人才测评专业人才短缺也是行业常态。从目前的人才测评行业内来看,人才测评能力水平良莠不齐,主要原因是专业人才培养存在不足,虽高校有专门的人力资源相关专业和心理测评专业,但人力资源相关专业毕业生缺乏扎实的心理测评基础,心理专业学生对人力资源管理认识不足、只熟悉技术却不了解企业实践等现象突出,导致了科学系统化人才测评师培养体系严重缺乏。随着企事业单位人才管理业务转型升级,以及第三方专业人才评估机构不断扩张,甚至教育培训的不断深入发展,都加大了对专业人才测评师的需求。据不完全统计,全国目前获得相关机构颁发的人才测评师证书的人员不足1万人,而每年缺口却高达10倍之多。可以说,在风起云涌的人力资源领域,掌握人才测评这一"识人用人之术",可对个人未来的发展提供持续动力。

在市场需求高涨的大背景下,不得不说,对于人才测评师数量和水平的要求也越来越高,然而我国人才测评师良莠不齐,远不能满足当前企业发展的需要。人才测评领域理论诸多,技术繁杂,理论层面的理解并不困难,但在实践中真正能够灵活应用,做到"外化于行、内化于心"的可谓少之又少。很多测评师仅仅停留在理论层面知识,熟悉一些测评方法,说出几个应用场景,但若深究"为何采用该种测评方法,而不选择另一种相对简单的方法?""在设计人才测评时需要注意哪些问题?""该方法怎么规范实施?""有哪些需要注意的点?"等,恐怕很少有人做到,这也恰恰反映了人才测评领域存在重技术弱实践的问题。比如,无领导小组讨论是人才测评领域的一个常用技术,一般测评师都能够知道这项技术需要候选人就某主题开展自由讨论,并在讨论过程观察候选人,但对于观察什么、如何观察、观察后又如何进行评价却一无所知。笔者曾见过一位从事人才测评多年的咨询顾问,他坚定认为星座和血型是分辨人才最有效可靠的方法,而这其实在心理测评领域已被证明存在相当大的循环论证问题,广受诟病。当笔者与其沟通,谈到星座不同所对应人际差异的原因可能受到早期父母抚养活动的影响,血型论也是早年心理学中特质论的翻版时,从这位顾问的神情中可以看出,他很惊讶。谈到这里,人才测评的准确性和客观性其实有很强的主观色彩,早期的从业人员很容易陷入自我证实的假象,过于重视实践和过于看重技术其实都不可取,小心求证、实事求是的态度才是人才测评师第一准则。所以,为了规范人才测评行业,保证人才测评的服务质量,人才测评行业迫切需要甄别人才测评师资质水平,培养能够真正科学、准确地完成人才测评工作的专业人员。

总的来说,在 VUCA 时代,企业面临的挑战不断增加,为应对挑战而所需具备的人才储备是一个关键,作为发掘人才的"现代伯乐",人才测评师也逐渐成为企业核心竞争人才之一。近年来,人才测评师作为一个全新职业,已经协助各类组织机构解决人员招聘、晋升选拔等问题,在人岗匹配、职业生涯规划、绩效管理方面也有独特贡献,就业前景和发展空间巨大。未来,人才测评师也必将成为一个令人尊重和羡慕的职业。

2.2　人才测评师素质要求及道德准则

2.2.1　素质要求

人才测评结果是否客观有效取决于很多因素,比如,选取的测评方法和工具是否恰当、受测单位是否全力配合、受测者是否对人才测评有公正客观的认识等,都能制约测评结果的可靠性,但更为重要的还是主导人才测评工作的人才测评师。人才测评师是人才测评的主导者,是测评实施的专家顾问,如果测评师不能正确地选用人才测评工具方法、制定合理的测评实施计划,以及对测评结果给予专业的解读分析,那么势必会造成人力资源成本的浪费,甚至会产生错误的人才评价结果,从而出现人才测评背离人才管理愿景和初衷的现象。因此,一个合格的人才测评师,需要具有扎实的理论基础和丰富的人才测评实践经验,这样才能保证测评结果的公平公正、客观有效。

(1)人才测评师需要具备扎实的专业知识素质

人才测评从业工作者专业知识素养要求很高。在一些发达国家需要具备博士学位,且还需要有一定的专业督导经历,并通过不断培训获得专业资格认证等。但我国人才测评领域仍处于初步阶段,从业人员的专业知识素质普遍较低,我们认为,就目前国内环境,从事人才测评的专业人员需具备本科及以上学历,能够熟练运用人才测评理论与心理学原理,具备现代心理学、社会学、人力资源管理、测量学及统计学等相关知识背景。

1)人才测评师必须拥有丰富的心理学知识

人才测评是对受测人员的知识技能、能力倾向、个性特征及发展潜力等方面进行客观评定的过程。人才测评工作需要人才测评师熟悉基本心理学原理,掌握人格、能力、兴趣等心理学知识,理解心理学概念的含义、外在表征、内在结构及发展规律,唯有如此才能有效识别受测者稳定特质有哪些、哪些因素对工作绩效预测更有效、用何种方法进行测评等,而且要能够根据受测者测评结果及时迅速给出客观可靠的发展建议。

2)人才测评师必须具备一定的测量学和统计学等相关知识

在人才测评的整体流程中,无论是测评工具的开发与使用,还是测评结果的记录与解释都需具备一定的测量学和统计学方面的知识背景。作为人才测评师,首先,要对经典测验理论、项目反应理论、概化理论有深刻的认识,知晓如何基于三大常用测评理论建构人才测评方法和工具。其次,对各种人才评估工具的使用方法、应用范围、注意事项、信效度检验等要熟记于心,能够根据测评目的和要求选择合适的测评方法和最恰当的测评工具,并明白如何确保测评流程的规范化,提供恰当的指导语,呈现标准化的评估结果,从而增强测评的客观有效性。最后,统计学方面的知识必不可少,要能够熟练掌握各种统计图表,懂得如何整理测评记录,如何对受测者的测评结果进行纵向和横向分析,并给出恰当的解释,形成人才的优良中差等评定,最终为用人单位提供人才"选用育留"提供可靠的参考依据。

3)人才测评师需要具备一定的人力资源管理方面的知识

人才管理是人才测评的题中应有之义。人才测评服务于人力资源管理,没有丰富的人力资源方面的知识,就不能够深刻地理解人才测评。合格的人才测评师需从人力资源管理的大局出发来明确人才评价的目的、作用和功能,这要求从业者要具有工作分析、人力资源规划与招募、甄选与配置、人才培养、绩效管理、员工培训开发等人力资源管理方面的知识。

(2)人才测评师需具备多种专业技能素质

1)人才测评师必须具备选取最恰当的测评工具,并驾驭测评过程的能力

首先,世界上并无放之四海而皆准的测评方法,任何测评方式和工具都有其优势和局限,最重要的是选取的测评方法是否能够满足实际需要且科学有效、简便易行。这就要求人才测评师能够设计恰当的测评方案,能融合各种测评方法和工具的优势,争取在投入最小化的情况下,还能够得出最客观、公正的测评结果。

其次,人才测评师需要具备较强的人际沟通能力和逻辑思维能力。为了得到客观可靠的测评结果,人才测评师需要与受测者进行大量的语言沟通,充分调动受测者的投入程度,但意味着人才测评师需要具备较高的组织协调能力,能够有效应对测评中可能发生的突发情况,确保评估过程顺利开展。

再次,人才测评师需要具备较高的分析综合能力。人才测评既不是简单的谈话聊天,也不是机械的纸笔问卷调查。一般来说,人才测评师往往会采用多种评估手段,这一过程往往需要测评师迅速准确地记录受测者行为反应,并能够融合各个评估方法的测评结果给受测者提供客观准确的测评报告和反馈建议,这要求测评师具备包括书面表达能力和逻辑思维能力在内的分析综合能力。

最后,人才测评师需要具备一定的灵活应变能力。在现代人才测评活动中,角色扮演、情境模拟等测评技术可能会需要测评师在测评过程中担任或扮演一定的虚拟角色,以配合受测者的活动,这就要求测评从业人员具备成功扮演特定角色的能力。

2）人才测评师要具有开发测评工具的能力

测评工具本土化是一个广受争议的领域，目前我国广泛使用的测评工具（比如，16PF、MMPI、MBTI等）大多是由西方学者开发经研究者修改引入中国的，原创的中国本土化的测评工具十分匮乏。然而，东西方文化存在巨大差异，直接拿西方开发的工具评估中国社会群体，受到了很大的质疑。我们需要根据中国人特有的文化特征、心理特点和发展规律开发适用中国群体的测评工具，建立一套符合中国人的常模体系和评价评估体系。测评工具的开发是个系统工程，不仅要求测评师拥有丰富的测评实战经验，对受测者行业特点有充分的了解，而且要求测评师要有较高的好奇心和执行力，能够紧跟时代变化，不断学习，丰富自身。

2.2.2 道德准则

人才测评是"识人用人之术"，但从企业和个人角度来说，人才测评影响深远。测评结果能直接影响招聘或晋升，直接影响组织的人才流动，是个人和组织双方博弈的结果。所以，人才测评师需明白人才测评不仅仅是人才测评，应认识到自己所承担的重大社会责任，心中要常怀敬畏，有一条内在的道德准则，一条永远不能逾越的"天堑"。

（1）人才测评师需保持科学严谨、求是谦虚的态度。人才测评往往是根据社会或客户的需要开展的，工作过程中人才测评师客观公正的定位不可僭越，不得为追求个人利益滥用、随意更改和解释测评结果误导受测者和用人单位，尤其在当前社会大众对人才测评认识存在一定不足，人才测评师更应谨慎对待，争取为社会树立一个良好的社会形象。

（2）人才测评师应时刻铭记保密性原则。凡不宜公开的，包括测评内容、手册器材、计分方式、评分标准及常模样本等，测评工具中使用的正式材料，均不在公众媒体展示，如确有需要，必须征得当事人同意并在展示时隐去关键信息，以免对当事人造成不必要的困扰。测评活动中若用到心理测验工具，须严格遵守《心理测验管理条例》和《心理测验工作者职业道德规范》。

（3）人才测评师必须严格遵守标准化操作程序开展测评工作，保障测评的公平公平，必须实事求是，不得随意更改测验结果。如果测评师同受测者存在私人关系,应主动回避,不得感情用事,肆意报复。解释测评结果时,应遵循"广泛收集、小心求证"的原则,广泛收集受测者信息,提出结论要严谨适度,避免过度推理,撰写的测评结果要对受测者有益,不可误导受测者,不可对受测者造成心理伤害。

(4)人才测评师应尊重受测者的人格,尊重个人隐私。未征得同意,不可披露受测者个人信息,测评结果反馈时一般只说测评结果的解释,不披露个人得分,除非取得当事人认可,并声明利害,才能告知有关内容。

(5)人才测评师要具有服务意识,真诚沟通、团结协作。人才测评师坚持客户至上的原则,须以较好的服务意识、敬业态度,快速高效地做好人才测评工作。

基础篇

"龙生九子,各有所好",就像世上不存在两片完全相同的树叶一样,也找不到两个完全相同的人。然而,人们心中并不认为这些差异主要来源于外表,或是能力,而是更多地源于个性的差异。比如,我们可以随便说出身边两个熟人的不同,你或许觉得张三比较奔放豪爽,李四比较谨慎内向;或是张三比较灵活变通,李四比较优柔寡断……其实,这些差异就是人个性的差异,或者说人格的差异。"性相近,习相远",《三字经》中的这句话描述的也是性格的差异。

3.1　人格概述

3.1.1　人格简介

（1）人格的定义

迄今为止,心理学界对人格仍无统一的定义。我们可以将人格简单理解为:个体所具有的独特的、稳定的对待现实的态度和行为方式,是一个人区分于其他人的稳定的心理特征,由先天和后天因素的相互影响而形成。

"性格""气质"是与人格相近的词,但与人格不同。性格是一个生活中常用的词,而不是心理学的概念,常被用来描述一个人独特稳定的性情、脾气和禀性等。气质在日常生活中指的是一个人展现出来的整体心理特质,比如我们会讲某个人有"贵族气质""高雅气质"等,而心理学上的气质则是指与个体神经反应快慢、强弱、平衡性、灵活性等先天的高级神经系统活动有关的心理特质。

(2)人格的主要特性

1)人格具有整体性

人格的整体性指的是人格的各构成要素间不是孤立的、互不关联的,而是统一于有机体当中。人格具有内在统一性的特点,即人格各构成要素彼此间协同一致,这也是一个人心理健康的重要标志。

2)人格具有独特性和共同性

每个人都有属于自己的独特人格,但同时也铭刻着所属群体的许多特征。比如,南方人和北方人,除了自身个性特征存在差异外,还具有各自群体的一些鲜明特征。换句话说,当我们了解某人所属群体的共同特征,我们亦可以推断此人可能拥有的一些人格特征。

3)人格具有稳定性

个体在不同时间或不同场合常表现出许多一致性的人格特征,也就是说人格具有跨时间和跨空间的一致性。人格的这种一致性使从个体当前行为表现推断个体将来的行为表现成为可能。

4)人格具有可塑性

人格虽然具有跨时间和跨空间的一致性,但并不意味着人格一旦形成后就稳定不变;相反,在个体发展过程之中,人格常受到外界环境因素的影响而产生一些改变。所以,解释人格时须谨慎对待。

(3)人格在人才测评中的作用

以往我们在人员选拔时,常常只关注人员的专业能力和业务能力,对个性特征方面不太重视。其中的一个关键原因是,觉得个性特征与职业是否成功关系不大,人们发现成功的企业家有可能是一个性格外向的人,但也可能是一个性格内敛的人。直至20世纪80年代,心理研究证实,所有成功人士的确未必存在特定的人格特点,然而,诸如自信心、坚忍不拔等个性特征却又是他们中许多人的共性特征。而且,有的性格特征类型的人从事某些工作更有利,有的人更善于与拥有某种性格特征之人共事,等等。了解每个人的性格特征,进行恰当的人事安排,能够提升整体的工作效率。由于个性测评能提升选拔工作的可靠性,因此,到了 20 世纪 80 年代末和 90 年代初,个性测验在职业选拔领域的运用得到了人们普遍关注。在 1984 年,仅有 36％的企业声称已经将个性测验运用在人员选拔中,而到了 1989 年,这一比例已上升至 64％,而且随着测验普及,使用个性测验的企业所占比例仍在上升。

3.1.2　人格的形成与发展

人的发展主要受先天遗传和后天环境的影响,而人格就是在遗传和环境的共同作用下缓慢形成与发展的。

（1）生物遗传因素

因为人格稳定性非常高,所以研究者十分重视先天遗传的影响。综合已有成果,遗传对人格的影响可以简单归纳为如下几个方面:

1）遗传是影响人格形成与发展至关重要的因素。

2）人格特征不同,遗传对人格的影响程度也存在差异。一般来说,智力、气质等特质与生物学因素联系很多,先天遗传的影响较大;而兴趣、信念、价值观等与社会学因素关联密切,后天环境的影响可能更多。

3）人格的形成与发展是先天遗传与后天环境相互影响的结果。人同时拥有生物和社会两种属性。人在早期阶段,遗传和环境因素的作用就已产生并会持续一生,且影响因素各种各样,小的如家庭、学校等,大的如社会、国家等。

（2）社会文化因素

每个人都不是孤立的个体,都是处于独特的社会文化之中。社会文化使社会成员的人格结构向相似方向变化,这种相似的人格特征有维持社会发展稳定的作用。社会文化对人格的塑造作用还表现在不同社会文化的民族拥有某些独特的民族特征。

（3）家庭环境因素

探讨家庭环境因素对人格影响,主要集中在家庭的差异（比如,家庭结构、社会经济地位、居住条件等）和教养方式等方面。就教养方式而言,在父母对子女过于支配和控制的权威型教养下成长的儿童更容易养成消极怯懦、被动服从等人格特质;在父母对子女过于溺爱的放纵型教养下成长的儿童更容易养成任性自私、无理蛮横、唯我独尊等人格特质;而在父母对子女尊重和积极引导的民主型教养方式下成长的儿童更多表现独立自主、活泼快乐、善于交往等人格特质。可见,家庭环境的确可以称之为"人类性格的工厂",塑造了各式各样人格特点的人。

(4)早期童年经验

早期童年经验对人格有非常重要的影响。麦肯依对此有段描述:"儿童早期亲子关系塑造出特定的行为模式,并能影响将来的一切行为。"在中国,也有类似的表达——"三岁看大,七岁看老"。积极的童年经历有助于儿童形成健全人格,消极的童年经历虽可以磨砺品性,但也会促使儿童不良人格的形成发展。需要说明的是,早期童年经验对人格的影响并不是孤立发生的,而是常常与其他因素共同作用。

(5)自然物理因素

自然环境也缓慢地影响人格的形成与发展。生态环境、空气污染、气象变化、空间拥挤程度等客观物理条件都会对人格产生潜移默化的影响。研究发现,气温、气象变化等能够影响反社会行为的发生,气温升高、阴雨连绵都会使人焦躁,负面情绪增加,从而提高反社会行为的发生概率。

(6)学校教育因素

学生成年以前,大部分的时间是在学校度过的,学校教育成为影响儿童发展的重要环境因素。主要表现为:教师可以引导学生人格的形成与发展,教师在儿童眼中具有权威性,比如,教师期望可引发"皮格马利翁效应";同伴也能塑造儿童的人格,同伴支持是儿童学校生活的重要心理来源,比如,研究发现同伴排斥常常会导致儿童更多的焦虑、怯懦行为等,同时也会诱发反社会行为。

3.1.3 人格的理论

在现代心理学发展过程中,很多学派都在讨论人格的理论问题,他们通常持有不同的理论观点,并开发出多种人格测验方法。

表 3-1 不同学派的主要人格理论及测验技术

学派名称	主要人格理论	主要人格测验技术
精神分析学派	本我、自我和超我；集体潜意识；超越自卑；人格的心理动态分析	自由联想、释梦、投射测验、梅耶尔斯-布雷格斯类型指标、认同感量表、心理社会平衡调查表
特质理论学派	人格是由特质的动力组织构成	信件、日记、卡特尔 16 种人格因素问卷、艾森克人格问卷
类型理论学派	按照某种标准将具有相似的人格特点加以归类，归类后即以该类最具有代表性的特性加以命名	体液比例、体型、棒框测验、镶嵌图形测验
行为主义学派	人格的形成与发展都是条件反射的结果；人格是强化和认知共同作用的结果	内外控量表、人际信任量表、自我效能量表
认知主义学派	强调人对自身主观世界主动的、认知性的构造	角色构念库测验
人本主义学派	强调对积极的人性、人的潜能等问题的关注	个案研究、无结构访谈、Q 分类技术等

3.1.4　人格测验的特点

1884 年,英国的高尔顿最早采用科学方法测量人格,高尔顿认为人的行为品格是某种确定性的东西,所以可以进行测量,因此他编制了一个测量品格的量表,对人格测验进行了最初尝试。而公认的人格测量先驱是临床心理学家克雷培林,他最先将自由联想测验应用于临床。克雷培林的自由联想测验的做法是给受测者呈现一些事先专门筛选的词汇,要求受测者对呈现的刺激词进行反应,说出自己看到刺激词之后,最先想到的词汇是什么。后来,该方法不但应用在临床上,在其他方面也进行探索使用。克雷培林的人格测验方法只是人格测验的一种,由于人格具有多层次多维度的特性,人格测量的方法也很多,但需要注意的是,迄今为止,无任何一种测验方法堪称完美,不可能仅凭一种人格测量方法就得到人格方面的全部信息。

在人才测评实践中,我们经常会看到各种人格测量的方法,这些方法有相似之处,也有不同之处,都是心理学家根据人格理论方法指导设计编制的。不过,我们可从下列的两极性维度对各种人格测量进行描述,这些两极性维度即是人格测验的特征维度。人格测量方法主要的特征维度有以下 13 项。

(1) 受测者作答的封闭式与开放式

该维度描述的是受测者作答的自由程度。如果测验要求受测者依据规定作答,作答的自由程度不高,那么这类测验就是封闭式的,常见的问卷量表基本上采用此种方式。如果测验对作答的规定并不严苛,受测者可以根据要求自由作答,那么这类测验就是开放式的,比如,情境测验、投射测验等。

(2) 测验刺激的明确性与模糊性

有些测验方法给受测者呈现的刺激是明确性刺激,大多数人格测验自陈式量表(比如,MMPI 等)采用的刺激都是明确性的。然而有些测验呈现的刺激并不是明确的,比较模糊,像投射测验、语句联想测验等。

(3) 测验形式的言语性与非言语性

根据测验提供的材料和受测者的反应,可以分为言语性和非言语性两种方式。诸如,人格问卷等采用的就是言语性方式,而房树人、罗夏墨迹测验等就是非言语性方式。

(4) 测验目的的伪装性与非伪装性

有些测验的测验目的是伪装的。之所以会伪装测验目的,是因为人们会主动猜测测验目的,并在测验中故意展现一些"好的"、掩饰自身的"不好的"人格特质,即社会赞许性效应,故心理学家在设计测验时,会对测验目的进行包装,从而使受测者感知不到真实的意图。所谓测验伪装,就是受测者无法依据测验名称与指导语得到真实的测验目的,比如,受测者可能并不清楚测验是测量人格的,还以为是考察能力或其他方面的。当然,也有一些测验并未对测验目的进行伪装,仅从名称就可知测验目的,如艾森克人格问卷、大五人格量表等。

(5) 测验内容的单相性与多相性

根据人格测验反映人格特征的多寡,人格测验有单相测验与多相测验之分。单相测验指的是人格测验只能测量一种人格特质,比如,内外倾人格测验等。多相测验指的是人格测验能够考察多种人格特质,比如,16PF、MMPI 等。

(6) 测验结果的定性分析与定量分析

整理测评结果时,有明确计分方式的测验是定量分析,没有明确计分方式的测验是定性分析。人格问卷一般都是定量分析,而投射测验一般都是定性分析。

（7）刺激反应的随意性与非随意性

这里指的是测验是否对刺激反应的正确性进行限制,有随意性和非随意性之分。随意性测验对受测者刺激反应不做正确性限制,被试反应无正误之分;非随意性测验对被试反应做了限制,有正误差别。大部分人格测验都是随意性测验。

（8）临床的解释与统计的解释

这里指的是人格测验评估结果的解释分析方法。临床的解释方式注重动态性与个体差异,注重以往经验对人格形成与发展的影响,其重点分析的是人的整体性差异,强调灵活观察,是凭借主观经验和直觉采用描述式、个性化、灵活性的方式解释测评结果。统计的解释方式指的是测评结果注重数据分析,强调严谨的科学性解释,是凭借客观统计结果采用机械性、结构性的方式解释测评结果。

（9）意识与潜意识

这里指的是测量方法所测内容反映意识水平的不同,可以是意识层面的,也可以是潜意识层面的。考察意识层面的测验,所测内容能够被意识感知,比如人格问卷;考察无意识层面的测验,所测内容意识无法感知,比如投射测验。

（10）意识与行为

这里指的是所测内容反映的是个人意识还是行为水平的不同。有的测验注重考查个人意识及心理结构,比如 Q 分类技术,而也有的测验注重考查个人外在行为表现,比如行为评定量表法。

（11）标准参照与常模参照

这里指的是解释测评结果的参照方法,有标准参照与常模参照之分。标准参照采用一套绝对标准来解释分析测评结果,而与之不同,常模参照使用相对标准,以个体所处常模群体的位置解释分析测评结果。

（12）特质与整体

有的测验是对人的特质进行测量(比如,16PF),有的测验则对人的整体进行测量(比如,主题统觉测验),导致这一区别的原因是不同的测验依据的人格理论不尽相同。

（13）重个体与重环境

有的人格测量方法仅仅从受测者自身出发了解个体的人格特点;而有的测

量方法则是从个人与环境的关系上出发开展测量,比如,先将个体放于其所处环境之中,然后再展开评价。后者主要受到社会生态学影响,一定程度上促进人格测验的发展。

3.1.5 人格测验的种类

每种人格理论均假设个体差异是存在的,并假设这种差异均可开展测量。关于人格的测量方法很多,观察法、行为评定法、问卷法及投射测验都可测量人格。虽说分类方法各式各样,但一般可以把人格测量归为三大类:自陈量表、投射测验,以及其他方法(比如,评定量表)。

(1) 自陈量表

自陈量表是通过自陈的方式对题目进行作答的问卷量表。自陈量表主要由人格特征、思想情感及行为的评定真假与否的条目或多个选择项构成,要求受测者根据以往经验,勾选一个描述最符合自己的选项。此类测验有一些明显特点:首先,结构明确,被试是从数量有限的选项中进行勾选;其次,测验目的明确,主试和被试均知晓测量意图;再次,计分简单、容易解释,对人员稍加培训即可使用;最后,应用广泛,理论研究、心理诊断、教育、咨询、职业规划等均可以用到自陈式人格量表。此类量表很多,我们在下面列出了一些比较常见的量表:

1) 明尼苏达多相人格问卷(MMPI)。

2) 加利福尼亚心理调查表(CPI)。

3) 艾森克人格问卷(EPQ)。

4) 加利福尼亚人格测验。

5) 卡特尔 16 种人格因素测验(16PF)。

6) 爱德华个人偏好调查(EPPS)。

7) 瑟斯顿(Thurstone)气质量表。

8) Guilford-Zimmermen 气质调查。

9) Tennessee 自我概念量表(TSCS)。

10) NEO 大五人格问卷。

(2) 投射测验

投射测验,又名投射技术(Projective Technique),最先由弗兰克提出,其基础假定是：对外界刺激，个体并不是被动地进行反应，而是首先积极主动地、带有选择性地赋予外界刺激一定内涵，然后再展现出合适的反应。因此，一旦获得个体的反应信息，就可以反向推断个体的人格。与其他测量方法相比，投射测验有一些显著特点：首先，投射测验通常将一个模糊的、结构化缺失的刺激场景呈现于被试眼前，这种做法可以使被试自由地表达内在心理需求，诱发多种特殊的知觉感受，以及对场景产生丰富的解释，使得自陈式量表无法表现的潜意识信息，在投射测验中显露出来；其次，投射测验能够隐藏测验目的，使受测者很难伪装；再次，投射测验的作答具有随意性，不设置作答限制，被试可自由选择采用何种形式回答问题；最后，投射测验侧重对人格特质的整体性分析，不似一般人格测验仅仅考察某些特定人格特质。另外，投射技术不仅仅用于对人格的测量，而且，在智能、创造能力、问题解决能力等方面也可使用。下面，我们列举一些比较著名、使用比较广泛的投射测验：

1）罗夏墨迹测验。

2）主题统觉测验（TAT）。

3）儿童统觉测验（CAT）。

4）Holtzman 的墨迹技术。

5）填句测验。

6）画人测验（DAP）。

（3）其他方法

除自陈式量表、投射测验外，其他的人格测验方法主要有语词联想技术、形容词校核表（Checklis）、态度测量等，此外，场独立和场依存测量、内外控测量等也是测量人格的方法，但发展比较晚。其中，校核表是一种比自陈问卷、评定量表更加容易编制，操作并不复杂的人格测量方法，但其测评结果不如评定量表和人格问卷准确；校核表包括自我报告和观察者报告两种，要求从多个词或短语中圈出最符合自己或他人的描述。态度测量属于人格测量，从设计和结构上看，态度量表近似于评定量表。场独立性和场依存性侧重考查被试的知觉与认知能力，即从复杂的、易混淆的整体中区分部分的能力。如果被试能够不受外界干扰，表现出良好的问题解决能力，可称之为场独立；而如果被试易受外界干扰，解决任务比较困难，则可称之为场依存。内外控测量侧重评估被试的认知态度，如果认为自身行为由内在自我控制,则属于内控型;如果认为自身行为由外部因素决定,则属于外控型。

比较有名的其他人格测验有:

1) 形容词校核表(ACL)。

2) Q分类法。

3) Bern性别角色问卷。

4) 镶嵌图形测验。

5) Rotter的I-E(内外控制感)量表。

3.2　常用人格测验工具

3.2.1　16PF

(1) 16PF简介

16种人格因素问卷(Sixteen Personality Factor Questionnaire,简称16PF),由人格特质理论的代表人物美国心理学家卡特尔编制。卡特尔认为特质是人格的基本结构单元,因此提出人格特质理论并在此基础上形成了16种人格因素问卷。该问卷要求受测者回答多种问题,评估出16种因素水平,然后依据这些因素测量人格整体特征。通过16PF可以知晓受测者内外倾性格特点、心理健康水平、环境适应能力、专业成就水平及创造创新能力等多方面的表现。具体来讲,16种因素的名字与符号是乐群性(A)、聪慧性(B)、稳定性(C)、恃强性(E)、兴奋性(F)、有恒性(G)、敢为性(H)、敏感性(I)、怀疑性(L)、幻想性(M)、世故性(N)、忧虑性(O)、实验性(Q1)、独立性(Q2)、自律性(Q3)、紧张性(Q4)。

16PF通过对16种相对独立的特质进行分析描述,在人事管理过程中,可以有效评估应试人员的工作稳定性程度、抗压能力和工作效率等,所以16PF在人员选拔与评定、职业发展、心理咨询等方面有着广泛运用。

(2) 16PF的特点

卡特尔指出,由于每个人都有根源特质(区分于表面特质),所以我们才看到个体行为具有一致性和规律性。为了测量根源特质,卡特尔从 4 500 个行为描述词汇中选出 171 个,让大学生对这些行为词汇进行评定,经因素分析后最后获得 16 种人格特质因子。卡特尔认为最终得到的 16 种特质因子就是构成人格基本结构单元。

1) 客观性

16PF 测验结构清晰。每个题目都设置三个备选选项,包括两个选项相反答案项和中性题项,受测者可以从中选择其中一项(比如,题目:对于性情急躁、爱发脾气的人,我仍能以礼相待。A. 是;B. 介于 A 与 C 之间;C. 不是)。由于设置中性项,被试作答的自由性增加,而且能够在一定程度上减少社会赞许性效应的影响,增加测评结果的准确性。从题本组合上看,使用按序轮流排列方式组织题本,该方式既有利于维持被试作答兴趣,减缓测验疲劳,又可预防仅凭主观臆断猜题作答。此外,虽然测验名称未采用伪装,被试可以知晓测验人格,有时也可能发现某一题本的含义,但其实大部分测验题目与人格特质间并不存在明显的关系,题目是经过伪装后的。

2) 标准化

该测验是经过严格标准化的人格测验问卷。从以往数据来看,信度方面,该问卷具有较高的重测信度,但分半信度略低;效度方面,测验具有较高的区分效度,16 种人格特质因子彼此间相关较低,各特质因子的因子载荷较高(0.73—0.96),因子具有较高的聚合效度。

3) 多功能

16PF 的测评结果使用具有多功能性的特点。首先,16 种人格特质得分或轮廓图可以勾勒出被试人格 16 个方面的发展状况和整体人格特征情况;其次,多个因子间不同的组合可以反映个体性格内向—外向程度、心理健康状况、新环境的适应能力、从事专业成就的人格因素具备情况、创新能力的人格因素具备情况等;最后,虽然 16PF 施测常模为正常人,但研究发现,该问卷也可以作为临床诊断工具来使用。总之,16PF 能够在短时间内考察多个方面的人格特质,结果可靠性高,用途广泛,是真正意义的多元人格问卷。

4) 广泛性

16PF 适用性较广。施测常模为正常群体,结果评价也多针对正常人群,文化程度在中学水平以上的青壮年和老年人均可施测,适用范围较广;测量时间较短,可个体施测,也可群体施测。

5) 深刻性

卡特尔本人长期从事临床工作,有丰富的临床心理学经验,加上他对麦独孤的本能心理学和弗洛伊德的精神分析理论有过深入研究,可以看出卡特尔的人格特质理论受麦独孤和弗洛伊德的影响较大。另外,卡特尔出生在英国并接受过良好的教育,人文素养较高,个人的直觉力和洞察力都很强。所以,卡特尔对人格的结构的探索与解释有很强的整体性、动力性及深刻性。当然,这种"深刻性"也会造成 16PF 的主试在解读测评数据时会遇到一定程度的麻烦。

(3) 16PF 的因素

因素 A 乐群性:高分者外向、热情、乐群;低分者缄默、孤独、内向。

因素 B 聪慧性:高分者聪明、富有才识;低分者迟钝、学识浅薄。

因素 C 稳定性:高分者情绪稳定而成熟;低分者情绪激动不稳定。

因素 E 恃强性:高分者好强固执、支配攻击;低分者谦虚顺从。

因素 F 兴奋性:高分者轻松兴奋、逍遥放纵;低分者严肃审慎、沉默寡言。

因素 G 有恒性:高分者有恒负责、重良心;低分者权宜敷衍、原则性差。

因素 H 敢为性:高分者冒险敢为、少有顾忌、主动性强;低分者害羞、畏缩、退却。

因素 I 敏感性:高分者细心、敏感、感情用事;低分者粗心、理智、着重实际。

因素 L 怀疑性:高分者怀疑、刚愎、固执己见;低分者真诚、合作、宽容、信赖随和。

因素 M 幻想性:高分者富于想象、狂放不羁;低分者现实、脚踏实地、合乎成规。

因素 N 世故性:高分者精明、圆滑、世故、人情练达、善于处世;低分者坦诚、直率、天真。

因素 O 忧虑性:高分者忧虑抑郁、沮丧悲观、自责、缺乏自信;低分者安详沉着、有自信心。

因素 Q1 实验性:高分者自由开放、批评激进;低分者保守、循规蹈矩、尊重传统。

因素 Q2 独立性：高分者自主、当机立断；低分者依赖、随群附众。

因素 Q3 自律性：高分者知己知彼、自律谨严；低分者不能自制、不守纪律、自我矛盾、松懈、随心所欲。

因素 Q4 紧张性：高分者紧张、有挫折感、常缺乏耐心、心神不定、时常感到疲乏；低分者心平气和、镇静自若、知足常乐。

注：被试因素得分在1—3之间为低分者，在8—10之间为高分者。

3.2.2 大五人格问卷

（1）大五人格问卷简介

关于人格的研究，一般有临床、相关和实验三种研究取向，但以往无论使用何种研究取向，研究者们的目标都是建构一个可测量、可描述、可解释、可预测的人格模型，无论弗洛伊德的人格动力结构理论还是卡特尔的16种人格因素理论，目的都是如此。然而，这些人格模型所包含的因素数量、性质及解释都存在一定的差异，并没有形成共识。1981年，戈登伯格提出人格的五因素模型（Five Factor Model，简称FFM），经过不断的探索和验证，研究者们开始对五因素模型形成共识，在人格科学研究领域取得重大突破。

人格的五因素也被称为"大五"（Big Five），五因素模型也被称为"大五模型"，用以强调该人格结构模型中五个维度具有相当程度的广泛性。其中，五因素分别是神经质(N)、外倾性(E)、开放性(O)、宜人性(A)和尽责性(C)。

五种人格特质的特点如下：

神经质（情绪稳定性）：焦虑、敌对、压抑、冲动、脆弱、易怒。

外倾性：热情、热衷社交、果断、活跃、冒险、乐观。

开放性：想象、审美、情感丰富、求异、开放。

宜人性：信任、直率、利他、依从、谦虚、移情。

尽责性：胜任、条理、尽职、成就、自律、谨慎。

研究人格五因素模型最常用的方法是问卷法。科斯塔（Costa）等人通过对16PF进行因素分析重新探索人格结构，并结合自己的理论构想，编制了考察人格五因素的测验量表——NEO-PI人格问卷（NEO-PI Five-Factor Inventory）。该问卷包括五个人格特质因子，共300题，要求被试评估每个题项符合自身实际情况的程度,采用五点计分方式,即完全同意到完全不同意。

(2) 人格五因素结构模型的证据支持

支持人格五因素结构模型的重要证据为跨文化的词汇研究。研究者发现,人们认为个体差异客观存在且多种多样,然而大部分差异在人们社会交往过程中并不重要,但对那些人类长久以来就注意到的重要差异,为了便于沟通会使用专门的词进行描述,由此可见,那些重要的人格特质经过长期发展会记录在语言之中。如果对语言中描述人的词汇进行筛选、比较,形成不同的语言范畴,并据此构建词表,然后采用因素分析等统计分析方法对词表进行提取,就能够得到不同语言体系下的人的人格特质因子结构模型。通过对不同语言体系的词语研究发现,人格特质的五因素模型具有较高的稳定性,无论是英文语境还是其他语言,五个因素都表现较低的一致性。

另一个是来自人格测量的多主体评定方面的证据。大量实证研究表明无论自我评定,还是同伴、配偶对被试人格五个因素进行评定,所得结论具有很大的一致性,也就是说,个体自身在五个因素评定结果是如实反映个体实际行为表现,而不是被试虚构的自我表征。

此外,还有其他人格特质量表,与动机、情感等人格特质相关变量的关系,及进化论与遗传学的证据等,于此我们不再进行论述。

日常生活中，我们常常会遇到这样的问题，比如，我们自己的能力优势与缺点在哪里？将来更适合从事什么类型的职业？等等。如果你是企业领导，不可避免地会遇到这样的问题：怎么做才能招到一位优秀员工？如何提升一线管理者的管理能力？竞聘选拔中挑选什么样的员工才最合适？等等。如果想要解决此类问题，就需要采用能力评价这项技术，运用能力测验对个体的能力、特殊能力、创造力等进行科学评测。

4.1 能力概述

4.1.1 能力的定义

能力是我们顺利完成某种活动所必须具备的基本条件。能力与活动关联密切，能力需要通过活动表现出来，而且能力只有在活动中才能进一步提高。但是，我们并不能说在活动中展现的所有心理特质都可称之为能力，只有那些能够影响活动效率，促进活动顺利完成的最直接最基本的心理特质才能叫作能力。

能力包括成就与能力两层含义。成就是指一个人在某领域所掌握的知识水平、专业技能以及所取得的成绩,代表着过去和现在的已经具备的能力。能力指的是一个人受到专门培训并得到实践后所能取得成功的可能性,代表着个体未来发展潜质,将来可能具备的能力。个体在某项任务或活动上的能力,既取决于现有的成就水平,也取决于所具有的发展潜力和可能性。

4.1.2 能力的相关概念

(1)能力与智力

"能力"和"智力"两个概念人们常常相互替代使用,但其实两者严格意义上讲是存在些许差异的。能力可分为认知和操作两种能力。其中,认知能力是个体完成某项任务或活动必不可少的最基本的心理条件,比如,音乐家对声音的感知能力,画家对色彩与空间的感知能力,等等;操作能力是心理指导身体完成实际任务或活动的能力,比如,运动员参加体育活动,掌握技术动作所获得的能力,等等。而智力常用来指个体在认知活动过程中所展现的能力,比如注意力、洞察力、想象力等,可以说智力就是认知活动中所展现出来的综合能力。

(2)能力与知识、技能

能力与知识、技能既有区别又有联系,两者相辅相成。首先,知识、技能的掌握是以能力为前提的,能力水平的高低能够直接影响获得知识、技能的难易程度,同时也会对知识、技能的实际应用产生影响;其次,能力的形成与发展是以知识、技能为基础的,当掌握一定知识、技能之后,个人能力也往往会得到提升;最后,拥有同等知识水平和专业技能的人,并不一定拥有同等的能力水平。因此,在人才测评实践当中,我们是不能够混淆知识、技能与能力间的边界,将文凭和能力画等号的。

(3)能力与个性

个人能力绝不仅仅是一般性的认知能力或操作能力,也不仅仅是由特定的理性因素构成,而是与个人的个性有关。通过个性可以对能力各方面特性加以整合,使每个人自身表现出独有的气质风格,展现出个体差异,并成为个性的一部分。所以,评估能力时,既需要关注能力自身的特点,也需要将能力与个性放在一起进行分析。

(4)能力与资历

所谓资历,指的是一个人接受某种专门的知识教育以及从事某项工作(包括社会实践在内)所获得的资质经历。由于知识技能与实践是形成能力的先决条件,所以一个人资历的高低与个人的能力高低存在一定联系,通常,个人所获的教育程度和社会实践强度与个人能力呈正向关系。所以,人才选拔过程中一定要看个人资历,但同时也需要明白资历并不能与能力画等号,比如,同等资历下,人的能力水平并不相等,甚至有时资历浅的人反而比资历深的人能力强。因此,在人才选拔和社会实践当中,要杜绝论资排辈的现象。

4.1.3　能力的特点

(1) 相对广泛性

人的智力几乎可对所有活动的效率产生间接的影响;而能力只能对人的某个职业领域的多项活动的效率产生影响,且是一种直接影响,其中,专业知识技能的影响范围尤其小,只能对某一具体任务或活动发挥作用。以手指灵活性这项能力为例,手指越灵活的人,他从事与手指活动相关活动时会更有利,比如,绘画、电子竞技等。但通过训练培训获得的绘画或电子竞技这类技能,仅仅只能适用于绘画或电子竞技领域,向外迁移的难度较大。

(2) 相对稳定性

能力具有相对稳定性。能力不似智力,一旦形成很难改变,也不似知识技能,既容易通过短期训练强化得以提升,但又可能因为遗忘而失。还以手指灵活性为例,人的手指是否灵活,并不能通过简单训练就能得到大幅度的提升,但打字员的打字技能却能够做到快速掌握。

(3) 相对影响性

能力越强,未来成功的概率越高。比如,一个人有很强的手指灵活性,我们就可以推测他将来在绘画、电子竞技等领域获得成功的可能性很高。但需要说明的是,这仅仅是可能成功,或许将来并没有机会展现他的优势,或许他并不认为自己拥有这种优势转而去发展其他领域的能力。

4.1.4　能力测验的特点

(1) 测验的目的

能力测验的目的不是总结过去,而是预测未来,预测个体未来在学习或工作上可能获得的成就。能力倾向反映了个体不同能力的优劣分布及未来发展潜力，能力的形成与发展虽依赖于具体活动，但并不依赖于专业培训或训练。相比于智力测验，能力测验更具有针对性，预测的目的性更强。

（2）测验的编制

能力测验一般由多个分测验构成，每个分测验只考察某一个能力，所以能够同时测量多项能力，编制时需要注意，各分测验彼此之间要相互独立，所测能力的相关程度要尽可能低。此外，测验内容要涉及宽广的范围，并尽量不要涉及学校教育内习得的相关知识。所有分测验必须使用同一个常模样本，这样做能够使得各分测验所得结果，不仅可以实现个体间的比较，而且也可以实现个体不同能力间的比较。

（3）测验结果的解释

实施能力测验后，被试可以获得各能力维度的测验分值，这些分值既可以反映不同被试在同一能力维度的相对位置大小，也可以体现同一被试在不同能力维度上的优劣分布。实际工作中，完成某项任务或活动往往需要许多能力的组合。这时候，若想预测个体在某项任务或活动取得成功的可能性，则首要解决的问题是各能力所占权重的问题。一般来说，可以采用多重回归分析的方法加以解决，即，若某项能力对任务完成的预测因子较大，则所占权重则较高。

（4）能力测验、智力测验和成就测验之间关系

从认知结构上讲，能力测验、智力测验、成就测验是测量三种不同认知水平的测量工具，智力、能力、成就指的是三个不同层次的特质。智力测验考察的是人的最深层次的特质，能力测验考察的是中间层级的特质，成就测验考察的是最表层的特质。

从测验内容上看，成就测验侧重考察通过教育或专门训练之后所取得的知识技能水平，注重对教育或专门训练的总结性评估；能力测验侧重考察个人发展的前置。但其实两者并没有明晰的区别，因为成就测验考察的也是能力。差别就在于成就测验评估的是经过系统化学习产生的结果，而能力测验评估的是生活实践带来的影响；成就测验侧重评估业已达到的层次水平，常用于总结陈述，而能力测验侧重个体发展的潜力，常用于预测。能力测验与智力测验也存在不同，能力测验是从智力测验演化发展而来。

4.1.5　能力测验的工具

人才测评领域有很多测量能力的技术手段和工具。能力指的是个体完成某种职业或任务所应具备胜任素质的集合,它既指完成某项任务或活动所应具备的特殊胜任素质,也指通过专门训练或学习后,可能实现的潜质。由于胜任某些工作或完成某项任务所需的能力集合不尽相同,但是,一旦明确某项任务所需能力集合,能力测验就可以对这些能力进行测量,从而预测个体完成某项工作或某项任务成功的可能性,或筛除发展潜质较低的个体。基于此逻辑,研究者编制了针对许多特定职业的能力测验,广泛用于人才选拔、人才培养和职业发展规划等。常见的能力测验工具有:

(1) 一般能力成套测验(GATB)。

(2) 军事职业能力成套测验(ASVAB)。

(3) 能力区分性测验(DAT)。

(4) Flanagan 能力分类测验(FACT)。

(5) 员工能力测验(EAT)。

(6) 多维能力成套测验(MAB)。

(7) 学业评估测验(SAT)。

(8) 行政能力测验。

4.2　特殊能力测验

特殊能力是指从事某项专门活动或特殊任务所必备的能力。特殊能力测验主要是针对某种特殊能力各个方面开展评估,性质介于成就测验和能力测验之间,但特殊能力测验与一般能力测验类似,不仅评估个体已有能力水平,还评估个体在某些特殊方面所具有的能力水平。然而,两者在测验应用层面是存在一定区别的。一般能力测验也可以评估某项特殊能力,但如果仅仅为了考察某项特殊能力而使用整套能力测验,显然并不合适。

飞行能力测验是一种编制较早并在实践中得到应用的特殊能力测验。

值得说明的是,该测量并不是测量个体已达到的飞行能力水平,而是评估个体是否具有飞行潜质。飞行能力测验最早出现在第二次世界大战期间,当时,美国空军主要用它进行飞行员选拔,结果发现飞行员的淘汰率大幅度降低,飞行能力测验也得到空军的认可。值得一提的是,我国最早编制的特殊能力测验也是从空军招飞选拔开始,当时空军聘请了一批测评专家和飞行专家,共同开发飞行能力测验,并对参测人员进行飞行能力评估,同样取得较好的效果。

目前,除飞行能力测验外,世界上较为有名的特殊能力测验还有美术、音乐、文书、机械操作等方面的特殊能力测验,以及同时囊括多项特殊能力的多种能力倾向测验。

4.3 创造力测验

一般来说,无论是管理人才还是技术人才,越是高端人才,我们越希望他们具有较高的变革求新的精神,即要有一定的创造力。尤其当今世界,全球化进程受阻和单边主义盛行,各种"黑天鹅"(如,英国脱欧、全球新冠疫情等)不断发生,使得常规化的危机应对出现一定程度失灵,而为了更好地应对所遇困难,人才须具备一定的创造能力。值得高兴的是,早在 20 世纪 50 年代心理学家就已经对创造力展开了一系列的科学研究,并编制测验量表、开发科学评估手段测量人的创造力。

(1)创造力的定义

创造力,又叫作创造性思维,与智力一样,是一个相当模糊的心理学术语,可以简单定义为个体以一种独特的、新颖的方法解决问题的思维过程。

高尔顿是研究创造力的第一人;弗洛伊德提出无意识动机在创造活动中发挥着重要作用;格式塔学派的韦特默认为创造性思维就是突破旧的框架,形成新的结构。受制于时代背景和研究工具,他们的研究都存在一定的不足,难以得出使人信服的结论。后来,吉尔福特将心理测验的方法引入创造力研究,提出全新的创造力结构模型,从而推动创造力的研究与应用。

（2）创造力的特点

20世纪50年代,吉尔福特使用心理测验研究创造力,通过因素分析发现,人的思维可以分为发散性思维和聚合性思维两种,而所谓创造力,就是发散性思维的外在表现形式。

衡量创造力的指标包括:

1）思维的流畅性。思维流畅性指的是思维活动不易受到干扰,短时间内头脑中可以出现多个观点。吉尔福特把思维流畅性分为用词、联想、表达、观念流畅性四种形式。

2）思维的变通性。思维变通性也叫思维的灵活性,描述的是个体摈弃旧的习惯思维方法提出新观点新方法的能力。常表现出思维灵活多变,不易受已有思维框架的影响,能够触类旁通,提出新奇的观点和方法。

3）思维的独特性。思维独特性指的是对事物有不同寻常的见解,解决问题时提出的观点比较新颖。

4）思维的敏感性。思维敏感性指的是及时把握住独特新颖观念的能力。

吉尔福特之后,大量研究者开始采用心理测验的方式对创造力进行研究,方法上也得到进一步的改进,总的来说,研究者基本上达成的一定共识,认为创造力主要包括灵活的思维、丰富的想象力、敏锐的洞察力、抽象概括能力等。

（3）创造力测验的方法

创造力测验最常使用三种评估方法:情境测验法、评定法、心理测验法。

情境测验法就是先将被试带入特定情境,然后,控制或改变情境的一些条件,要求被试依据情境进行反应,最后,评判被试的反应结果获得最终的创造力得分。

评定法就是多个测评人员依据一定标准对被试的创造力进行评价的方法。

心理测验法就是采用标准化心理测验量表的方式对被试创造力进行测量的方法。

（4）创造力测验的工具

创造力测验是用来评估个体创造性思维水平高低的科学工具。世界上比较有名的创造力测验的工具有:

1）托兰斯创造性思维测验。

2）南加利福尼亚大学发散性思维测验。

3）芝加哥大学创造力测验。

4）威廉斯创造力测验。

5）沃森-格拉泽批判性思维评价量表。

6）远隔联想测验。

4.4 学习能力测验

学习能力是一个结构复杂、多维度、多层次的心理现象。虽然学习能力一直是心理学和教育学研究的一个重要课题，但是在学习能力的结构及实质上，却仍存在着纷争和混乱。我们把学习能力分为现代（基本）学习能力、终身学习能力和基于工作与发展需要的学习能力。

（1）现代（基本）学习能力

1）有观点认为学习能力等同于智力

1921年，美国《教育心理学》杂志请17位知名心理学家讨论智力问题时，就有29%的人认为学习能力等同于智力。1986年，美国《智力》杂志又召集24位著名专家，进行了关于智力问题的第二次讨论，这次讨论中仍然有17%的人把智力与学习能力等同起来。支持这种观点的人从学习能力的角度来界定智力。例如，迪尔本（W. F. Debarom）认为"智力是学习能力或由经验中得益的能力"，而盖茨（A. L. Gates）认为"智力是关于学习能力的综合能力"。

2）认知过程角度

学习能力包括认知过程的主要方面，记忆力、思维能力、观察能力和想象能力才是构成学生学习能力的四要素，这四要素之间相互联系，相互制约，不可分割，同时有各自的作用。

3）心理过程角度

学习能力不仅包括传统的主要的认知过程，还应该包括操作和控制等因素，学习能力的构成包括知觉动作综合能力、理解与记忆能力、学习计划和控制能力、学习操作能力。

4）系统的观点与能力角度

学习能力就是直接影响学生的学习效率,顺利完成各项学业任务的个性心理特征。学生的学习能力是按照一定的要素和结构层次组合起来的具有一定层次的结构整体,该结构包括三个成分,即组织学习活动的能力、获取知识的能力、运用知识的能力。

5）结构化、网络化、程序化角度

学习能力是在学习活动中形成和发展起来的,是学生运用科学的学习策略去独立地获取、加工和利用信息,分析和解决实际问题的一种个性特征。任何学习活动都以必要的知识、技能和策略的定向和调节为基础,否则学习活动的定向和执行环节就不可能实现,学习能力也就无法形成。

6）信息加工过程与结构功能观相结合

从结构的角度上讲,既然学习活动可以分解为两类功能不同的活动,那么,相应地,学习能力也由两类主要成分构成,即学习的基能力和学习的元能力。学习的基能力类似于智力结构中的认知操作性活动,主要指学习能力中的基本加工操作成分,体现在对学习的内容的输入、编码、储存、提取、加工、处理、转换、输出、运用并解决问题的一系列针对外部世界的操作能力上,如"知识归纳操作""知识建构操作""知识的获取操作"等;学习的元能力是对学习的基能力加以监督和控制,目的在于对个体的学习活动做出计划、分配学习操作资源、了解学习操作的执行过程、监控学习操作的执行过程等。

7）学科能力角度

林崇德从学科能力的角度来研究学习能力的本质和培养问题,并由此提出了他对学习能力的基本观点。林崇德认为学科能力(学习能力)是学生的智力、能力与特定学科的有机结合,是学生的智力、能力在特定学科中的具体体现,学习能力是学生的学科能力的三个主要成分之一。

研究者从各自的角度强调了学习能力的某些方面,人们对学习能力的实质与结构还没有一个统一而明确的认识。但是也有不少共识,人们越来越重视综合考虑各方面的因素对学习的影响机制。尽管他们所采用的术语不完全一致,但是其基本观点有很多是基本一致的。其中很重要的一点就是,他们在其建立的学习能力模型中都基本涉及智力因素(如,智力、特殊能力和创造力等)、非智

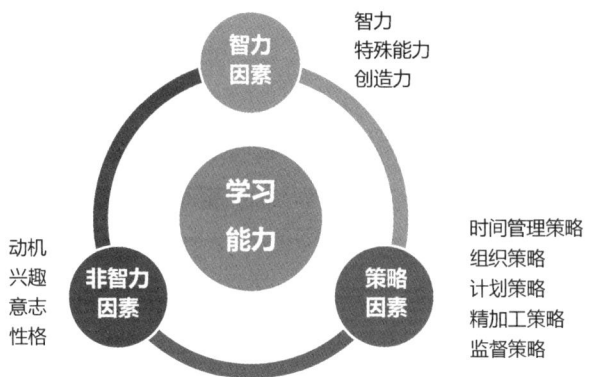

图 4-1 基本学习能力模型示意图

力因素(如,动机、兴趣等)和策略因素(如,组织策略、监督策略等)。

正如一台计算机完成工作至少需要电源、硬件(核心是中央处理器)和软件一样,一个人要完成一项工作至少也需要三样东西:智力因素(包括智力、特殊能力和创造力等)、非智力因素(包括动机、兴趣、情感、意志和性格等,类似于计算机的电源)和学习策略(包括时间管理策略、组织策略、计划策略、精加工策略和监督策略等)。因此,个体从事学习活动也至少需要三类心理成分:智力因素、非智力因素和策略因素。因此可以把学生能顺利有效地完成学习活动所必须具备的智力因素、非智力因素和策略因素称为学生的学习能力。

(2)终身学习能力

终身学习能力是学习者在整个生命周期中为了更新知识体系,紧跟社会发展,根据自身认知风格、学习需求、能力差异,而选择的正规学习、非正规学习、自我教育等学习方式来不断提高自己知识、技能和能力,从而最终适应外界环境的持续性个性心理特征。终身学习能力是适应社会的发展而进行研究的特殊能力。为了紧跟社会的发展进步,个体必须要掌握各种适应社会发展的基础知识,掌握各种生存技能以及学会与不同的个体人际交往时的态度才能适应现实的社会。随着国外对于终身学习的重视和科学技术日渐成熟知识更新换代,终身学习思想开始在中国得到广泛的重视。

(3)基于工作和发展需要的学习能力

基于工作和发展需要的学习能力注重学习的应用性。面对真实的业务和工作场景,将学到的知识和技能在实际的工作和发展中进行应用。同时,需要将在

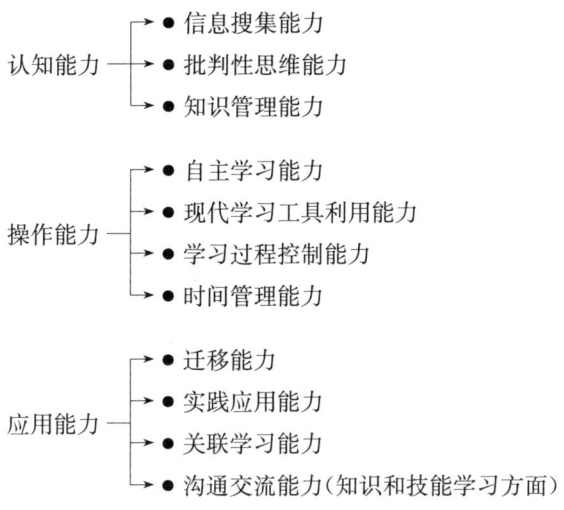

图 4-2　终身学习能力模型构建示意图

一个领域内的知识和技能应用到另一个领域中，进行迁移和创新。有向他人学习知识和技能、向他人传授知识和技能，在两个过程中进行沟通和交流的能力。

（4）学习能力测验的工具

学习能力测验是目前国外应用得较为广泛的能力测验之一，国外比较具有代表性的学习能力测验有鉴别能力倾向测验（Differential Aptitude Test，简称DAT）、学业能力倾向测验（Scholastic Aptitude Test，简称 SAT）和认知能力测验（Cognitive Ability Test，简称 CogAT）。学习能力测验在我国起步偏晚，目前比较有代表性的是张月娟等编制的中学生学习能力倾向测验、王进礼等编制的军队多项能力倾向测验、郭靖等编制的小学生学习能力倾向测验，以及林传鼎等编制的少年儿童学习能力测验等。

第五章 兴趣测验

常言道，"兴趣是最好的老师"。当一个人对某项工作或任务有着极大的兴趣时，就会积极主动调动内在心理资源去对待，并感觉工作或任务富有乐趣，获得成就感，也有动力坚持下去，更重要的是自身往往在工作或任务中有出色表现。但需要说明的是，兴趣是存在发展阶段的，人对某件事物产生兴趣往往经过有趣、乐趣、志趣三个阶段。兴趣需要以一定程度的胜任素质为基础，并在社会实践当中逐渐培养，它在个体职业活动中有着非常重要的作用。

5.1 兴趣的定义

兴趣是指个体积极探索事物的认知倾向，职业兴趣是个体对某一职业或工作的积极态度。不同人对同一职业的态度不尽相同，有的人工作时积极亢奋、主动克服困难，有的人消极回避、"佛系"怠工等。职业兴趣测验就是通过使用一系列心理测评方法，了解兴趣方向，评估或发掘个体最感兴趣、能够体验幸福感和成就感的职业。对个人而言，选择职业若与自身兴趣相匹配，可以充分发挥自身潜能，提高工作积极性和工作效率。

5.2 兴趣测验的产生与发展

1915 年,心理学家詹姆斯编制世界上首个兴趣问卷,从此兴趣测验的系统化研究开始兴起。到了 1927 年,斯特朗结合自身研究发现编制了斯特朗职业兴趣量表(SVIB),这是最早的职业兴趣测验。后来,在 1974 年,坎贝尔对 SVIB 进行了修订,形成了目前大家熟知的斯特朗-坎贝尔职业兴趣量表(SCLL)。另外,与斯特朗同一时期的库德在 1939 年也发表了库德偏好记录表(KPR)。同样,经过不断发展和演变,KPR 最终形成了广为熟知的库德职业兴趣量表(KOIS)。霍兰德职业兴趣测验是由美国职业指导专家、心理学家霍兰德编制,霍兰德结合自己职业指导经历,以自己提出职业兴趣理论为基础,先后编制了职业偏好量表(Vocational Preference Inventory, 简称 VPI)和霍兰德职业兴趣测验[又名自我职业选择量表(Self-directed Search, 简称 SDS)]两种职业兴趣量表。

此后,各种职业兴趣测验出现了经验模式与理论模式相互融合的现象。经半个多世纪的发展,目前,职业兴趣测验已经步入较为成熟的阶段。如今,国际社会流行的三大职业兴趣测验分别是霍兰德职业兴趣测验(SDS)、斯特朗-坎贝尔职业兴趣量表(SCII)、库德职业兴趣量表(KOIS)。

我国开展职业兴趣研究时间不长。早期多以职业兴趣量表引进和修订为主。自 20 世纪 80 年代开始,我国才逐步开始关于职业兴趣的本土化研究。

1987 年,冯伯麟为了调查影响中学生职业选择的主要因素,采用库德职业兴趣量表、霍兰德职业兴趣量表以及 16 种 PF 对中学生被试进行试测,结果发现兴趣、人格可以对中学生职业选择产生重要影响。同年,郑日昌组织引进美国大学测验中心(ACT)编制的职业兴趣量表,后经过修订,命名为中学生升学就业指导评定量表(VIESA-R),目前该量表已在大规模职业指导当中得到广泛应用。之后,国内学者开始对职业兴趣进行了广泛研究,到了 2000 年,开始以 SDS 为基础,尝试建立我国本土化大学生专业搜寻表。2003 年,张厚粲对我国高中生职业兴趣类型重新研究,共发现七种高中生职业兴趣类型,即艺术型、事务型、经营型、研究型、自然型、社会型和技术型,并紧密结合我国实际情况编制出一套适用于我国当代高中生的职业兴趣测验。

5.3 兴趣测验的方法

兴趣测验的方法有很多,以下四种比较常见。

(1) 兴趣表达法

兴趣表达,顾名思义,就是要求被试自己回答自身的职业兴趣是什么。这种方法的优点是直接测量且操作实施方便,但缺点也明显,若被试自我认识不清,不知道自己的兴趣是什么,使用该方法就会比较困难。

(2) 行为观察法

行为观察法就是先向被试提供各种模拟情境,观察被试参与情境的数量、类型,以及在情境中的行为表现来测量被试的职业兴趣。这种方法类似于追踪观察法,需要花费大量时间,适合个体施测,不适合大规模使用。

(3) 能力测验法

能力测验法就是通过了解被试掌握某种职业相关的词汇或知识多寡来推测其职业兴趣大小。这种方法需要提前掌握职业词汇及相关知识,设计要求较高,但对职业倾向的测量非常有效,选拔性测评比较适用。

(4) 职业兴趣问卷法

职业兴趣问卷法就是采用标准化职业兴趣问卷测量被试职业兴趣倾向。这种方法时间和资金成本较少,比较适合大范围施测,比较适用于选拔性测评和职业发展指导方面。

5.4 兴趣测验的工具

(1) 职业适应性测验

1) 需求测验

美国心理学家马斯洛认为人的需求就如同一座金字塔,可以大致分为五层,从低到高依次是生理需要、安全需要、归属与爱的需要、尊重的需要、自我实现的需要。层级越低越偏生理性层面,需求强度也越高,不可或缺;层级越高越偏社会性层面,原则上只有低一级的需要得到满足后才能产生高一级的需要。在职业发展领域,人们选择某种职业能够满足内在需要存在不同,一般来说,层级越高个体获得的幸福感或成就感也越高。换句话说,从事同一职业的两个人,满足的需求层次不同,内向的获得感和动力也存在差异。

2)动机测验

动机测验是运用某种测评技术手段评估被试从事某项职业或事情背后的动力源泉、动机及其强弱程度。动机领域比较著名的学者是麦克利兰,他认为工作情境下个体一般存在三种动机:成就动机、权利动机、亲和动机。通过考察员工在工作中的动机,能够识别员工未来发展想法,比如,通过动机测量我们可能发现某员工成就动机较弱,但该员工所处岗位乃是公司核心岗位,这时,公司就需要进一步了解该员工是否存在职业倦怠的问题,提前准备一下预防措施,等等。

3)职业适应性兴趣问卷

① 斯特朗-坎贝尔职业兴趣测验(SCII)

1974年,坎贝尔在斯特朗职业兴趣量表的基础上编制了斯特朗-坎贝尔职业兴趣量表(SCII),该量表在1985年和1994年加以修订,是国外非常流行的职业兴趣测验,在人才测评领域应用广泛,能够为个人职业选择和企业人才管理提供非常有用的信息。该量表适用于初高中以上学历的人员。

SCII经过近百年的发展,理论基础被不断丰富和加强。目前,SCII主要包括三个方面的主题:第一个方面为由霍兰德职业兴趣理论建立起来的一般职业主题量表,第二个方面为采用聚类分析方法获得的各职业相互异质的同质性量表,第三个方面为通过坎贝尔经验性方法构建的职业兴趣量表。目前最新版本的SCII测评共分为七大类:131种职业兴趣评估、36门学校科目、51种一般职业活动、39种娱乐或业余爱好、24种类型的人、30对活动间的偏好、14种个人特征。

② 库德职业兴趣测验

库德职业兴趣测验适用于小学三年级到高中三年级的学生。该量表由描述十个兴趣领域(户外活动、机械、计算、科学、游说、艺术、写作、音乐、社会服务和文书)的一系列题目构成。其中,每三个题目为一组,要求被试选择自己最喜欢和最不喜欢的,采用三择一的"迫选法"技术量表,被试的结果按这十个量表记分,通过得分高低决定重要的兴趣领域。

③ 霍兰德职业兴趣测验

1959 年,霍兰德提出了影响广泛的职业兴趣理论,霍兰德认为人格、兴趣与职业关系紧密,兴趣是人类从事某项活动、完成某项任务的动力源泉,凡从事感兴趣的职业,人的积极性会得到加强,工作热情得以提升,同时职业兴趣与人格之间也有较高的关联性,人格特质与工作环境相匹配同等重要。

霍兰德认为有六种不同类型的职业兴趣,之后又将其发展构建成六角形职业兴趣理论。该理论认为人和环境可以分为现实型、研究型、艺术型、社会型、企业型和常规型六种类型。

现实型(Realistic)。喜欢使用工具从事操作类型工作,属于技术与运动取向。往往身体技能及机械协调能力较强,对机械与物体的关心比较强烈。稳健、务实,喜欢从事规则明确的活动及技术性工作,甚至热衷于亲自动手创造新事物。不善言谈,对于人际交往及人员管理、监督等活动不太感兴趣。

研究型(Investigative)。喜欢理论思维或偏爱数理统计工作,对于解决抽象性问题具有极大的热情。通常倾向于通过思考、分析解决难题,而不一定落实到具体操作。喜欢具有创造性、挑战性的工作,不太喜欢固定程式的任务。对于人员的领导及人际交往也非情所愿,独立倾向明显。

艺术型(Art)。对具有创造、想象及自我表现空间的工作显示出明显偏好。和研究型倾向的个体相同之处在于创造倾向明显,对于结构化程度较高的任务及环境都不太喜欢,对于机械性及程式化的工作了无兴趣。也比较喜欢独立行事,不太合群。不同之处是艺术型倾向的个体好自我表现,重视自己的感性,直觉力较好,情绪变化较大。

社会型(Social)。喜欢以人为对象的工作。他们通常言语能力优于数理能力,善于言谈,乐于与人相处,给人提供帮助,具有人道主义倾向,责任心也较强。习惯于与人商讨或调整人际关系来解决面临的问题。不太喜欢以机械和物品为对象的工作。适合从事咨询、培训、辅导、说劝类工作。

企业型(Enterprising)。喜欢制定新的工作计划、事业规划以及设立新的组织,并积极地发挥组织的作用进行活动;喜欢影响、管理、领导他人;自信,支配欲、冒险性强。他们不喜欢具体精细,或需要长时间集中心智的工作。

常规型(Conventional)。喜欢高度有序、要求明晰的工作,对于规则模糊、自由度大的工作不太适应。不喜欢主动决策,习惯于服从,一般较为忠诚,偏保守。与人工作中的交往会保持一定的距离。工作仔细、有毅力。对社会地位、社会评价比较在意,通常愿意在大型机构做一般性工作。

（2）职业性格测验

职业性格测验是借助一定科学评价技术手段评估受测者的职业性格,其目的是探讨性格类型与职业间的匹配程度。每个人都有自己独特的性格特征,个体会按照性格类型逐渐塑造出独特的个人行为、技巧和态度,而个性特征与岗位、职位又都关系紧密,故性格也是影响个体岗位才能发挥的关键因素之一。职业性格测验所得结论,不仅能为求职择业提出建议,而且也可以为企业人才招聘或晋升选拔提供参考。常见的职业性格测验有 MBTI、PDP 性格测试等。

（3）职业价值观测验和职业能力倾向测验

职业价值观是人生目标和人生态度在职业上的外在体现,是个人在评价和选择职业时,最看重的原则、标准和品质。同等条件下,不同价值观的人会表现出不同的行为和态度。通过职业价值观测验,可以了解个人职业价值观倾向,这对职业选择、能力提升等有重要作用,促使个人处理问题时更成熟理性。

职业能力倾向测验见第六章。

5.5　兴趣测验的应用

个体若对某种职业产生兴趣,就会对该职业表现出积极的态度,主动思考、积极探索、坚持不懈。实际上,我国早在春秋战国时期就有将个人兴趣运用到职业发展的先例。只是到了近代,随着测验理论和技术的发展,职业兴趣测验才逐渐完善起来,越来越多的企业开始将其运用到人员选拔和职业指导当中,帮助企业选出岗位最适合的人才,协助员工在企业内部完成自身职业发展目标。

（1）职业兴趣测验与人员招聘和选拔

随着全球化的发展，现代社会的职业分工体系越来越细化，各职位间的差异越来越明显也愈加复杂。职业兴趣作为一种特殊的心理状态，往往与个人内在个性有关，受到自身的教育程度、社会地位、生理心理状态、宏观环境的影响，每个人所喜爱的职业、所乐于从事的活动及所偏好的职业风格也就千差万别。所以，当前环境下，无论是企业还是个人，找到合适的人才和合适的岗位都比之前更加困难。因此，企业和个人需要借助一些辅助手段，比如，职业兴趣测试等，来全面地认识自己，找到最能匹配自身特点的岗位和人才。

对企业而言，实施职业兴趣测验，能够在企业员工招聘与选拔时，及时了解候选人职业兴趣，评估候选人兴趣方向是否与企业环境相匹配，从而提高识别率，减少盲目性。总之，采用科学的职业兴趣测验方法和技术手段，可以使企业招聘到适合岗位需求的人才，维持人才队伍稳定，保持良性循环发展。

（2）职业兴趣测验与职业选择和指导

对个人而言，职业兴趣测验可以助力个体选择最佳职业，遇到职业瓶颈时可提供指导帮助。职业兴趣对职业选择与指导的影响主要体现在以下几个方面：

首先，职业兴趣对职业选择产生影响。人在求职择业过程中，除了会评估已有知识经验技能水平、教育程度、社会地位、生理心理状态、宏观环境的影响外，对职业是否拥有浓厚的兴趣也是重要的考量标准之一。职业兴趣测验可以使我们获得该方面的信息，通过职业兴趣测验，可以了解到自己对某类职业可能比现在所从事的工作更感兴趣，了解到自己可能在某些岗位上更能取得成功。

其次，职业兴趣促进工作效率提升。职业兴趣可以使个体在完成某些工作或任务时发挥主观能动性，激发创造力，开发个人潜质，从而促进工作效率提升。相反，如果对某项工作或职业缺乏兴趣，他就很难长时间保持高效工作，难以发挥自身潜能，也容易产生消极怠工现象。职业兴趣测评通过评估个体职业兴趣方向，可以使个体择业早期规避一些不感兴趣的职业，增强职业成功的可能性。

最后，职业兴趣可以使个体快速熟悉并适应职业环境和职业角色。每种职业都具有独特的职业角色和与之协调的职业环境。如果对职业拥有浓厚兴趣，就积极地融入职业角色，适应职业环境，缩短新环境的适应时间，减少适应困难等问题。

价值观是一种外显或内隐的有关什么是"有价值的"的基本信念，是推动并指引一个人做出决策和行动的原则、信念和标准，在无形中支配着人们的行为。人们往往基于自己的价值观对事物做出好与坏、对与错、美与丑的判断，并据此形成自己对事物的态度，决定自己可能会选择什么方式、手段和结果来生活和工作。

6.1　价值观的定义

价值观是人们选择和评判社会活动的内在准则。价值观是社会文化的产物，人们常根据自身内在价值观对事物做出好坏、善恶、对错、美丑等一系列评判，并由此形成比较稳定的认知态度，从而影响工作生活的行为习惯、做事风格等。价值观既可以用来解释个体现象，也可以用来解释群体现象，它如同一座桥梁，连通着微观个体、中观群体、宏观社会三者间的认识与解释框架。所以，无论是个体发展、组织转型，还是社会变迁，中间发生所有的与个体内在的、人际间的抑或是群际间的矛盾与冲突都和价值观关系密切，因此认识和解决这些问题时，也需要从价值观着手。

职业价值观是个体人生理想和生活态度在选择与评判职业上的具体体现，即个体对职业的认识与态度，对职业成就的追求与憧憬。比如，一个比较看重社会地位的人，那他在求职择业、工作生活上可能会以能否提升社会地位标准，考虑做还是不做；一个比较重视经济利益的人，崇尚金钱和物质享受，那他可能就会认为人的价值可以用金钱来衡量，做事时有可能会牺牲亲情、友情与爱情，甚至人格等。当然，适度追求社会地位和经济地位无可厚非，但我们反对的是过度地崇尚社会地位和经济地位，致使个体丧失底线、道德迷失。之所以以此为例，想表达的是，个体价值观是能够对个体选择和判断社会行为产生深刻影响，如果了解一个人的价值取向，是可以对人事管理和风险防范等方面起到较好的正向作用。

6.2　价值观的内在本质

尽管无论不同学科还是不同研究者，对价值观的定义存在不同程度的意见与分歧。但对价值观的内在本质却基本形成共识，即都认为价值观是一种"以个体为中心的"、同"值得的"这一词密切关联的内在建构。

（1）价值观是那些指向个体内心，并坚信值得为之奋斗的目标，是个体或社会意志的集中表达

价值观与需要（比如，马斯洛提出的自我实现的需要）这个概念不同，需要是天生存在的，是经过历史长河铭刻基因里的东西，而价值观则是社会文化的产物，是经过后天培养，由社会塑造而形成的。但同时，价值观与需要又关联密切，一方面，价值观代表着社会可接受、人际可理解、可清晰表达的需要，价值观也是在个体需要不断得到满足的过程中缓慢形成的；另一方面，价值观一旦形成，就如同需要，不但可以引发个体产生相应的行为表现，还会激发相应的情绪体验，而且情绪一旦激发，无论自身或他人行为，与内在价值观吻合就会产生积极体验，不吻合则产生消极体验。

（2）价值观是一个内部价值目标彼此相连、具有层级结构的系统

价值观内部价值目标是彼此相连的，是一个通过不同程度抽象概括而形成

的,拥有层级结构的内在系统,又叫作价值观系统。价值观系统的横向结构反映的是同一层级各价值目标间彼此相容或相斥关系,比如,一个看重诚信的人,对责任也会比较看重,一个看重家庭的人,对额外加班会非常反感。价值观系统的纵向结构代表着价值目标的抽象概括水平,层级越高,抽象概括程度就越深,在个体心中隐藏就越深,也越稳定。

（3）价值目标可以按相对重要性进行排序

不同价值目标是可以依据重要性程度进行排序,排名越往前,价值目标的重要程度就越高,所占权重也越大,权重大的价值目标可以支配下位价值目标,由此就形成了人们的主导价值观。价值目标可排序的特点,也说明价值目标间是相互依存的关系,这也就是说,当个体依据价值观对社会行为做出选择与评判时,依据的并不是某个单一的价值目标,而是需要在多个价值目标间不断权衡。可以看出,价值目标的排序或者权衡引发的竞争既是个体内在冲突的根源,也是人际或群际冲突的根源。

6.3 价值观的特点

（1）价值观具有相对的稳定性

一个人在特定的时间、地点、条件下,总会对事物产生好恶、美丑等评价和判断,且如果其他条件不变,当所遇事物再次出现时,这种评价和判断不会改变,即价值观具有相对稳定性。但也需要说明价值观的稳定性是相对的,价值观一旦形成并不是不可改变,而是会随着生活水平的提高、社会地位的改善,以及人生观、世界观的变化而发生变化。

（2）价值观取决于人生观和世界观

一个人的价值观是社会文化的产物,是自出生之日起,在家庭、学校和社会的影响下缓慢形成不断成熟的。一个人所处的家庭环境、所接受的学校教育,以及所处的社会环境等,都在塑造价值观时起到某种决定性作用。比如,父母是否对孩子过度溺爱,孩子接受的学校教育是否多元,孩子是否受到校园霸凌,等等,以及自媒体、短视频、电视等宣传的观点,最为尊重的长辈和朋友,甚至电视明星等表现的行为,都会对一个人价值观的产生有着不容小觑的作用。

（3）价值观的影响效应

价值观不仅可以对个体的所作所为产生影响,而且同样也能够对群体行为或组织行为产生影响。处于相同客观环境,由于价值观存在差异,人们会对同一事物产生不同的态度和行为。在组织内部,如果大家价值观存在明显分歧,即便有规章制度限制,也会阻碍组织目标的达成。

6.4 价值观测验的工具

6.4.1 价值观测验工具简介

价值观测验最具有代表性的工具是罗克奇价值观调查表。最近,关于职业价值观的测验开始增多,比如,广受赞誉的美国就业指导专家埃德加·H. 沙因教授提出的职业锚理论,并编制了职业锚测验量表。

中国人对价值观的探讨历史比较悠久,常见于古人的著作之中,比如:《论语》关于“义”与“利”的相关论述,“君子喻于义,小人喻于利”;《孟子》,“生,亦我所欲也,义,亦我所欲也,二者不可得兼,舍生而取义者也”;《二程遗书》第十一卷,“天下之事,唯义利而已”;等等。关于价值观的科学研究兴于 20 世纪 80 年代,国内研究者开始对西方人开发价值观工具进行“仿照研究”。下表描述了近 30 年对中国人价值观的研究成果。

表 6-1 近 30 年中国人价值观实证研究中使用的价值观工具举要

工具名称	研究者或机构	工具发表时间	工 具 结 构	中国样本研究
价值观量表	奥尔波特	1960 年	理论、审美、经济、社会、政治、宗教	彭凯平等
罗克奇价值观调查	罗克奇	1973 年	终极价值观、工具价值观	黄曼娜等
华人价值观调查	华夏文化协会	1987 年	整合、儒家伦理、仁心、道德教化	华夏文化协会

（续表）

工具名称	研究者或机构	工具发表时间	工　具　结　构	中国样本研究
传统价值观量表	杨国枢、郑伯埙	1987 年	家庭主义、谦让守分、面子关系、团结和谐、克难刻苦	杨国枢等
个人传统价值观与现代价值观量表	杨国枢、余安邦、叶明华	1991 年	个人传统性：遵从权威、孝亲敬祖、安分守成、宿命自保、男性优越 个人现代性：平权开放、独立自顾、乐观进取、尊重情感、两性平等	杨国枢等
施瓦茨价值观调查	施瓦茨	1992 年	自我超越：博爱、仁慈 自我提高：快乐、成就、权力 开放：自主、刺激 保守：一致、传统、安全	Lee 等
青年价值观问卷	社科院价值观课题组	1993 年	人生价值观、道德价值观、政治价值观、婚姻和性价值观、职业价值观	社科院价值观课题组
人生价值目标词汇	张进辅	1998 年	人生价值目标、人生价值手段、人生价值评价	张进辅
中国民众价值取向问卷	辛志勇	2002 年	金钱权力、品格追求、工作成就、从众、法规、家庭、人伦前提、公共利益	金盛华等
大学生价值观调查量表	辛志勇	2002 年	目标价值观：金钱物质、工作成就、荣誉地位、自身修为、婚姻家庭、友谊爱情、合格公民、回归自然、贡献国家、人类福祉 手段价值观：知识努力、智慧机遇、人格品质 规则价值观：法律规范、舆论从众、道德良心	辛志勇等
中国人价值观工具	于广涛、富萍萍、刘军、曲庆	2007 年	社会和谐、仁爱友信、开拓创新、成就权力、中庸传统、安居乐业、家庭美满、快乐人生、人情关系、自由公正	于广涛等
中国人价值观问卷	金盛华、郑建君、辛志勇	2009 年	公共利益、品格自律、家庭本位、人伦情感、名望成就、金钱权力、才能务实、守法从众	金盛华等
中国人价值观工具	于广涛、富萍萍、曲庆、刘军、孙聪	2015 年	整合价值观（义）：社会和谐（谐）、仁爱有信（仁）、公平公正（公）、家庭美满（家）、身心愉悦（悦） 适应价值观（利）：显达有为（达）、开拓创新（新）	于广涛等

此外,国内外还有一些比较有代表性的职业价值观量表如下:

(1) 苏伯尔职业价值观调查表(WVI)

(2) 职业价值观问卷调查表(WVQ)

(3) 明尼苏达重要性量表(MIQ)

(4) 俄亥俄职业价值量表(OWVI)

(5) 宁维卫修订的 WVI 中文版

(6) 凌文辁编的大学生职业价值观量表等

6.4.2　罗克奇价值观调查表

罗克奇价值观调查表是目前国际比较通用的价值观测验量表,由米尔顿·罗克奇于 1973 年开发完成。罗克奇认为价值观是具有层次结构的内在系统,又叫作价值观系统,是由各价值观按照重要性程度排列形成的一个连续体。罗克奇据此提出两大价值系统:终极性价值观(Terminal Values)和工具性价值观(Instrumental Values)。其中,终极性价值观指的是个体可为之奋斗一生的目标,是个人价值与社会价值的集中体现,是一个比较理想化的终极状态。工具性价值观指的是个体为趋近理想化终极状态而采取的方式和手段,指向人的道德或能力层面。

罗克奇价值观调查表中,包括具有代表性的终极性价值观和工具性价值观各 18 个,每个价值观条目都配有一小段介绍。施测时,要求被试按照重要性对两类价值观进行排序,觉得最重要的价值观排在首位,觉得最不重要的排在末尾。故该量表可以有效地评测各价值观在个体心中的位置排序,也即不同价值观重要性排序。此外,正是由于罗克奇将不同价值观放在一起进行评测,因此罗克奇价值观调查表更能够体现价值观的系统性与整体性。大量实证研究表明,罗克奇价值观调查表具有较好的信效度水平。

6.4.3　职业锚问卷

职业锚是指当个体不得不做选择时,无论如何都不放弃职业中那种至关重要的东西或价值观。美国心理学家埃德加·H.沙因教授首次提出职业锚的概念,他认为职业锚源自内心深处的自我认知,在经过自我的价值观、能力和动机等深刻反思之后逐步形成，能够对职业生涯产生指导和约束的作用。职业锚注重能力、动机和价值观三者的相互作用与整合，强调个体与环境的相互影响，并在实践工作中不断调整、发展。沙因教授依据多年研究和从业观察发现存在五种职业锚：技术/职能型、管理型、自主/独立型、安全/稳定型、创业/创造型，并据此理论编制了职业锚问卷。

各职业锚类型的特性特征具体如下：

（1）技术/职能型（Technical Functional Competence）：属于该类型的人比较乐于从事技术或职能业务方面的工作。他们的成长比较关注技术能力的提高，成就感多源于他人对自己精通的专业技术或熟练的业务能力的认可。他们拒绝全面管理的工作，喜欢应对专业领域的挑战，承担富有挑战性的作业。

（2）管理型（General Managerial Competence）：属于该类型的人具有较强的成就动机和价值观，他们会倾心于全面管理工作，以获得工作晋升或收入增加作为成功的标准。他们往往具有较强的分析能力，擅长人际沟通，以及较强的情绪感染力。他们对组织有一定的依赖性。或许他们目前正从事技术或职能型的工作，但其实并没有太大兴趣，而是把它视为通往更高的管理岗位的必经之路。

（3）自主/独立型（Autonomy Independence）：属于该类型的人最大的特点是喜欢追求自由，想要最大限度地摆脱组织的束缚，希望可以在允许自由施展才能的环境工作。有时他们宁愿牺牲晋升或提升自我的机会，也不愿放弃追求个人自由与个性独立。若他们所处的工作环境允许他们自主安排工作方式，给予最大的试错空间，那么他们在工作中会显得非常开心，有非常强的职业认同感，将工作成果归于自我努力，有很强的自信心。

（4）安全/稳定型（Security Stability）：属于该类型的人追求的是工作中的安全感，渴望工作稳定。按部就班是他们最大特征，"不求有功，但求无过"，不太关注晋升，比较关注个人财务安全。对组织有很强的依赖性，常常将拥有稳定和谐的工作环境作为职业成功的标准。

（5）创业/创造型（Entrepreneurial Creativity）：属于该类型的人有强烈的创新创造的想法，追求创造是他们最重要的动力源。他们意志坚定，勇于冒险，不怕困难，总能迎难而上。通常希望能够创建属于自己的公司或产品，或许目前他们在他人的公司工作,但这只是锻炼学习的机会,一旦时机成熟,他们便会选择勇敢地走出去,开创属于自己的天地。

职业锚问卷目前是国内外职业测评领域使用最为广泛、结果最有效的测评工具之一。职业锚问卷在职业生涯规划咨询中,可以帮助组织与个人史加熟悉自身现状,协助其开展最为科学可靠的职业生涯规划。

第七章 心理健康测验

近年来随着中国社会经济、科学技术、文化等领域迅猛发展,竞争日趋激烈,人们可能在学习教育、人际关系、环境适应、经济压力、子女养育、就业择业、职业发展、恋爱情感等方面面临很多冲突与困惑,心理压力加大,心理健康问题增多,使得人们不再仅仅关注身体健康,心理健康也越来越受到关注。2016年,国家 22 部门联合颁发《关于加强心理健康服务的指导意见》,指出心理健康在国民发展中的重要地位,并在加强心理健康服务建设方面提出详细的指导意见。《中国国民心理健康发展报告(2017—2018)》指出,中国国民绝大多数心理健康状况良好,但在城镇有 10%～15% 的国民存在中轻度的心理健康问题,约 2%～3% 存在中重度心理健康问题,且心理健康问题在农村比城镇更为普遍。研究表明,心理健康问题使个体长期处于亚健康状态,诱发内分泌失调,进而影响身体上的健康问题,最终干扰自己的工作、学习与生活。本章主要介绍心理健康方面的知识内容,了解心理资本在心理健康方面的作用,以及如何利用测评工具评估自己心理健康程度。

7.1 心理健康概述

7.1.1 心理健康的定义

传统观点认为"健康即是无病",只要人的身体机能不出现任何问题,那么这个人就是健康的。然而,随着人们认识程度的提高,现代人更强调个体整体健康,认为心理健康也是个体健康的一个非常重要的方面。

关于心理健康(Mental Health)的定义,世界卫生组织定义为"人们在学习、生活和工作中的一种平静和安宁的稳定状态"。国内有研究者把心理健康定义为"个体内在心理活动与外部环境协调一致,心态积极、精力充沛的心理状态"。心理健康的个体可以与周围环境进行良好的协调互动,激发内在潜能的发挥,生理机能、心理和社会环境三者之间保持良好互动。通俗地说,所谓一个人心理健康,即是说这个人的性情与情感比较稳定、认知与智商合理、行为与态度恰当、意志坚定等,他的心理与社会行为均处于一种非常和谐的状态。

与之相反,若某人存在心理健康问题,一般是说他心理处于亚健康状态,但更严重的人,也有可能存在某种心理病态。心理健康有问题的人在社交活动、工业生产及生活上会有一定的适应困难,有时不能与他人保持良好的沟通,团队协同也容易出现问题。更重要的是,他们往往社会技能偏低,并不能很好地处理生活或工作的突发情况,在未接受外在干预的情况下,可能会长期处于一种恶性循环状态。

7.1.2 心理健康衡量标准

判定一个人是否身体健康,有一些标准,同样,判定一个人是否存在心理健康问题,也有一些标准,只不过心理健康的判定标准不如身体健康的判定标准那么具体、客观。不过,即便如此,当人们掌握衡量心理健康的标准,就能够对个体心理健康进行诊断,及时发现心理健康存在的一些问题,严重时方便及时就医,早诊断早治疗,这对于维护人类健康有非常重要的意义。但从定义上可以看出,心理健康是一个非常复杂的整体概念，它通常会涉及医学、心理学及社会学等方面的内容。关于心理健康的界定标准，不同学者有不同的角度，结果也千差万别。目前，国内外比较认同的衡量标准是由美国心理学家马斯洛与米特尔曼提出的关于心理健康的"十条标准"。衡量标准具体内容如下：

（1）充足的安全感。安全感是人类生存发展的基本需要，若一个人缺乏安全感，就会惶惶不可终日，焦虑、抑郁、不自信充斥内心，从而引发内分泌系统失调，甚至会诱发机能病变。

（2）恰当的自我认知，对自身能力有准确的判断。如果一个人不了解自己，对自身能力不能做出恰如其分的判断，盲目自信，就会去做一些超出自身能力的事情，从而时常感到力不从心。而若长期超负荷地工作，会透支精力，诱发身体和心理健康问题。

（3）制定的生活目标切合实际。由于社会生产力的不断提高，物质生活方面的不断丰富，生活条件得到极大的改善，但生活条件的改善大部分是存在上限的，若个人不能有正确的认识，制定的目标不切实际，那必然会在生活中受挫，从而影响身心健康。

（4）与外界保持密切接触。人是社会性生物，是需要与外界保持密切接触的。若一个人经常封闭自我，与外界脱离接触，那么他的精神世界就会非常贫乏，也不太可能很好地适应周围环境，从而引发心理问题。

（5）保持心理特质的和谐统一。人格等心理特质的完整而统一是心理健康的标志。患有精神类疾病的患者常出现幻觉（比如，幻视、幻听等），这说明个体的人格的完整性受到损害，出现严重的心理健康问题。

（6）具有一定的学习能力。现代社会发展迅猛，知识迭代速度加快，为紧跟时代步伐，个人就需要具有一定的学习能力，不断更新知识，维持生活、学习与工作的平衡，保持现有社会地位，减少内心焦虑。

（7）维持良好的人际关系。人具有社会属性，而拥有良好人际关系能够促进心理健康。若一个人人际关系较差，遇到困难不能获得亲友和社会支持，压抑的情绪得不到释放，这势必会引发焦虑、孤独、自卑等一系列心理健康问题。

（8）能够适度地表达和控制情绪。常言道，"人有七情六欲"，有喜怒哀乐各种情绪体验。感到不愉快时，就需要有出口释放，恢复内心平衡。但若消极的情绪得不到宣泄,就会非常容易影响到工作生活,引发人际冲突,影响身心健康。

(9)能够有限度地表达自己的个性。一个人需要学会如何发挥自己的才能,拥有自己的兴趣爱好等,但需铭记,表达个性时不能损害他人和群体的利益,要极力避免人际纠纷,徒增烦恼,这是心理健康的大忌。

(10)在不违背社会道德规范的前提下,个人需要最大程度得到满足。满足自己需求无对错可言,但不得损害他人利益,必须合法,否则就会遭到良心的谴责、舆论的压力,甚至法律的制裁,从而对心理健康产生较大的破坏力。

7.1.3　心理健康测评工具

国内外学者都认为心理健康具有多层级结构的内在系统,评价心理健康要使用多角度、多维度的方法。由于学者对心理健康所下定义和标准存在许多不同,所以编制的心理健康测评工具也千差万别。

目前评估心理健康水平的测验工具,比较常见的有两类:心理健康评定量表、心理健康相关的人格评定量表。心理健康评定量表以心理健康临床症状自评量表(SCL-90)、抑郁自评量表(SDS)、焦虑自评量表(SAS)、心理自评量表(PCQ)、生活事件调查问卷、压力应对方式测验等测评工具为代表。心理健康相关的人格评定量表主要以 MMPI 明尼苏达多项人格问卷、卡特尔 16PF 人格测验、EPQ 艾森克个性问卷等测评工具为代表。

上述问卷量表均是心理健康测评领域最为常用的工具,但每种测验并不是完美无缺的,从心理测量的角度来看,还存在下列一些问题,需要引起注意:

(1)心理健康测评工具的跨文化适用性问题

目前比较常用的心理健康测评工具大部分都是从西方引进与修订而来,由于中西方文化差异普遍存在已经成为共识,而这些以西方被试为对象的量表,运用在中国被试上,其可靠性是需要探讨的。即便是引进时国内学者已经做过修订与矫正,但这些量表的理论框架层面却仍旧很少改变。

(2)心理健康测评工具测量对象的适用性问题

很多心理健康评定量表的主要功能是临床诊断,即用于识别患有精神症或神经症的人群,并不适合用在正常被试身上。

（3）心理健康测评工具测量内容的适用性问题

心理健康有多个层级，编制心理健康问卷时学者们通常会注意很多因素，从多角度、多方面进行综合评定。所以，这就使得大部分心理健康测验量表的内容很多，既包括影响适应与发展方面的问题，也包括一些状态或特质类因素。如果想要单独测量心理健康的某一方面，由于心理健康量表内容庞杂，显然不是最佳的选择。

（4）心理健康测评工具评价标准的时效性问题

还有一个问题需要注意，即心理健康测评工具评价标准的时效性问题。之所以出现时效性问题，是因为原始量表多在几十年前编制而成，所采用心理健康的评价标准也是依据当时的社会、政治、经济、文化环境，以及价值观念、生活方式。然而，随着社会变迁，人类近20年的发展速度已经远远超过以往几千年的发展，如果仍以过去的评估标准衡量生活在现代社会的人，其题本的适用性、结果的可靠性是值得商榷的。

表7-1 心理健康的有关测评工具

量表名称	优 点	不 足
心理健康临床症状自评量表（SCL-90）	量表评估维度多，施测方便，信效度高。对于心理健康存在问题的人群有很强的识别能力，比较适合心理健康普查。多见于医院诊断系统，由于其对心理健康问题有很强的识别能力，学校系统也经常使用。	对正常人的心理健康水平评估缺乏区分能力，不太适合用于普通人心理健康的比较。另外，该量表于40多年前引入中国，也存在跨文化适用性问题和评价标准时效性问题。
抑郁自评量表（SDS）	该量表由四种评估抑郁特异性状态的题目构成，可以有效评估个体抑郁症状的程度，比较适合临床诊断识别抑郁症患者。	只能考察抑郁状态，不能单独使用评估个体心理健康程度。该量表常与焦虑自评量表、心理健康临床症状自评量表、汉密顿焦虑量表、汉密顿抑郁量表等一起使用，进行神经症临床分类。
焦虑自评量表（SAS）	该量表是受测者自我报告焦虑水平的临床诊断工具，施测简单，结果可靠。可以有效评估有焦虑倾向的精神疾病患者的主观感受。适用于具有焦虑症状的成年人。	只能考察焦虑状态，不能单独使用评估个体心理健康程度。该量表常与抑郁自评量表、心理健康临床症状自评量表、汉密顿焦虑量表、汉密顿抑郁量表等一起使用，进行神经症临床分类。

(续表)

量表名称	优　点	不　足
MMPI明尼苏达多项人格问卷	该问卷主要用于精神病症的识别与诊断,对严重人格障碍的人群诊断与识别的有效性非常高。	由于问卷的原始测量常模是有心理健康问题的临床患者,故运用于正常人心理健康诊断时,需要注意测量对象的适用性问题。
卡特尔16PF人格测验	该量表能够测查16种主要的人格特质。对正常人16种基本人格特质及其各次级人格特质有较好的区分能力。该量表最大的优点是可以用于评估群体和个人的心理健康水平,亦可以用于两个人或两个群体心理健康的比较。	对患有心理健康问题的人缺乏区分能力。16PF考察的个体稳定状态下的人格特征状况,其中关于心理健康的测评,主要反映的是个体稳定的心理调节能力,而对某个特定时期的心理健康状态不太重视。
EPQ艾森克个性问卷	此问卷通过考察个体在内向-外向维度、情绪稳定-神经过敏维度上的相对位置,得出其人格类型,从而间接考察人的心理健康状况。	该问卷常用来评估个体心理健康,但是该问卷并不是专门用于心理健康的测评工具,故存在测量内容的适用性问题。
康奈尔医学指数(CMI)	该问卷的基本思想是社会环境适应不良必然会影响个体健康状况,表现为个体躯体机能症状的产生或功能的变化。该问卷主要涉及四个方面:躯体症状、家族史、一般健康和习惯及精神症状。反映的症状十分丰富,可全面了解健康问题。	该问卷存在跨文化的适用性问题,还有症状性的测量太多,过于片面。
大学生人格问卷(UPI)	该问卷由16个身体症状项目、40个精神状态项目、4个测伪题及15个附加题构成。另外问卷还附有一些了解被测者背景情况的内容,如家庭情况、过往病史、兴趣爱好、入学动机等。这些背景资料对全面了解被测者的心理健康状况具有非常重要的作用。	它是1966年由日本大学的心理咨询专家与精神科医生联合编制而成,由于时间悠久,存在评价标准的时效性问题。另外,由于题本侧重身体症状和情绪方面的问题,且多数属于反向题目,仍用于筛查或鉴别,主要是用于及早发现有心理问题的学生。
心理健康诊断测验(MHT)	主要用于考察中小学生心理健康诊断,评估受测者一般性焦虑即慢性焦虑水平,具有较高的信效度。	它仅仅从情绪角度评估学生的心理健康状况,因此并不能全面地反映学生的心理面貌。
问题行为早期发现测验(PPCT)	本测验目的在于发现早期问题行为,并进行预防性的指导。	主要用于发现问题,不适用于判断比较正常学生之间心理健康水平的差异。

（续表）

量表名称	优　　点	不　　足
学习适应性测验（AAT）	通过详细的调查研究，全面了解学生是如何进行学习的，并根据受测者的性格、健康状况和环境条件，评估学生的学习能力。	只适用于中小学生的学习诊断。

　　注：人际关系量表、成人心理压力量表、社会适应能力量表、心理适应性量表、心理年龄量表、生活事件量表（LSE）、社会支持量表、适应行为量表（AAMD）、情绪状态量表，这些量表只测查心理健康某一部分，故不能单独用来测量心理健康。

7.2　心理资本

7.2.1　心理资本的定义

　　传统心理学关注人在成长和发展过程的消极方面，比如人存在哪些心理问题、如何预防和消除等。与以问题为导向的传统心理学不同，20 世纪末，美国心理学家共同创立了积极心理学，强调心理学不仅要研究人的消极方面，人类潜能和发展的积极方面也需要受到重视。积极心理学的诞生与发展，给现代心理学的研究引向一个全新的方向。

　　积极心理学主要采用科学的研究方法，了解人类生活的积极方面，它以美德和潜能为研究对象，注重人的主观幸福感以及身心健康。积极心理学强调积极情绪体验和追求生命意义的重要性，主张解释心理活动或心理发展规律时，多关注人的韧性、优秀的品质、拥有的资源和能力，强调利用这些积极因素来提高生活质量。心理资本是积极心理学的重要研究领域，它主要关注的是个体具有哪些积极的心理品质以及这些积极因素是如何对个体行为产生影响的。

　　心理资本的概念最早出现于经济学、投资学和社会学等文献中。比如，经济学家戈德史密斯（Goldsmith）认为，心理资本是指能影响个体生产率的某些个性特征，这些特征反映了个体的自尊感或自我观点，支配着人的动机和对工作的态度。

　　路桑斯（Luthans）等人于 2005 年提出了"心理资本"的明确定义，即"个体一般积极性的核心心理要素,具体体现为符合积极组织行为标准的心理状态,它超出了人力资本和社会资本,并且通过有针对性的投入和开发可使个体获得竞争优势"。Luthans指出可以从四个方面来理解该定义:(1)以积极心理范式为基础(强调人的积极性和优势)。(2)属于符合积极组织行为标准的心理状态。(3)位于人力资本和社会资本之上,其中人力资本主要关注你知道什么,比如知识、技能、观点和能力等;而社会资本主要关注你认识谁,比如信任、人际关系、彼此的工作关系网、朋友等。(4)可以通过对心理资本进行相关投资和开发,用以改善绩效和提高人的竞争优势。

从定义上看,心理资本(Psychological Capital Appreciation,简称PCA)是指个体在成长和发展过程中表现出来的一种积极心理状态及心理能量,是促进个人成长和绩效提升的心理资源。心理资本通常被认为是企业除财务资本、人力资本、社会资本之外的第四资本,其地位超过人力和社会两大资本,是影响人才效能发挥的核心要素。心理资本主要由四个维度构成,即自我效能感(Self-efficacy)、希望感(Hope)、乐观(Optimism)、韧性(Resilience)。这些维度都是新健康观里积极层面的内容,因此,心理资本同样可以视为心理健康的核心组成部分。

(1)自我效能感(Self-efficacy)

也即自信,指个体对自己在特定的情境里能够激发动机、调动自身认知资源以及采取必要行动来成功完成某一项特定工作的信念(或信心)。具有高自我效能感的人往往为自己设立高目标,并主动选择困难的工作任务,喜欢接受挑战,并因挑战而强大,为实现目标而投入必要的努力,并且当面对困难时会坚持不懈。自我效能感可以有效缓解压力对人造成的消极影响,对工作绩效产生积极影响。

(2)希望感(Hope)

希望是基于成功、路径和意志力三者之间而形成的积极动机状态,即"动因"或"意志力"。希望由两大因素决定,即路径和意志力。一个人必须拥有意志力,同时拥有个人实现目标的途径,这样才能拥有高水平的希望,才能成功地实现自己的目标。意志力和路径是达成目标的心理能量,这种能量可促使个体不断地奋斗和前进,使个体具备达成目标的勇气及信念。

（3）乐观（Optimism）

乐观是一种归因方式，也就是把积极事件归因于自身的、持久性的和普遍性的原因，而把消极事件归因于外部的、暂时性的及与情境有关的原因。乐观不仅指预期未来会发生积极事情的心理倾向，并且乐观还取决于个体对事情的解释和归因。但是乐观不是盲目的、不现实的，心理资本理论所强调的乐观是现实和灵活的乐观，它指出个体在归因时应该对客观现实进行正确合理的评价，然后选择积极的归因方式。乐观代表着一种在过去经验的基础上进行对未来的积极预测态度，它是有根据可循的，乐观可以产生积极的自我实现预言，从而激励人们去取得成功。

（4）韧性（Resilience）

韧性是一种可开发的能力，它能使人从逆境、冲突和失败中，甚至是从积极事件、进步以及与日俱增的责任中快速回弹或恢复过来，韧性对于提升个人的能力和社会的人力资本有重要的指导性意义。积极的情绪可以增加个体面对消极事件的心理弹性。韧性是在个体任何年龄和心理条件下都可以被发现、测量、维持和开发的一种日常能力和心理优势，是人的积极心理资本中一种非常重要的因素。

当然，除了上述四种积极因素外，还有一些其他的积极心理品质，比如，宽恕、幽默、幸福感、情商等，然而前面四个维度表现出良好的信效度，且最符合积极心理学的衡量标准。

7.2.2　心理资本的作用

无论是在职场中，还是在生活上，心理资本都发挥着积极作用。

心理资本在非职场领域的研究比较早。学者以学生或普通被试为研究对象，发现心理资本较好的人，身体更加健康，社会适应、人际沟通、压力应对等方面表现较好，更容易找到理想工作。职场领域的研究相对晚一些，但发展迅速，尤其在组织行为学领域。国内外学者均发现，心理资本可以促进组织变革，改善领导效能，提升战略效果，缓解下属压力，增强员工自信心，改善绩效表现，提升工作满意度等。

值得一提的是，随着现代企业生存竞争压力加大，企业变革速度逐渐变快，许多管理者慢慢意识到：大部分员工工作压力和思想负担较高，他们一方面面临巨大的生活成本支出，另一方面又需要时间提升职场能力，但两者相较之下，更多的员工在关注薪酬福利的同时，希望花更多精力在自身的成长进步上。虽然他们能够接受繁重的工作和较低的薪酬水平，但他们却迫切需要自身的成长与发展，迫切需要心理方面的关注。为此，越来越多的企业开始关注如何培养员工积极阳光、健康的心理状态，给员工提供更多的人文关怀和生活体验。而且这些做法并不是等到员工出现心理健康问题之后，而是企业主动去预防、去解决，因为企业家已经明白，现代企业的竞争不是技术，不是财力，而是人。

7.2.3 心理资本与心理健康的关系

心理资本与心理健康是正向的相互影响的关系，具体表现在心理资本四个维度与心理健康的关系上。

自我效能感与心理健康状况相互影响且关联密切。自我效能感较高的人，焦虑、抑郁等消极情绪较少，心理健康状态较好。同样，如果个体心理健康较差，经常表现出愤怒、害羞等消极情绪，势必会影响自我效能感水平，感到不自信。

希望感有助于个人发展、环境适应和身心健康。希望和乐观两者关系密切。希望感越高的人，其自尊越强，动力充足，负向情绪较少。

乐观是心理健康最重要的预测因子，它与身心健康关系密切。乐观的人不畏艰难，有困难会积极协调各种资源，采取更加积极的应对方式，并不断地进行自我调整与修正，把焦虑恐惧的情绪调整到最低，从而最大限度地实现预期目标。大量研究表明，越乐观的人，越快乐，身体越健康，对生活越满意，比悲观的人越少烦恼。

韧性是心理健康最重要的保护因子。心理韧性指的是从困境、冲突甚至失败中迅速恢复的心理能量。高心理韧性的人抗压能力较强，能做到压力面前保持冷静思维，维持较好的心理状态和心理健康。

7.2.4 心理资本与工作投入

心理资本不仅会影响任务绩效，还可能会影响人际促进和工作奉献。在心理资本与工作态度的关系研究中，大部分研究所得的结论表明，不论管理者，还是员工的心理资本都对员工工作态度有正向的预测作用。

员工的心理资本对工作投入会产生直接影响。心理资本对工作绩效可以通过工作投入产生影响，工作投入起中介作用。心理资本理论最大的特色是，它是个体积极心理状态性综合性指标，能被组织开发和利用并且能为组织提升竞争性优势。

7.2.5　心理资本与创新

21世纪，人类进入知识经济时代，越来越多的企业开始意识到，人力资源逐渐成为企业发展的战略资源。知识型员工拥有较高的知识水平，追求独立性和个性化、藐视权威并且具有创新精神，成为企业竞争的关键。同时，这更是一个创新时代，创新代表着一个企业的竞争力水平。心理资本是个体核心心理要素，它所起的作用与人力资本相同。已有研究表明心理资本能够帮助企业获取竞争优势、心理能力和潜力，帮助组织实现更有意义的可持续发展的战略目标，激发企业员工的全部潜力。

组织创新气氛在本质上是认知条件下的产物，Bnadura的自信（自我效能感）理论认为：自信通过选择、思维、动机和身心反应过程来影响个体的行为。因此，员工个体对组织创新氛围的感知体验与员工的自信相关，而自信正是心理资本构成的重要成分。

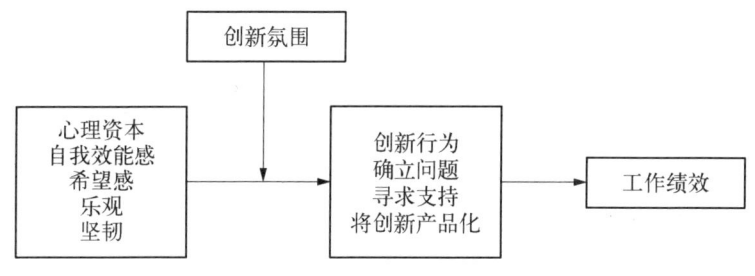

图 7-1　心理资本与创新模型

不同的员工在成长的环境、受教育的程度和工作的状态方面都是不同的，这些因素可能会对员工的心理资本产生不同程度的影响，知识水平和人生阅历会对心理资本状态产生影响。知识水平高的员工因其自身的优越感，相对容易产生较高的希望和乐观。而若员工的人生阅历丰富，就容易走出困难或逆境。

7.3 疫情危机的心理评估工具

新型冠状病毒感染的肺炎疫情下的心理危机的心理评估,可以使用一些简易评估工具,对需要干预的对象进行筛查,确定重点人群。目前国际上通用又比较常用的有 SRQ(心理问题自评问卷,Self-rating Questionnaire)和 PHQ-9 量表(患者健康问卷,即抑郁症筛查量表,Patient Health Questionnaire)。

表 7 - 2 SRQ(心理问题自评问卷,Self-rating Questionnaire)

姓名: 性别: 年龄:

健康卡号: 日期: 第 次筛查

[指导语] 在最近的一个月里,您是否有以下问题中所描述的情况? 请根据自己的真实情况逐一回答。如果不能确定,请您尽量给出一个您认为最为恰当的回答。我们保证为您的资料保密。

问 题	
1. 您是否经常头痛?	是/否
2. 您是否食欲差?	是/否
3. 您是否睡眠差?	是/否
4. 您是否易受惊吓?	是/否
5. 您是否手抖?	是/否
6. 您是否感觉不安、紧张或担忧?	是/否
7. 您是否消化不良?	是/否
8. 您是否思维不清晰?	是/否
9. 您是否感觉不快?	是/否
10. 您是否比原来哭得多?	是/否
11. 您是否发现很难从日常活动中得到乐趣?	是/否
12. 您是否发现自己很难做决定?	是/否
13. 日常工作是否令您感到痛苦?	是/否
14. 您在生活中是否不能起到应起的作用?	是/否

（续表）

问　　题	
15. 您是否丧失了对事物的兴趣？	是/否
16. 您是否感到自己是个无价值的人？	是/否
17. 您头脑中是否出现过结束自己生命的想法？	是/否
18. 您是否什么时候都感到累？	是/否
19. 您是否感到胃部不适？	是/否
20. 您是否容易疲劳？	是/否

"否"评"0"，"是"评"1"；最高总分为20，界值为7或8；达到或超过界值表明被试（当事人）有情感痛苦，需要精神卫生帮助。

表 7-3　PHQ-9 量表（患者健康问卷，即抑郁症筛查量表，Patient Health Questionnaire）

姓名：　　　性别：① 男　② 女　　　年龄：（　　）周岁

问　　题	0=完全不会	1=好几天	2=一半以上的天数	3=几乎每天
1. 做事时提不起劲或没有兴趣	0	1	2	3
2. 感到心情低落、沮丧或绝望	0	1	2	3
3. 入睡困难、睡不安稳或睡眠过多	0	1	2	3
4. 感觉疲倦或没有活力	0	1	2	3
5. 食欲不振或吃太多	0	1	2	3
6. 觉得自己很糟，或觉得自己很失败，或让自己或家人失望	0	1	2	3
7. 对事物专注有困难，例如阅读报纸或看电视时不能集中注意力	0	1	2	3
8. 动作或说话速度缓慢到别人已经觉察，或正好相反，烦躁、坐立不安、动来动去的情况更胜于平常	0	1	2	3
9. 有不如死掉或用某种方式伤害自己的念头	0	1	2	3

测试者签名：_____　　　总分：_____

（评分规则：见表内，总分 0—27）

表 7 - 4 PHQ-9 量表的评分规则及治疗建议

分　值	结果分析	治　疗　建　议
0—4 分	没有抑郁	无(注意自我保重)
5—9 分	轻度抑郁	观察等待：随访时复查 PHQ-9(建议咨询心理医生或心理医学工作者)
10—14 分	中度抑郁	制定治疗计划,考虑咨询、随访和/药物治疗(最好咨询心理医生或心理医学工作者)
15—19 分	中重度抑郁	积极药物治疗和/心理治疗(建议咨询心理医生或精神科医生)
20—27 分	重度抑郁	立即首先选择药物治疗,若严重损伤或对治疗无效,建议咨询精神疾病专家,进行心理治疗和/综合治疗(一定要咨询心理医生或精神科医生)

　　PHQ-9 量表是包含九个条目的抑郁筛查量表,是一种简洁高效且具有足够信效度的测查工具。PHQ-9 量表用于评估抑郁严重度,其主要内容为情绪低落及快感下降。

　　如果发现自己有如上症状,它们影响到你的家庭生活、工作、人际关系的程度是：没有困难____,有一些困难____,很多困难____,非常困难____。

评价中心是现代人才测评较为常见的一种重要技术手段，其主要用于评估管理人员的管理素质水平，在企业人才管理（比如，中层干部选拔）中有着广泛应用。我国在企业人才管理实践过程中也大量使用评价中心技术，常用其评估企事业单位等组织机构管理人员的管理素质，但仍处于初级阶段。评价中心有其独特的形式和实施方式，且有着对人才评估更全面、更客观、更有效的特点，目前已经得到需要企业组织的认可和欢迎。

8.1 评价中心的定义

评价中心技术是构建测量情境并对置身其中的受测者的行为进行评价的技术。评价中心起源于 20 世纪 20 年代，近百年间得到了飞速发展。评价中心技术通常以多名考官评委和多种测量技术的相结合的形式展开，通过对多名考官评委的评估结果和多种测评方式的评估结果进行整合，可以得到受测者综合的行为表现评估结果。评价中心技术最明显的特征是专门设置一系列模拟现实中可能遇到的工作情境，通过观察和评价置身情境之中时受测人员的行为表现，能够有效地预测未来的岗位绩效水平。因评价中心技术核心是识别人的未来发展潜质,因此该技术的预测效度非常高。而且,该技术设立了一系列胜任素质的评价标准,可应用并改良整个人力资源管理系统,回报潜质较高。

评价中心技术已不断被证实是一种非常有效的人才测评评估技术。一般来说,评价中心技术有广义和狭义之分,广义的评价中心技术指的是心理测验、结构化面试、无领导小组讨论、公文筐测验、角色扮演、管理游戏等,狭义的评价中心技术特指以情境模拟技术为核心的评价技术。

8.2 评价中心的起源与发展

评价中心技术起源于德国心理学家 1929 年为军官选拔而设置的一系列评价程序的其中一项,即领导力才能测评。心理学家让测试人员领导一组士兵,通过观察评价受测人员在指挥士兵完成某些任务或向士兵解释问题的表现进行评估,从而选拔出优秀的军官。由此可见,1929 年心理学家设置的军官选拔程序是情境模拟测评,是评价中心技术的前身。第二次世界大战期间,评价中心技术进入美国,当时美国军队,特别是战略情报局,开始使用小组讨论和情境模拟练习选拔情报人员。二战结束后,该方法走入工业企业,并在西方的企业中大范围推广与运用。据不完全统计,到 20 世纪 80 年代中后期,仅美国就大概有 3 000 多家企业、非营利性组织和政府机构建立并使用各种评价中心。

将评价中心技术应用于工业领域的先驱企业是美国贝尔电话电报公司(AT&T)。1956 年,该公司开展了一项"管理进步研究计划",目的是为了弄清楚具备何种特质的年轻雇员能够在低级岗位晋升到中高级岗位,这项计划是当时最全面、规模最大的管理者职业开发研究。该评价工作从 1956 年开始,受测对象是数百名大学和非大学毕业生,心理学家和工作人员通过深入探讨给出评估报告,之后就将报告封存。到 1964 年,公司重新拿出当年的评估报告,对受测人员的实际升迁情况进行检验,结果发现晋升中级管理岗位的人员中约 80% 符合当年评估结果,未晋升的人员中的 90% 也符合八年前的预测结果。

自此之后,美国的许多知名企业,如标准石油、IBM、通用电气等公司纷纷效仿,评价中心技术在工业组织中得以迅速传播。据不完全统计,1980 年使用评价中心技术的工业组织在美国本土已经超过了 2 000 家,同时其他国家也逐渐地接受这一技术。然而在中国,直到 20 世纪 80 年代改革开放后,外商企业将该项技术带入中国,才开始有学者系统性地介绍评价中心技术,自此评价中心技术在中国的发展才慢慢走入正轨。如今,无论学术界还是企业界,评价中心技术均获得广泛赞誉,无论公务员选拔还是企业招聘,到处能够看到评价中心技术的影子。

西方管理学家对评价中心技术使用效果进行了细致分析,结果发现,如果仅根据企业领导主观判断选拔管理人员,其准确率仅有 15%,而若引入评价中心技术并加上部门推荐意见后,其准确率高达 70% 以上。匹兹堡大学职业研究院的威廉·C. 柏海姆同时也发现,使用评价中心技术开展人员选拔比单纯凭借主观判断的成功率高出 2—3 倍。

8.3　评价中心的作用

(1) 评价中心有利于人才资源的合理匹配

评价中心有促进人才资源的开发、合理配置人才资源的作用。评价中心可以有效地识别与评估个体管理素质,使组织准确掌握人才发展状况和未来潜力,有利于量才选用,有助于系统化培养管理人才。

(2) 评价中心有利于实现人才培养的精准化

评价中心能够十分有效地评估管理人员的管理素质现状,并通过对组织战略规划和人才发展意愿的充分了解,能够极其精准地诊断出管理人员培训与发展的需求程度,为人才培养计划提供精准指导,使培训培养更全面、客观、有效。

(3) 评价中心有利于提升核心人才的识别效率

在人员选拔方面,评价中心具有非常高的预测效力,评价中心能够十分精准地识别哪些一线管理者已经具备中层管理者的胜任素质要求、哪些中层管理者已经能够拥有胜任高级管理职务的潜质等。

8.4 评价中心的特点

评价中心就是通过设置多种情境模拟,考察被试行为表现的测评方式,其中情境模拟是它最主要的特点。模拟的情境各种各样,但最重要的是要与被评价人员的日常工作相似。例如,评价中心的情境可以是针对某特定市场问题的分析报告,或者是仅仅做一次口头演讲,或者是处理重大客户服务质量问题,或者是解决生产管理问题,或者是制定并执行营销策略,等等。各测评方法的实际使用情况如表 8‒1 所示。

表 8‒1 各种测评方法的使用频率比较

方法	使用频率
公文筐	81%
小组讨论(无指定角色)	59%
小组讨论(指定角色)	44%
案例分析	73%
行为事件面谈	47%
演讲	46%
角色扮演	未调查
事实发现	38%
管理游戏	25%

(1) 综合性

测评专家采用一系列指标对被评价人员进行综合性评价。这些指标通常包括人格特质、环境适应、人际关系、心理资本、成就动机、学习能力、沟通协调、智力、情商等。通过考察这一系列指标,可以得到被评价人员各方面信息,减少单一评价可能产生的偏见,从而使评价结果更加可靠。

评价中心的综合性不仅体现在多测评指标,还体现在多评估方法。评价中心会使用多种测评手段,包括但不限于心理测验、小组讨论、投射测验、情境观察等,通过综合各种评估方法的优势,并辅以测评结果交叉验证模式,使得结果更加精准。实践发现,由于评价中心综合多种指标多种方法,使得测评结果的信度与效度大大提升。如表8-2所示,评价中心获得的评估结果与工作绩效的关联程度达到0.60以上(区间为0—1,分数越高,关联越密切),略高于行为面试、能力测验和工作实习测试,远高于推荐信和非结构化面试,是所有测评方法中效度最高的。

表 8-2　各种评价中心技术方法与工作绩效之间的相关系数

评 价 方 法	与工作绩效的相关系数
评价中心	0.65
行为面试	0.48—0.61
工作实习测试	0.54
能力测验	0.53
现代个性测试	0.39
自撰材料	0.38
推荐信	0.23
非结构化面试	0.05—0.19

（2）动态性

评价中心技术还具有动态性的特点。所谓动态性,指的是评价中心的被评价人员要在变化的、动态的情境中接受测评。与常见的标准化测验、纸笔测验、面试等要求被试处于平静状态不同,评价中心下的被评价人员要处于兴奋状态,要面对一系列模拟工作情境的活动安排,而且这些情境会对被评价人员不断施压,从而激发其潜质,使评价者对被评价人员有一个比较真实、全面的了解。此外,评价中心的动态性还体现在方案设计与实施上,与其他测评方法不同,它没有预先设定明确固定的内容、详细的时间和规范统一的流程,而是注重灵活变通,无固定模式。

（3）预测性

由于评价中心所使用的评估手段大部分是基于现实工作情境的仿真,而且这些模拟情境与被评价人员的工作岗位高度相关,在这种情况下,被评价人员的行为表现会更加接近真实情况,况且在如此复杂的任务情境下,被评价人员是很难进行伪装的,所以评价中心对未来真实表现具有很强的预测性。其实,评价中心技术更多评估的是受测者在实际情况下的问题解决能力,偏重实践,而不是考察个人的知识水平和观念意识。因此,评价中心技术可为培训打下良好的基础,企业可以针对被评价者的劣势进行有针对性的培养训练,从而有效地促进被评价者的职业发展。

(4)公正客观性

前面已经提及评价中心并无固定的测评模式,但这里需要说明的是,无固定模式不是说可以随意根据主观想法开展测评,而是不拘泥以往模式,强调根据测验目的灵活选择模拟场景,应用多种测评技术。其实,评价中心是非常重视规范化和标准化的,这体现在以下几个方面:

首先,评价中心流程设计的标准化是确保评估结果公正客观的重要手段。评价中心各环节都有明确的、严苛的、规范化的、可操作化的规定,测验题目、测验方法、实施流程、评估人员、被评价人员等都有严格的要求,确保每位参与者都处在相同的情境中,从而为测评结果的公正客观提供保障。

其次,对每位被评估人员而言,评价中心多种测评手段的做法可以提高评价的公平性。因为每位被评估人员都要经历多个测评工具,如果受测者在某个测验没有发挥出应有水平,他可以在之后的测验中加以调整,弥补之前的不足。同样,若某个受测者侥幸通过某一项测验也无须担心,在之后的测验中他也会被暴露无遗。可见,评价中心的多测评技术的设计,其实是对被评价人员的一种保护,保证每个人都能最大化地发挥已有水平。

最后,对评价者而言,评价中心采用多维度、多方法、多评价人员的做法,能够有效地避免评价者个人偏见,从而保障结果的公正客观。

(5)形象性

评价中心技术还有一个显著特点就是形象性。由于评价中心大量使用模拟情境的技术,且构建的情境与工作实际高度相似,被评价人员往往被要求分析处理具体任务,整个过程灵活有趣,能够点燃参与者的热情,提高参与度,发挥个人潜质。此外,评价中心的每个测验场景都是经过测评技术处理过的,对许多干扰因素加以控制,并通过加工重组,将隶属不同工种的任务糅合在一起,既提高了测评的准确度,又扩大了评估内容和施测范围,使得在同一场景中可以同时考察多个测评指标。

8.5 使用评价中心应注意的问题

8.5.1 准确度

已经证实,相比于其他方法,评价中心对管理人员评价的准确度更高。但评价中心并不可以取代其他方法,而是作为这些方法的补充,从而使一个企业能够更全面地去观察其员工。

然而,评价中心的高准确度受到多种因素的制约:模拟的工作情境与实际情境的相似性程度,评委专家的来源、专业性、与被评价人员的关系等。由于评价中心操作难度较大,对评委专家的要求相对较高,所以若想获得评价中心预期的准确性程度绝非易事。

8.5.2 成本问题

评价中心要想取得预期的效果,首先必须投入大量的前期工作,评价中心所采用的每项情境模拟技术,其试题都必须由专家针对企业的境况、岗位需求等一系列因素进行设计开发,测试所需要的案例、材料都需要花费相当的时间和精力去准备,这些必须计入成本。此外,专家评委和内部评委的时间(包括培训),被评价人员的时间,行政人员的时间(包括提前的准备工作、后期报告撰写的时间)有时也被包括在内,其费用很大程度上取决于评价中心施测所用时间和被评价人员的数量。食宿等费用可以根据企业版培训方案的经验进行计算。

8.5.3 时间问题

一方面,评价中心前期需要测评专家投入大量的时间准备案例、试题等资料;另一方面,评价中心采用了多种测评手段,施测比较复杂,整个过程中既有笔试也有面试,既有单独的面试也有团队的面试,因此其耗时比普通的测评手段更长。在所有测试结束后,评价者还要综合所有测评手段对考生的表现进行综合评估,最后根据考生情况撰写测评报告。

通过评价中心技术选拔出的人才,其为企业创造的价值远远超过评价中心技术所花费的费用。然而综合考虑评价中心技术对人力、物力、财力的需求,在实践中,通常只在选拔中高层管理者时才采用这一技术。

8.6 评价中心落地实操
——以某公司评价中心体系建设为例

某公司评价中心体系是指在打造"认同企业文化、掌握公司资源、懂得企业管理、善于自我提高"的人才培养理念的指导下,围绕管理型发展道路各阶段相应的素质要求和基本资格条件,引导人才和激励员工自主发展,形成符合该公司人才需求的人才梯队的体系。

评价中心是指依据公司领导原则,以员工日常的行为表现为基础,通过多种专业测评技术和手段,对各部门符合条件的培养对象进行评价、选拔,以便建立适合公司发展需要的人才队伍的一系列标准化活动程序。

8.6.1 评价中心的特点

(1)多名被评价学员。

(2)多名经过培训的评委。

(3)不同的测评情境。

(4)较长的时间。

(5)依据事先拟定的标准。

(6)采取确定的方法。

8.6.2 评价中心的原则

(1)多名独立的评委。

（2）将观察和评价分离。

（3）仅在观察到的行为基础上评价。

（4）测评指标在不同的测评方法中得到观察。

（5）模拟今后要求的工作情境。

（6）对评委进行恰当的培训。

8.6.3 评价中心采用的方法

小组讨论：数名学员（一般是六人）集中在一起就某一问题进行讨论，事前并不指定讨论会的主持人，评委在一旁观察学员的行为表现并对他们做出评价。小组讨论分无角色和有角色两种形式，如果讨论背景材料中不对学员进行任何角色分工，其形式就是无角色小组讨论；如果在讨论背景材料事先设定学员的角色，其形式就是有角色小组讨论。本次小组讨论的材料为无领导小组讨论。

面试：采用以行为面试为核心技术的半结构化面试，评委按照设计好的面试提纲，围绕测评指标，遵循一定的程序和方法进行提问。

公文筐：要求学员以管理者的身份，在模拟的工作情境中，按照要求对各类事件中的问题进行书面分析和处理，形成解决方案或意见。评委通过审阅学员的答题结果，对预先设计好的某些能力与素质指标进行评价。

8.6.4 评价中心的主持人

（1）角色

1）评价中心的技术指导员：以技术专家的身份指导相关工作。

2）测评实施程序的控制者：有序组织、引导整个评价中心测评实施程序。

（2）作用

1）引导和控制整个评价中心的操作程序。

2）在测评方法（面试除外）的实施过程中主持测评工作。

3）组织、协调评委的评分工作。

4）组织和引导最终的总评环节。

（3）资格要求

1）熟练掌握评价中心技术的实施程序。

2）熟练掌握评价中心各测评方法的实施技术及细节要求。

3）理解并掌握评价中心测评指标的评分标准与评分方法。

4）了解评价中心测评过程中可能出现的特殊情况及其处理办法。

5）有较强的影响力、沟通能力、应变能力和协调能力。

（4）工作内容

1）按照评价中心技术手册中各测评方法的操作实施要求组织、引导和控制测评的进程，严格遵守指导语的操作规范，通过指导语去引导和控制测评的进程。主持人不可随意更改操作程序，不可随意更改指导语的内容。

2）每一测评方法开始前，主持人应指导和督促工作人员做好相关的准备工作：按照要求布置考场、准备测评题本和评分表格、通知学员准时到考场、邀请评委就座，以及其他必需的准备工作。

3）在小组讨论、公文筐等方法开始时，主持人应宣读指导语（面试阶段的指导语直接由主考官宣读）。必须注意的是，小组讨论的指导语是分阶段宣读的，其测评进程主要通过指导语来加以控制。

4）在所有方法的测评实施过程中，主持人应参与观察并做好相关记录，提醒评委做记录，监督评委、工作人员和学员严格遵守测评考场有关规定，并及时处理意外情况。

5）在某一方法的测评结束后，主持人应及时组织和协调评委的评分工作，强调要求评委围绕测评指标的评分标准，结合观察到的行为证据进行评分；在评委评分出现争议时，应补充自己观察到的行为证据，并出面进行协调，力求评分尽可能客观、科学。

6）在最终的总评环节中，主持人应组织和引导评委围绕各位学员的得分情况，结合其在各测评环节中的行为表现，对学员的综合表现进行评价，判断该学员是否通过评价中心的测评，并总结指出其优势特征、待改进提高的地方及培训发展建议等。

8.6.5 评价中心的评委

在评价中心测评中，评委担当了非常重要的角色，测评的结果是否可靠、有效在很大程度上依赖于评委的评价水平，因此在测评过程中，评委必须态度认真、高度负责、客观公正、科学严谨。

（1）资格要求

1）需经过专门培训，理解每一测评指标的内涵及其评分标准，掌握评价中心各方法的基本评分技巧，能最小化测评过程中各种可能出现的误差。

2）个人品质要求：诚实、热情、公正、认真、尽职。

3）能力要求：表达能力、观察能力、人际交往能力。

（2）工作内容

1）评委的工作内容可以用四个关键词来概括：观察、记录、判断、评分。

2）在面试测评中，评委还承担了按照面试提纲进行提问的工作。

在常见的评价中心技术中,小组讨论测验、面试测验、公文筐测验用得最多,评价效度高,本章主要介绍这三种测验具体的实施操作流程、评分要求和注意事项。

9.1 小组讨论测验

9.1.1 方法简介

小组讨论,是指将 6—8 名学员集中起来组成小组,要求他们就某一问题开展不指定角色或指定角色的自由讨论,评委通过对学员在讨论中的言语及非言语行为的观察来对他们做出评价的一种测评形式。小组讨论分无角色和有角色两种形式。

小组讨论的所有实施程序都由主持人引导和控制,评委和学员都应配合主持人的工作,确保小组讨论有序进行。

➤ **测评指标**:系统思维能力、小组领导能力、沟通能力。

➤ **形式**:无角色小组讨论、有角色小组讨论。

➤ **时间**:准备(15 分钟)+讨论(60 分钟)+评分(20 分钟)。

➤ **人员组成**:3 位评委+6 位学员+1 位主持人。

9.1.2 考场布置要求

➢ 学员席位呈 U 形摆放,便于学员相互交流,确保每一位评委能够观察到每一位学员的表现。

➢ 在学员席摆放席卡(无角色的空白,有角色的标有部门名称)。

➢ 每位学员席位上摆放 A4 白纸两张。

➢ 白板一块、书写笔一支。

➢ 评委席与学员席间距 4 米左右。

➢ 评委席摆放标有"评委"的席卡。

小组讨论考场示意图:

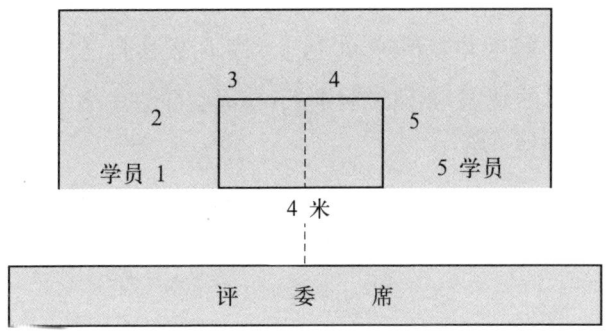

图 9-1 小组讨论考场示意图

9.1.3 实施程序

(1) 测评开始前 2 分钟,主持人带领学员进入考场,随机就座。

(2) 主持人介绍小组讨论的任务及规则要求。

(3) 主持人给学员发放讨论背景材料,示意学员阅读、思考材料;学员进入"讨论前准备环节"后,主持人引导评委熟悉讨论背景材料、各测评指标的评分标准和关键行为构面及观测点(15 分钟)。

(4) 评委进入考场,主持人示意学员进入"个人观点陈述环节",学员自由安排发言次序,每人发言时间不超过 3 分钟(18 分钟)。

(5) 学员进入"自由讨论环节",评委观察记录,不干预讨论过程(40 分钟)。

（6）主持人宣布小组讨论活动结束，学员离开考场。

（7）主持人组织评委进行讨论评分。

（8）主持人回收学员小组讨论材料、小组讨论评分表，归档保存。

说明：主持人请参考"小组讨论指导语"的有关说明，对小组讨论的程序进行引导控制。

9.1.4 评委评分工作说明

（1）工作内容

1）观察学员在提问讨论过程中的典型行为表现：在整个测评实施过程中，要求评委集中注意力观察学员的言语以及非言语行为表现，尤其要注意观察那些与测评指标具有关联性的典型行为表现。典型行为表现是指学员在讨论过程中的言语行为、动作行为和表情等，包括学员如何表达自己的观点，如何吸纳别人的意见、修订自己的观点，如何说服别人，如何引导整个小组讨论进程，如何处理冲突、矛盾和不同意见等。

2）记录学员的典型行为表现：为保证评分的客观性和科学性，使评分阶段的讨论评定有理有据，评委应在观察的同时，记录每位学员在讨论过程中的典型行为表现。

3）按照测评指标及评分标准进行打分。

（2）步骤与技巧

1）每位评委先按照评分标准给各个测评指标打出初评分。为保证评分的准确性，评委不应在讨论进程过半前打分，对那些把握不大的指标（即观察的行为证据不充分），评委暂不评分，留待后面评委之间交流讨论后再打分。

2）学员离开考场后，评委在主持人的组织和引导下进行讨论，逐一对各个测评指标的评分进行修正。建议的操作模式为：评委先就一个测评指标（如系统思考能力）通过交流讨论找出表现最好的学员，汇总其与此指标相关的典型行为表现，在对这些行为证据进行充分讨论评价的基础上，结合评分标准对该学员定量打分。然后以该学员为评分标杆，对其他学员进行评分，并按此模式对其他指标逐一讨论打分。

此评分模式可概括为：先定性后定量；先找标杆学员，再汇总行为证据，然后结合评分标准打分。

（3）注意事项

1）讨论过程比结果更重要，学员在讨论过程中的行为表现是评分的主要依据。

2）评委评分时应以观察到的客观行为作为依据，紧扣评分标准。

表 9-1　常见评分误差类型及其控制方法

误差类型	典型特点	控制方法
趋中效应	评分比较集中在中间等级，学员的得分拉不开差距。	按照标准打分，在学员之间相互比较，关注差异，敢于给出较极端的分数。
晕轮效应	因为学员的某一突出优点或缺点而给该学员的其他指标过高或过低的评价。在小组讨论中极易产生晕轮的特征主要是表达能力。	紧扣评分标准，指标独立评价。
自我参照效应	评委评分时以自己作为参照对象。	以评分标准作为判断依据，抛开个人好恶，客观评价。

9.1.5　小组讨论指导语

大家好！欢迎参加今天的小组讨论活动。

无角色：请大家在席卡上填上各自的编号。

有角色：请大家翻开席卡，确认各自所代表的部门，填上各自的编号，插入席卡中。

在这项活动中，要求大家共同参与，以小组为单位就给定的材料及任务主题进行自由讨论，我们会根据大家在讨论过程中的表现对大家的相关能力进行评分。现在，我向大家介绍这次讨论的程序和要求。

今天的讨论分为三个环节：第一环节，讨论前准备环节，大家可以在这段时间内独自进行材料阅读与讨论前准备，时间是 15 分钟；第二环节，个人观点陈述环节，每人进行不超过 3 分钟的个人陈述，简要介绍自己的思路和观点；第三环节，自由讨论环节，时间是 40 分钟。

（发材料）

现在开始讨论前的准备，请大家仔细阅读手中的材料，并针对材料后附带的任务主题形成自己的思路和观点。

（15分钟后）

准备时间到。接下来进行个人观点陈述，发言次序由你们自己决定。每人发言时间不超过3分钟，如果3分钟的发言时间到，我会提醒并打断你的发言，请注意把握时间。

个人观点陈述结束后，开始自由讨论，在讨论过程中请大家注意以下要求：

第一，在座的各位现在同属一个小组，要求大家通过小组内充分、自由的讨论来完成任务。

第二，在讨论过程中，欢迎大家表述各自的不同意见，但最后应就主题达成一致意见，即得出一个小组成员共同认可的结论，并给予充分的理由解释。

第三，请大家在讨论过程中，不要考虑在场的评委和工作人员。

第四，讨论过程中，我和评委不回答与讨论活动规则无关的问题。

第五，讨论时间为40分钟，离规定时间还差5分钟时，我会提醒大家。

大家对这几点要求都明白了吗？……现在开始，先进行每人不超过3分钟的个人观点陈述，再进行40分钟的自由讨论。……

（58分钟后）

小组讨论活动结束，谢谢大家。请把所有有关本次小组讨论活动的材料留在桌子上，离开考场，根据学员手册上的时间安排进行后续活动。

9.2　面试测验

9.2.1　方法简介

面试是人员测评中最常用的方法之一。在评价中心方法体系中，采用以行为面试为核心技术的半结构化面试为主。在面试过程中，评委通过特定的提问技巧收集学员经历过的行为事件，并对其进行深入分析，从而综合评定学员的有关能力与素质。

➤ **形式**：半结构化面试，贯穿行为面试的思想。

➤ **时间**：面试提问（75 分钟）＋评委评分（30 分钟）。

➤ **人员组成**：2 位评委＋1 位记录员＋1 位学员。

注意事项：

（1）两位评委在面试过程中事先安排一位担当主考官，主考官主要负责面试进程的控制和面试提纲所列问题的提问，另一位评委作为副考官适当补充提问。

（2）两位评委在面试过程中都需要对学员的典型行为事件进行记录。

（3）记录员由主持人兼任，专门负责记录过程中学员的回答，尽可能翔实。

9.2.2　考场布置要求

➤ 评委席与学员席成 90 度角，以学员看不到评委材料为准。

➤ 主考官紧邻学员而坐，副考官紧靠主考官。

➤ 记录员席设在副考官对面。

面试考场示意图：

图 9-2　面试考场示意图

9.2.3　实施程序

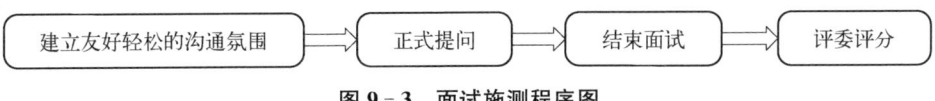

图 9-3　面试施测程序图

（1）建立友好、轻松的沟通氛围

➤ 学员进考场后，握手或口头表示欢迎。

➤ 主考官简单介绍在座评委和记录员。

➤ 说明面试的目的、所需时间及隐私保护原则。

➤ 以日常话题作为引导，让学员轻松进入面试状态。

（2）正式提问

➤ 主考官按照面试提纲进行提问，并严格遵循行为面试的原则控制整个提问进程。

➤ 主考官和副考官做好关键行为事件的记录，记录员详细记录学员的回答。

（3）结束面试

➤ 结束面试前给学员补充陈述的机会。

➤ 以积极、礼貌的态度向学员致谢，结束面试。

（4）评委评分

➤ 两位评委按照评分标准独立给出初评分，并填入初评表。

➤ 主持人引导两位评委进行评分讨论，给出终评分，整理出相应的行为事件，并填入终评表中。

（5）主持人回收面试评分表、面试记录纸，归档保存

9.2.4　注意事项

（1）对评委而言，面试过程有四个关键词：提问、倾听、判断、记录。

（2）评委应围绕测评指标展开面试，尽量少问无关问题。

（3）应以学员回答为主，其所占时间应超过三分之二。

（4）评委不应对某个问题发表自己的看法，不应就学员的回答进行评价，不应利用面试过程教育、训导学员。

（5）主考官应控制面试的进程与节奏，注意时间的分配，平衡在每个测评指标上收集典型行为事件的时间，避免时间紧张导致个别指标的典型行为事件收集不足。

（6）主考官应引导学员更多地讲述最近的学习和工作经历，不要过多探究学员太早期的学习经历。

（7）主考官提问时，应采用短句，以使问题通俗易懂；追问时，应尽量选择开放式问题，以收集更多的信息。

（8）主考官应不时保持与学员的目光接触。

表 9－2　常见评分误差类型及其控制方法

误差类型	典 型 表 现	控 制 方 法
趋中效应	对测评指标及评分标准理解不到位,评价时没有紧扣标准,评分高度集中在中间档次,差距拉不开	深刻理解指标内涵及评分标准,评价时以标准为唯一参照,客观评价。
晕轮效应	被学员的某一长处迷惑,提高了对学员其他方面的评价。面试过程中极易产生晕轮的特征有表达能力、仪表长相。	紧扣评分标准,指标独立评价。
对比误差	仅通过学员前后对比进行评分,不按标准评分	依据测评标准评价。
第一印象	面试开始前5分钟学员给评委留下的印象影响了评委的判断,后续的面试过程成为证实自己判断的过程。	全过程的信息都作为评价学员能力与个性特征的依据,不轻易下结论。

9.2.5　行为面试的有关说明

原理:学员过去和现在的行为是将来表现的最好预测,对能力与素质的测评应以可观察的行为事件作为证据。

方法:评委应该围绕测评指标,通过一系列问题,收集学员在代表性事件中的行为表现和心理活动的详细信息。

技巧:引导学员提供能够证明其能力与素质特征的、真实和客观的"故事"或数据。

9.3　公文筐测验

9.3.1　方法简介

公文筐,要求学员以管理者的身份,在模拟的工作情境中,按照要求对各类事件中的问题进行书面分析和处理,形成解决方案或意见。评委通过审阅学员的答题结果,对预先设计好的某些能力与素质指标进行评价。评委可以根据需要,与学员进行深入面谈,澄清学员书面答案中的模糊之处。

> **形式**:纸笔测试。

> **时间**:纸笔测试(120 分钟)+初评(15 分钟)+终评(10 分钟)。

> **人员组成**:纸笔测试,1 位主持人+12 位学员;公文筐谈话,2 位评委+1 位主持人+1 位学员。

9.3.2 考场布置要求

> 容纳全部学员的会议室。

> 桌椅摆放保证每个学员独立答题的空间,相互之间没有干扰。

公文筐考场示意图:

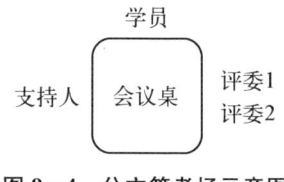

图 9 - 4 公文筐考场示意图

9.3.3 实施程序

(1) 纸笔测试

1)把所有学员集中到考场。

2)工作人员分发题本。

3)主持人宣读指导语。

大家好!现在将要进行的是"公文筐"测验,时间为 120 分钟。你将会在一个模拟的工作情境中"扮演"给定的角色,在规定的时间内处理一些事件和问题,从而展现你在模拟情境下的工作能力。评委将根据你的处理结果,推断你在真实工作情境中的潜力和胜任能力,从而对你做出评价。因此,你在测验中请务必态度认真,尽量进入角色,按要求对各事件做出适当的处理,充分展示你的才能与优势。

在测验过程中,请注意以下几点:

第一,开始做测验前,请务必花时间通读背景材料和所有事件,理清思路后再作答。

第二,请务必对每一个事件都写清处理方案或意见。

第三,请务必按照背景中设计的角色去处理相关事情或问题,与现实中自己的本职工作区分开来。

第四,答题过程中不允许互相交流讨论。

4) 学员按照题本及指导语要求答题(120 分钟)。

5) 工作人员收缴题本。

(2) 评委给出初评分(15 分钟×4)

评委按照评分标准,独自评阅四位学员的公文筐答题结果,收集相应的典型行为,给出初评分,并填入初评表。

(3) 评委给出终评分(10 分钟)

两位评委通过讨论后给出终评分,整理出相应的典型行为,并填入终评表。

(4) 主持人回收学员公文筐题本、公文筐评分表,归档保存

第十章

绘图测验

绘图测验属于心理测量中投射测验的一种,掌握绘图测验,特别是掌握绘图测验在人力资源中的应用,需要首先了解和掌握心理测量和投射测验的基本知识、理论和技能,在此基础上,才能对绘图测验有一个全面的了解,熟练地应用绘图测验。

10.1 投射测验及其理论基础

10.1.1 投射测验的定义

投射测验主要用于人格测验,来克服测试者在接受人格测验时的"防御心理",避免"反应偏差",投射测验是利用投射技术编制的测验。投射在心理学中指测试者会不自觉地将自己的思想、态度、愿望、情绪和性格等特点反映在其他不相关的人和事物上,从而反映出测试者的人格特点及其对周围环境反应方式。投射测验利用投射的方式,将一系列没有组织的刺激情境呈现给测试者,让测试者自由地做出反应,对该反应进行分析,进而达到分析和判定测试者人格特点的目的。

10.1.2 投射测验的理论基础

投射测验的原理和理论基础与精神分析理论有着密不可分的关系,投射测验发展最迅速的时期也是精神分析对人格心理学和人格的研究贡献最大的时期。精神分析的理论认为,人格结构中很大一部分是人意识不到的部分,通俗讲也就是人无法用语言来进行说明甚至是在测试者意识不到的情况下影响着他的情绪、思想和行为,所以人格测验中的自陈式量表只能测量测试者的一小部分外显的人格特点,不能有效了解测试者的人格特点的真实全貌,需要借助投射测验的配合。

【知识点】

自 陈 式 量 表

自陈式量表是人格测验中的一种重要的形式,问卷中会呈现很多对测试者人格进行描述的语句,测试者根据这些语句与自身契合程度来进行符合程度的选择。自陈式量表是一种标准化程度很高的测验形式,目的明确、结构严谨、问题精确,每个问题只有有限个数的选项,测试者只能够在其中进行选择,然后根据测试者的选项进行评分,根据分数来判定测试者的人格类型或特点。

精神分析理论

精神分析理论是重要的人格理论,其创始人是著名的心理学家西格蒙德·弗洛伊德,精神分析的理论对人格心理学的重要的理论贡献在于它的人格结构理论。在精神分析的理论中,人格分为本我、自我和超我三个部分。本我是人格结构中最原始的部分,包含着人类最原始的冲动和欲望,本我受快乐原则的支配,就像婴儿饿了就会哭闹而不会考虑母亲这个时候是否方便;自我是介于本我与超我之间的人格结构,它是人格的管理和执行者,也是测试者行为的决定者,但它对于测试者行为的决定会受到本我的冲击、超我的压抑和环境的限制;超我则代表人格中的道德部分,代表了良知和自我理想,是人格的标尺和监督者,告

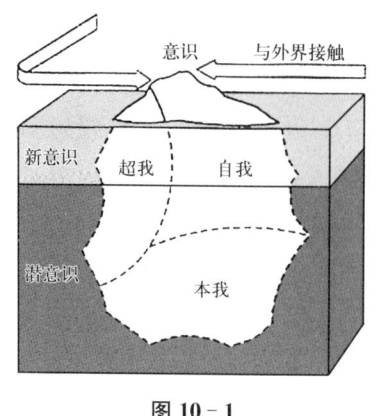

图 10 - 1

诉测试者应该做什么和不应该做什么。

根据弗洛伊德的人格结构冰山理论,不论是本我、自我还是超我,人格的大部分都是测试者无法意识到的,所以测量人格时需要一种有效的方式绕开意识的层面挖掘人心里最深处潜藏的最真实的人格。

根据精神分析的理论,通过非结构化刺激的引导,可以挖掘测试者潜藏在无意识当中的欲望和动机等,测试者会表露或者不自觉地投射出自己无法体察到的人格特点。这就是投射测验的理论基础和投射测验的由来。

10.2 投射测验的操作原理

投射测验的操作原理源自心理学中的重要理论:刺激—反应理论和知觉理论。刺激—反应理论指出,人是具备很强主观能动性的测试者,在接受外界刺激之后会首先经过一系列自我的选择、加工、判断、整合和处理,然后再给予外界有选择性的反应。面对相同的刺激,不同的人的反应也不同,而导致这种不同产生的原因就是不同的人内部心理加工过程的差异。给予测试者相同的刺激,通过分析测试者不同的行为反应就可以较为准确地推测出其背后心理特点和心理机制。

知觉理论对于投射测验的贡献则主要体现在知觉理论认为测试者在接受外界刺激之后做出反应,这个过程反应必定产生了投射。这种投射主要体现在两个层面上:首先,在信息知觉的层面上,测试者会对呈现给他(她)的刺激进行选择,并不是所有信息都会进入测试者的大脑进行加工,通常情况下,测试者在面对大量信息的时候只会对新奇的或者自己喜欢的信息感兴趣;其次,对信息的解读也会影响测试者最终做出的反应,测试者的人格特点和情绪等都会通过行为的不同投射出来。

综上所述,人格会影响测试者的行为,而且这种影响是存在一定规律的。心理学家经过长期的研究和开发,经过数以万计的样本的整理,寻找到了最好的刺激呈现方式和测试者的反应与其心理特点之间的规律,形成了完整的投射测验测评体系。心理学工作者在掌握了投射测验的方式之后就可以根据测试者的行为确定其人格特点。

10.3 绘图测验的理论基础

绘图测验是投射测验的一种重要的形式,也是临床心理学家们使用最多的一种投射测验的类型。投射测验根据反应类型和刺激类型等可以分为不同的种类,其中,绘图测验属于表露型投射测验,测试者按照主试的要求可以进行自由的绘画。绘图测验本身也分为不同的类型,如绘人测验,要求测试者在白纸上自由地画出一个人;绘树测验,要求测试者画出的对象是树;以及由这些单一绘画对象延伸出来的"房树人测验",即要求测试者画出房子、树和人。

绘画是人心理的一种重要的表达形式,早在史前时代,在文字出现之前,就出现了绘画的形式,人们会将对于自然现象的危惧利用绘画的形式表达出来。著名的绘画心理治疗师罗宾(Robin)提出,人的思维大部分是以视觉的形式存在和进行操作的,记忆往往是受到禁锢的,大部分潜意识的东西是无法用语言表达出来的,所以通常情况下是无法外显的。艺术或者说绘画艺术本身是一种价值相对中立的符号,人可以用这些符号来自由地表达自己,绘画可以帮助人们将在无意识的情况下受到压抑且无法用语言表达的内心呈现出来。经过心理学家的科学解读,可以将这些符号所反映的真实心理特点"翻译"出来。综上所述,绘画是最适宜人类的一种心理表达方式,通过绘画的形式,人们可以将内心无法用语言表明的情感和曾经的体验表达出来。

绘图测验更为重要的特点是其目的的隐蔽性,绘图测验的主要操作流程是要求测试者在主试的主导下进行绘图,测试者很难了解绘图测验本身的目的也无法猜出评价方式,这是绘图测验可以避免"反应偏差"的原因所在。

综合来说,绘图测验的原理和基础可以归纳为以下三点:

　　首先,绘画是人类使用最早和最重要的表达工具。

　　其次,绘画本身是一种投射,可以真实地反映人们处于潜意识层面的信息。

　　最后也是非常重要的一点,绘画所传递的信息量和真实性都要远远超过语言。

　　绘图测验不仅是一种测量方式,也是一种心理咨询的方式,在绘画的过程中测试者将自己的内心慢慢展示出来,心理咨询师只要对测试者加以适当的引导和交流就可以达到很好的心理治疗效果。

　　绘图测验的理论基础首先是建立在投射测验的基础之上的,投射测验采用非结构化的方式刺激测试者,并采集测试者自由的反应来对测试者的心理进行测量;绘图测验的刺激非结构化程度更大,对测试者的反应的要求更低,测试者可以做出完全自由的反应,这种反应通常也是最真实的,主试就可以在这种真实的反应中收集所需要的信息,对测试者的心理进行更加准确的估量。

10.4　绘图测验的发展历史

　　19世纪末期,心理学家们开始利用绘画的方式来了解儿童的内心世界。绘画最早用在心理治疗对于被治疗者心理问题的挖掘中。绘画治疗真正起源可以追溯到1921年,汉斯·普林茨霍恩展出了他多年来收集的大量精神病人的油画、水彩和雕刻作品,并将其中水平较高的呈现给当时的精神科医生。1922年,他还将这些作品改编成《精神病人艺术作品选》出版,在欧洲的心理学界引发了轩然大波,并给心理学界带来了一个崭新的课题和研究方向。绘画本身是内部心理状态的一种视觉表象,不仅能够反映内部心理的显示状态,而且能够生动形象地反映绘画者本身的主观体验。在绘画的过程中测试者会降低自身的防御状态和防御心理,将自己内心真实的情绪情感、对事物的态度和自己内心的愿望表现在绘画作品中,甚至会将曾经经历过的心理上的重大创伤表现出来。

　　到20世纪30至40年代,近代心理学蓬勃发展起来,心理学中重要的两个学派,即精神分析和心理分析学派兴起。心理学家利用自由绘画的方式对神经官能症病人进行心理分析,甚至弗洛伊德和荣格这样的心理学大师都使用绘画的方式来记录梦境和进行研究分析。

最早的绘图测验出现在 1926 年,佛罗伦斯·古德伊那伏尝试使用画人的方式来测量孩子的智力,这是心理学史上的第一个标准化的绘图测验。绘人测验全称为"古迪纳夫哈里斯绘人测验",1926 年一经提出就得到了广泛的关注,后经玛考文(Machove)在 1949 年进行了修订,并重新对其进行了命名,称之为"Draw-A-Person"。玛考文还指出测试者对人的形象的绘画与他的冲动和焦虑的人格特质有关。1984 年考皮茨(Koppitz)经过大量的研究,对绘人测验的评价标准进行了完善,将评价指标划分为冲动指标、无安全指标、焦虑指标、胆怯指标和愤怒指标五种。

在绘人测验之后,有研究指出,绘人测验的目的性较强,容易引发测试者的防御心理,因为被要求绘画的对象是人,画人在很大程度上会让测试者联想到自己,很可能导致其在绘画过程中会故意美化人物形象,有的测试者还会因此猜测测验的目的,这些因素都会在很大程度上影响绘图测验的准确性和真实性。所以,Buck 在 1948 年指出,树木比房屋和人更能够反映出测试者的真实的人格特点,测试者会将内心最真实的自己通过树木的想象表现出来。所以,绘图测验由单纯的绘人测验演变成为现在心理测量界最出名的"房树人"绘图测验。"房树人"绘图测验的雏形是巴克(J. N. Buck)和哈莫(E. F. Hammer)利用人与物的关系来进行测量的测验形式。这种测验的具体方法是要求小孩子画出房子、树和人,通过绘画出的形象来探讨测试者的人格特点、人际关系、同伴关系和态度,其中房子象征着测试者对环境的感受、树代表了测试者自身的成长,而人则代表了测试者对自己的看法。

绘图测验发展到今天,其绘画内容和形式已经发展出一套完整的模式,有像"房树人"绘图测验这样对绘画的内容进行要求的测量,在这类型的测验中,测试者画出主试要求的内容,绘画的内容并不仅局限于"房子、树和人",有时会根据测验的目的和需要更改为"山"或者"河";另一种形式则是不做要求的绘图测验,即测试者可以在规定的时间内自由地进行绘画和创作。不论哪一种形式的绘图测验,都是通过绘画的形式将测试者内心最真实的想法和特点解读出来。本章后面将对具体的绘图测验的操作规范和流程以及解读方式进行详细的介绍。

10.5　绘图测验的特点与适用范围

10.5.1　绘图测验的特点

绘图测验是一种非常重要的测验形式,在国外已经广泛用于心理治疗和人才选拔。绘图测验属于投射测验的一种,具备投射测验特点的同时也有其自身的特点,其特点主要有以下几个方面,如表 10 - 1 所示。

表 10 - 1　绘图测验的特点

特　点	解　　释
隐蔽性	指导语简单,对测试者的控制较少,非结构化的刺激形式,测试者无法猜测测验的目的和测验的评分方式。
有效性	绕过测试者的防御机制,测试者无法"作伪",有效地反映测试者的真实人格特点。
高效性	绘画反映出的信息量远远大于语言。
趣味性	对于绘画的形式,测试者可自由发挥,提升了测验的趣味性。
便捷性	测验只需要简单的纸和笔,测验工具简单。
整体性	对人格的各个方面进行了整体性的评估,而不仅是侧重某一个方面。
主观性	没有标准化的评价标准,主试根据测量经验和心理学理论知识进行解读。

绘图测验最重要的特点就是其隐蔽性、有效性和高效性。在介绍投射测验的基本原理时提到过两个在人格测验中的重要瓶颈:一是人格的很大一部分是潜藏在无意识之中的,无法用语言对其进行准确的描述;二则是传统的人格测验无法绕开心理的防御机制和作伪行为。绘图测验很好地解决了这个问题,绘图测验是一种结构化程度很低的测验形式,不向测试者呈现任何刺激,测试者只需要在简短的指导语的要求下自由地进行绘画。

在这个过程中,测验本身向测试者提供的信息很少,测试者无从猜测测验的目的和测验对自己的评价方式,只能够按照自己真实的想法进行绘画、做出反应,绘画本身携带的信息量又远远超过了语言,所以,通过简单的绘画的方式,可以获得关于测试者真实人格特点的大量的信息。绘图测验因为自身的特点,特别是隐蔽性和有效性的特点,现在已经逐渐受到国内研究者和人力资源管理者的广泛关注,美国心理学会(APA)曾对102种常用心理测量工具的使用情况进行调查,显示出"房树人"绘图测验的使用率排在第八位。

但是,不得不指出的是,绘图测验本身的操作难度是很大的,绘图测验并没有非常明确的反应和评价标准体系帮助主试对绘画进行解读,所以使用绘图测验就对主试提出了很高的要求。首先,主试要具备一定的心理学基础,对于人格理论特别是精神分析理论以及心理测验的基本知识、理论和技能有清晰的了解和认识;其次,主试要有丰富的对绘画进行解读的经验,只有在大量的绘图测试施测和分析的基础之上才能准确把握绘画反映出的测试者的人格特点;最后,主试要经过专门的绘图测验的培训,掌握绘图测验施测的技术和流程。

所以,绘图测验的实施和进行解读的难度很大,这不仅是一种对人的心理进行测量的有效工具,也是一种很难掌握的测量工具。本书会对绘图测验的知识、理论和操作技巧进行详细的介绍。特别对其操作技巧进行解释,并加入很多具体案例,可以帮助读者完整地了解绘图测验,初步掌握其操作的流程,结合案例对绘图测验有更加深入的理解。

10.5.2 绘图测验的适用范围

绘图测验最早只是一种重要的人格测量工具,人格测量在现代管理和企业的发展中有着广泛的应用。不论是在新员工的招聘、员工的晋升和选拔、企业内部人力资源体系的构建和完善,还是在员工自身的职业生涯规划中都发挥着重要的作用。心理测验,特别是人格测验越来越受到关注,随着大家对于心理测验的了解和熟悉,对传统的人格测验的弊端都已经很了解,特别在选拔型测评中的人格测验,测试者往往选择对自己有利的选项,而并不选择最真实的答案,很容易出现作伪的现象。这也是现在心理测验在应用过程中出现的瓶颈。在这样的形势下,绘图测验脱颖而出。绘图测验作为人格测验因为其隐蔽性、趣味性和有效性等特点越来越受到关注,使用也越来越频繁。

对绘图测验的应用的划分有不同的分类形式,如按照测量目的,可以分为心理健康测验和职业测验;按照绘画的内容,可以分为绘树测验和"房树人"绘图测验等。下面就对绘画测验在不同领域下的适用情况进行介绍。

(1) 儿童及学生的培养与教育

绘图测验最早的用途就是对儿童智力的测量,后来心理学工作者发现绘图测验(特别是绘人测验)除了能够对智力进行测量外还有很多其他的用途,其中非常重要的就是对人格特点的分析和测量。所以可以借助绘图测验的结果,更加科学有效地对儿童进行培养和教育。经过不断的完善,绘图测验逐渐发展成为一种可以对成人的心理健康和人格进行测评的工具。

【案例】

该案例来源于学龄前儿童的人格测量的"房树人"绘图测验。该案例是一个5岁男孩的绘画作品。

图 10 - 2

这是一幅典型的学龄前儿童的"房树人"绘画作品。这幅画中的房子、树和人具备基本的结构,说明该儿童创造能力较好;该儿童绘画的线条比较简单,并没有进行细致的描绘和细节的处理,说明其动手和操作能力一般,并不是敏感和心思细腻的孩子;从树枝的下垂和"人"的嘴角也微微下垂来看,可以看出在当前的一段时间内,该儿童的心理处于一种较为低落的状态,且该儿童较为内向,在遇到事情的时候容易做悲观的处理。

所以,通过绘画的方式,可以对儿童的当前和一段时间的情绪和心理状态进行描述,也可以在很大程度上挖掘出儿童的人格特点。

（2）心理健康测评与治疗

人格的完整和健康是心理健康的一个重要的评价维度，通过绘图测验，可以清晰地了解该测试者的人格和心理特点、是否遇到过创伤性事件、该事件是否影响到其心理健康和人格功能。心理学研究表明，如"房树人"这样的绘图测验不论在一般心理问题的筛查还是在神经症、精神分裂症的诊断和治疗中都发挥一定的作用。其准确性与权威的心理健康诊断工具如 SCL-90（症状自评量表）和MMPI（明尼苏达多项人格测验）之间有很强的相关。

测试者遇到的创伤性事件是不愿意对心理咨询和治疗师袒露的，在一些情况下接受咨询和治疗的人本身并没有意识到这件事情给自己带来了不良的影响，绘画有很明确和科学的指标来反应人的心理健康特别是人格健康的程度，而且可以不留痕迹地唤醒测试者内省的真实经历。绘图测验是进行心理健康筛查的重要工具，可以广泛应用到心理咨询与治疗以及员工的招聘与选拔中。

绘图测验不仅可以起到筛查和诊断的作用，还是一种治疗的工具，绘画本身就是对于心理问题的一种表现和宣泄，在此基础上，心理治疗师对来访者加以沟通和引导，就可以帮助来访者正视并接受自己和经历过的事情，这本身就是心理治疗的过程，可以有效提升来访者的心理健康水平和心理功能水平。

【案例】

目前，绘图测验已经广泛地应用到对心理健康的测验中，并已被验证有很好的信度和效度。这是对精神病进行诊断和筛查中发现的一例精神病患者的绘画作品。这位患者出现幻想的症状，属于精神分裂的一种。

该绘画作品虽然简单，但是可以明显看出自我意识的膨胀，这种膨胀已经超出了科学、可观的认识和自我可以控制的地步。该绘画的中心和焦点是"人"，但并没有对人进行描述，脸部没有五官，四肢也极其简单，说明该患者对于自己并没有一个清晰的认识。该

图 10-3

绘画作品出现了严重的违背常识的现象：将房屋画在了人的肚子里。通常情况下，正常的人绘画不会出现严重的违背常识的现象，想象能力强的人的绘画会有很多天马行空的想象，但却是建立在常识的基础上并且伴随着相对丰富的画面，像这种画面简单枯燥且出现极端现象的绘画，就需要引起施测者的重视，进一步考察被试是否有思维的异常。

（3）人才测评与选拔

人才的测评与选拔自古有之。早在 2500 年前，我国先哲孔子就提出"上智"和"下愚"的人才区分方式，这是最早的将人的智力分为不同等级的一种思想，与现代测量学的观点是一致的。从我国古代的科举制度到今天各种人才的甄选与选拔的技术，其基本作用是一致的，就是对人进行区分，并找出最优秀的那些人。

绘图测验在人才测评与选拔中的应用首先体现在对于受测者的心理健康和人格健康的筛查。有些工作本身的压力大，需要心理抗逆性水平比较高的人来承担，避免对心理承受能力较弱的员工带来不良的影响。

（4）员工职业生涯规划

心理学家指出，人的职业选择与其人格特点有着密切的关系，从事与自己人格特点相符的职业工作，会更加游刃有余，两者之间会碰撞出契合的火花。比如一个个性内向不愿与人交流的人从事销售一类的工作，他内心的需求和工作的要求之间长期处于一种矛盾的状态，该员工不但不能很好地完成工作还会给其带来心理上的问题；相反地，一个个性外向愿意展示自己的人从事此类型的工作就如鱼得水，容易取得较好的业绩。

所以，在公司对员工进行职业生涯规划提出建议或者员工自己寻求职业生涯规划的帮助时，可以采用绘图测验作为一种辅助的工具，帮助员工了解自己和自己内心真正想要的和适合的职业人生。

10.5.3　绘图测验的技术思路

（1）目标式绘图测验

通常所说的目标式绘图测验指的是根据具体项目的目标，设定具体的指导语来规范被测试群体绘画内容的一种测验形式。目标式绘图测验可以将项目中所有目标维度都体现在绘图测验中,不但使测试者更加清晰绘画的内容,也更加有益于绘图分析和项目结合。比如,通常在测试一个测试者的职业发展通道时,会将人际关系这一维度安排在测试环节中,那么就会选择可以直接测评测试者人际关系的绘图测验。

【人际关系绘图测验】

在使用人际关系绘图测验时,通常会根据测量的需求对测验进行调整和改进,但是基本的原则并没有发生变化:根据被试对于自己和他人的绘画来分析被试人际关系的特点和其处理人际关系的倾向和能力。比如,在一项关于团队领导能力的测量中,要求被试画出典型的向客户进行展示的场景,但是要求被试画出自己团队成员,如图 10 - 4 所示。

图 10 - 4

画面中被试所绘出的"我"主导整个与客户沟通的过程,团队成员处于旁听的位置,布局和谐、安排有序,可以看出该被试有很好的掌控局面的意识和能力,个人能力较好,且采用的是权威型的领导模式;但其放权的意识和水平还较低,只是较为能够给予团队其他成员参与和接受培养的机会,并没有给予他们更多权力独立完成任务。

目标式绘图测验通常应用于团体测评,信息量大且有针对性,同类团体的比对数据也较为清晰。目前已经广泛应用在人才测评中。

（2）随机式绘图测验

通常所说的随机式绘图测验指的是针对测试者具体情况,不设定绘图目标要求,被测试者可以自由发挥来完成整个绘图的一种测验形式。比如,在测评测试者压力和心理健康状态时,通常会用到随机式绘图测验。

随机式绘图测验是最容易绕开测试者防御机制的方法,由于没有指导语的具体要求,测试者的思维意识也比较开放,往往更加容易看到他们内心的真实想法。但是同样也是因为随机式绘图测验的随意性,在具体项目中有时并不能把所有的目标指标都测试到,因此随机式绘图测验一般运用在测试者一对一访谈或者压力源调查中。

10.5.4　绘图测验的观测技巧

绘图测验有一定的观测技巧,观测技巧相当于运用绘图测验的一种方法和手段,利用一定的观测技巧可以帮助我们更为准确地分析绘图测验的内容。下面就按照不同角度的观测技巧做具体的介绍。

（1）定位

绘图测验中的定位指分析绘图测验时的分析观测点。不同位置的分析方法不同,代表测试者内心的想法也是不同的。下面就从定位的角度来为大家作详细介绍。

1）整体反应

整体指的是绘图的整体画面,也就是整个版面,包括绘画的整体布局、内容以及留白等。整体一般可以反映测试者的综合情况和目前的平衡状态,不同情况代表测试者不同的状态。整体分析是绘图测验的首要环节也是必不可少的环节。

对于整体的分析可以根据测评的需求从以下几个角度进行分析：

① 整体印象：有的画面给人丰富饱满、和谐舒适的感觉,但有的画面则相对

单调枯燥,这都是被试内心的真实反应,说明了被试内心的状态和做事的风格以及态度。

➤ 丰富生动的画面往往代表被试开朗的个性、较高的创造性和较高的人际交往和适应能力。

➤ 和谐舒适的画面则往往代表被试在生活和人际交往中和蔼可亲、热情积极,常常给人如沐春风的感觉。

➤ 画风简洁的人往往做事情直接和讲究效率,但不能对很好地把控细节,做事情有些粗枝大叶。

➤ 画面极其简单甚至敷衍的人,排除没有认真接受本次测验的被试后,往往反映的是被试平时做事情的不认真和散漫,合作性较差。

② 绘画顺序:绘画的顺序不同也能反映被试不同的心理状态。

➤ 首先画出的图形往往对被试来说是他最重视的,比如,有的被试首先画出的是房子并对房子做了很多的修饰,说明其对家庭的重视或渴望,有想要拥有美好和幸福家庭的愿望。

➤ 如果被试对于一个事物的绘画方式严重不符合正常顺序的就需要注意了,比如,在画人的时候,被试并没有从头面部画起,而是先画出了躯干的部分。出现这种现象的被试可能存在以下三个方面的原因:第一,存在心理冲突,做事任性轻率;第二,情绪障碍;第三,大脑的器质性病变。这是三种比较严重的情况,需要进一步的筛查和确诊。

③ 画面大小:这里的画面大小指的是被试绘画部分占据整张白纸的大小,这是一个非常重要的分析要点,能够在很多层面展示被试的心理和行为特点。

➤ 画面过大:如果画面所占的面积超过整个纸张面积的三分之二,就属于画面的面积过大。画面面积过大的被试自尊心较强,自我意识较为强烈,控制欲望比较强烈,因此会导致内心的压力感较大,容易产生紧张和焦虑的情绪,严重者可能会出现狂躁、妄想、攻击、好幻想和敌意的情绪。

➤ 画面过小:如果画面所占的面积小于整个纸张面积的九分之一,则属于画面的面积过小。画面面积过小的被试有自卑心理,性格比较内向,做事情比较缓慢,做事情总有动力不足的倾向,一般不喜欢参加社会活动,对环境的适应能力比较差,不愿意接受新鲜的事物或环境发生改变,对不确定性的容忍度比较差。

④ 位置信息：位置信息指的是两个方面：整体位置和布局。

整体位置分析的前提是画面所占的面积小于整个纸张面积的三分之二，这个时候分析画面的位置信息才是有意义的，在画面充满整张纸时也就不存在整体位置分布的意义。整体位置主要有以下几种情况：

➤ 画面在中心：指画面在纸张的中心位置，如图 10 - 5 所示。该画面在纸张的中间，说明该被试有较高的自我中心的意识，对自己和周围的世界并不能做出最清晰和客观的评价；对平衡和稳定的要求比较高，较为敏感，内心可能存在一定的焦虑和不安的情绪，所以才会努力克制自己。

➤ 画面在上方：画面在上方的人一般比较乐观和积极，有较为远大的理想和目标，但其实乐群性并不高，不喜欢热闹的场合和过多人际交往的场合，因为社交对于他们来说是要付出心理"能量"的事情。

图 10 - 5

➤ 画面在下方：这种情况反映的是一种不安和焦虑的情绪，这类型的被试存在较为强烈的忧患意识和不安全感，悲观主义，对未来的不确定性难以容忍，甚至觉得只有在身边的才是最安全的。

➤ 画面在左边：画面在左边的人较为念旧，比较感性，喜欢回忆，有偏女性化的思维和行为方式，感性和内心敏感，多思多虑。

➤ 画面在右边：画面在右边的人与画面在左边的人的特点正好是相反的，是比较理性的人，思维和行为方式偏男性化，理智且较为果断，目标导向、目标意识和规划意识比较强，喜欢展望未来。

⑤ 布局分析：对于布局的分析则是对画面的分析，这时并不需要在画面所占的面积小于整个纸张面积的三分之二的前提下进行，只要被试有绘画作品，我们就可以对其绘画的内容进行分析。

➤ 层次感较好：这里指的是有远近的层次，如图 10 - 6 所示。虽然这幅图画较为简单，但是山、树和人之间是可以明显地看出有层次存在的。层次感较好的被试一般有较好的组织和计划能力，现实意识比较好，做事情比较冷静，协调能力较好，能够较好地掌控全局。

图 10 - 6

➤ 过分拉大层次：这里指的是事物之间的位置过分远离，过分拉大层次，如图 10 - 7 所示。在这幅图画中，山与其他事物过分远离，这种被试的个性比较内向，有较强的自卑感的存在，对自己的能力和想法不自信，心智的成熟程度比较低，在无法应对的时候会偏向于回避现实，甚至出现对现实的过度批判的状态，不能够对现实进行理智的判断。

图 10 - 7

➤ **缺乏层次感**：这里指的是在画面中没有明显的层次感，如图 10-8 所示。该类型的被试的心智水平也往往不够成熟，不能够看清问题的深层次的原因，看问题比较浮于表面，对于大局的计划和控制意识及能力都较差，不能很好地进行组织和协调的工作，但是往往想事情比较单纯，安于现状，在团队中的配合能力较好。

图 10-8

2) 局部反应

局部指的是绘画的特定部分，尤其是绘画的部分而非留白。将绘画的整体图画部分分为小的部分就是局部。局部的绘画是测试者内心的表达，语言的含义通过局部的部分表达出来。这里的局部分析主要介绍典型的"房树人"绘图测验中的房子、树和人。在"房树人"绘图测验后续的发展过程中，又增加了一些成分，这里介绍比较常用的而已经有了大量的信度和效度结论的事物的解读方式。

① 对树的解释

树是绘图测验中的一个重要的喻体。作为我们人类生存的地球上比人类更古老的生命体，树承载着重要的寓意。对于人类来说，树代表了生命、成长和希望，树可以视作人本身能量和动力的化身。

树植根于土地，汲取能量，接受阳光雨露的滋润和暴雨狂风的洗礼，不断地成长，与人类的成长过程十分类似。所以树代表了人成长的过程、成长的收获和成长的结果。正是因为这种相似性的存在，所以树能够很准确地反映绘画者成长的过程。

树体现的是潜藏在个体无意识当中的自我的形象和成长的状态，是对于个体内心状态、精神的成熟程度、个性和个体与环境之间的关系、生活态度和个性特点。具体的分析方式如下：

部分 1：树根

树根虽然埋藏在土中，但却是树最先长出的部分，是汲取水和营养的部分。所以，树根是树成长的基础，是非常重要的部分，如图 10-9 所示，是对于三种树根类型的简单示例。

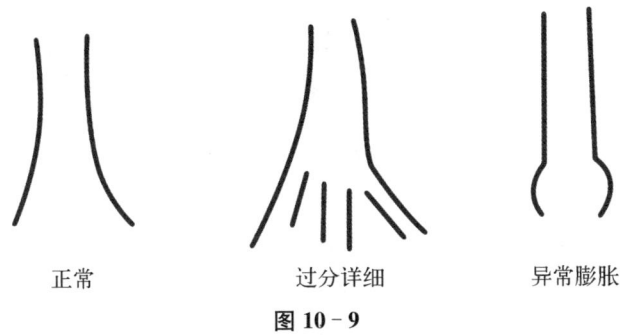

正常　　　　　　过分详细　　　　　　异常膨胀

图 10 - 9

➤ 树根正常：大部分被试会简单地描述树根，这表示被试有着较为稳定的心理状态，心智较为成熟，能够进行正常的人际交往，为自己的学习和生活获取资源，为自己争取机会。

➤ 树根过分详细：这种过分地对树根的描述不仅不是拥有良好"根基"的表现，反而表示该名被试的心态不够成熟，是不自信的表现。该名被试在生活和工作中同时面对很多事情需要处理的时候往往不能很好地理清头绪；比较重视过去，严重者会沉浸在过去的经验中，不愿意面对和接受现实，缺乏积极应对现实的动力和勇气。

➤ 树根异常膨胀：如果在树的根部出现异常膨胀，则表示该名被试在智力上并不占优势，在人群中处于中等偏低的水平，需要进一步排除智力障碍。

部分 2：树干

树干就像是人的躯干部分，是整棵树的主体和关键，它寓意着人的整个发展过程和发展状态。

➤ 树干的粗壮程度：树干粗壮说明该名被试的生命力非常旺盛，在成长的过程中能够获得足够的支持，有着健康、积极和稳定的成长状态；树干纤细则说明该名被试在成长过程中并没有获得足够的支持，生命力较弱，成长状态不好。

➤ 树干上的疤痕：树干上的疤痕代表被试经历的创伤。已经被很多研究证明，疤痕的大小和深浅代表被试发生心理创伤的严重程度。疤痕出现的位置可以较为准确地说明创伤出现的时间（疤痕越靠近根部，说明出现的时间越早）。

树干形状，如图 10 - 10 所示。

➤ 树干在顶部展开：树干在顶部展开，说明被试是一个兴趣广泛的人，到目

顶部展开　　　　　　顶部聚拢　　　　上下展开的花瓶形

图 10 - 10

前为止仍然处于一种不断发展的状态而且发展的动力、积极性和信心也越来越足。一般会出现在生命和职业发展的上升期，被试会不断追求新的目标，并不断地发展自己，通过奋斗和努力达成目标。

➤ 树干在顶部聚拢：树干在顶部聚拢并不代表被试发展状态的停滞，该种情况代表的是被试是一个目标导向的人，控制的欲望比较强烈，注重结果和规划，但是容易出现的问题是一旦事情没有按照预期的想法达成目标或者是自己无法控制整个过程，就会出现情绪上的问题，并且不能很好地进行焦虑情绪的控制。

➤ 上下展开的花瓶型：这种上下都处于展开状态的树干是一种比较健康的状态，说明被试正处于一种很稳定的状态。被试做事情往往是实事求是的，在目前的工作中是勤奋和努力的。被试的思维能力较好，特别是逻辑思维能力和现实思维能力，对现实的认识和把控能力也较好，做事情实事求是、脚踏实地。

➤ 被风吹歪的较为纤细的树：这是一种比较特殊的状态，是一个过程现象。如果被试的绘画出现了这种现象，说明被试目前正承受着巨大的压力并没有能力解决这些压力和伴随压力而来的心理上的焦虑情绪。

部分 3：树冠和树枝

树冠和树枝是最能够代表树的生长状态和繁茂程度的部分，良好的树冠比例匀称、造型优美并有着较好的平衡感。树冠和树枝的状态能够反映被试成长的很多特点和现实的状态。

➤ 树冠较大：说明被试是自信的，有着较高的成就动机，做事情积极主动，有很高远的理想和雄心壮志。这类型的被试对自己的接纳和认可程度很高，充满自豪感，能够很好地激励自己，抱负心强。

➤ 树冠较小：树冠较小需要按照年龄区分不同的情况来分析，树冠代表了个体发展的结果和目前的状态。较小的树冠在学龄前儿童中是非常常见的，因为他们的心理和智力都未达到成熟状态；但是如果成年人出现这种情况则需要特别留意，说明该成年人被试的心智不太成熟，或者有较为严重的规避现实的倾向。

② 对房子的解释

房子对于人类来说是一个安全的庇护场所，对于每一种动物来说睡觉的时候是最容易被天敌捕杀的时候，所以根据达尔文的进化理论，人类从树上移居到地上的一个重要原因是房子的出现。从此，人类终于有了安全的庇护，可以安心地睡觉和休息。所以房子投射出来的是人内心的安全感。另一方面，房子是家庭的表现，代表了人们成长的场所和家庭。对房子的解释可以从房子的每个部分进行，来分析房子所反映的个体的心理特点。

部分1：屋顶

➤ 屋顶特别大：屋顶代表了幻想的空间与现实之间的距离，屋顶特别大但是其他部分特别小，特别是屋顶与其他部分的比例失调，则表示该被试好幻想，需要注意鉴定个体是不是存在逃避现实的倾向和人际关系方面的问题。

➤ 屋顶的颜色很深：屋顶是现实与理想之间的距离，颜色很深代表被试在努力控制这两者之间的关系，特别是想控制自己摆脱一些幻想的生活。一旦觉得控制不足，个体就会特别焦虑和紧张，遇到这种情况的被试要特别注意，排除其精神病初期的症状。

➤ 屋顶的颜色很浅：这种情况代表被试对现实和理想之间的控制能力很差，甚至是无力做出努力，出现放弃的现象。

➤ 屋顶有窗户：这是一种比较反常的现象。如果出现该窗口和墙壁的窗口处在同一条直线的情况，那么这是缺乏想象力的一种表现，如果出现其他情况则并没有特别的含义。

➤ 瓦片描绘细致：这代表个体做事细致、认真，是严谨的人。这种人往往追求完美，注重对细节的控制和把握；这种人的缺点也往往是过分追求完美而不能统筹好大局。

部分2：墙壁

➤ 垮掉的墙：残垣断壁或是不能很好支撑的垮掉的墙是一种比较明显的信

号,代表个体内心可能已经出现崩溃的迹象,不能支撑自己内心坚持追求更好的生活;另一方面也代表个体家庭生活的缺失和破损,可能经历过家庭生活的创伤。

➤ 墙壁的轮廓线很深:与过分强调屋顶的颜色情况相似,这也是一种努力维持自己内心平衡的表现,个体想要达到内心的平衡和人格的统一。

➤ 墙壁的轮廓线很淡:与屋顶的颜色很淡的情况相似,也是内心资源缺乏的一种表现。这种人往往不够坚强,做一件事情没有足够的心理资源坚持下去,容易放弃。

➤ 透明的墙:需要询问原因,如果是为了呈现墙内的情况则不需分析该点,如果不是则需要进一步排除强迫症或是注意力不集中的现象。

部分 3:门

门是房子与外界环境的通道,是家庭与外界的连接,所以门很好地代表了个体和他所代表的家庭与外界之间的关系和态度。

➤ 无门:门是自身和家庭与外界之间的桥梁,无门代表的是个体的一种封闭的态度,不愿意与别人进行沟通和交流,比较排斥社交的场合。个体与家庭成员之间也缺少情感上的交流,基本上是属于情感比较冷漠的人。

➤ 大门:这种类型的人愿意积极地与外界和自己的家人进行交流和沟通,性格开朗、活泼、外向且愿意成为社交活动的一员,想要被别人认可和理解的欲望比较强烈。

➤ 小门:这种类型的人性格比较内向,不会主动地与他人交际,尽量避免热闹的社交场合,但一定要参加社交活动时还是能够应付的,只是积极性和主动性较差,是比较被动的人。

➤ 开门:这种类型的人是非常积极的人,热情,社交活动是其重要的需求,在这个过程中他们可以得到心理上的满足和舒适感。他们急切地想要证明自己并在别人面前留下好的印象。

③ 对人的解释

人是绘图测验中比较特别的一个部分。在"房树人"绘图测验中要求被试绘画出房子、树和人,对于被试来说,对房子和树的寓意和内隐的分析的维度和方式是无法进行猜测和估计的,但是对于"绘人"被试会做出很多猜测。所以,人反映的是被试现实的自我,有时是被试理想中的自我。

要素 1：顺序

➢ 正常顺序：正常顺序一般是指被试首先画头，然后依次是躯干和四肢，该顺序是通常的画法，不用对此进行关注和分析。

➢ 异常顺序：排除正常顺序之外，出现异常顺序的画法，表明被试在某些方面出现了一些问题。异常的情况主要有以下几种：先画四肢代表被试在人际关系上不能很好地处理，个性冷漠，人际关系不好；先画五官再画脸庞则代表被试自我内心的一种封闭，不愿意将自己的情绪表露出来，避免与他人情绪上的接触；先画脚则可能在性方面存在过分的关心或者障碍。

要素 2：性别

➢ 先画异性：一般情况下，如果被试只画一个人，那就是与自己相同性别的，如果画两个以上的人，则会先画同性再画异性。如果先画异性，则表示被试对异性过分关心，或者该异性与被试有特殊的关系，被试对其非常关心，这种关心超越了对自己的关心（比如，自己的孩子、配偶）。如果排除了上述情况，则可以考察被试的性取向问题。

要素 3：人物类型

➢ 漫画或抽象人物：一般情况下被试画出常见的人物代表自己或家人和朋友，但是有的被试画出的是漫画中的人物或者抽象的人物，这类被试的自我防御心理比较强，不愿意让别人看透自己。这类被试往往因为防御心理过强导致人际关系不佳，且在人际关系上存在不安情绪。

要素 4：人物比例

这里主要介绍头部比例的情况。头部是人的智慧的象征，它是产生智慧的地方，也是产生行动和控制行动的地方。

➢ 头部过大：表明被试有很强的求知欲，需要注意的是可能会出现过分强调精神世界而忽略现实世界的情况，需要避免沉迷于空想，提升执行力、行动力和做事的积极性。

➢ 头部过小：说明被试对精神世界的重视程度比较低，更加重视现实世界，愿意做事情，但是容易落入做事情盲目缺乏计划性的误区，需要特别注意。

3）细微的局部反应

细微的局部包含很多内容，例如绘画者的线条感、绘画的力度和特定事物的画法等。不同的细微的局部代表不同的含义,要结合根据绘画测验中设定的具体指标来分析。细微的局部是测试者最难掩饰的部分,所以分析是了解测试者的内心想法最好的方式,可以分析出测试者的真实想法。

要素1:笔画的轻重

笔画较重、笔画较轻、笔画断断续续等情况需要关注,它们代表了可能的异常现象,需要引起主试的注意。

➤ 笔画较重:这种现象的背后是较为强烈的自我意识和掌控欲望,这种人往往存在内心的矛盾,他们是较为内向的,但是又渴望受到他人的重视并在团队中占据重要地位。所以,他们承受着较大的内心压力并且不能很好地应对。笔画非常重的人还可能有自恋的倾向,并伴随着对别人的不信任和对自己过分正面的评价。

➤ 笔画较轻:笔画较轻与笔画较重的情况完全相反,这些被试也是内向的,但会拒绝热闹和较多的社交,喜欢一个人独处,严重的可能会有抑郁的倾向,稍显自卑,做事情的积极性和主动性较差,缺乏精神动力。

➤ 笔画断断续续:笔画断断续续是一种比较少见的现象,出现这种现象表示该被试做事情犹豫不决,独立和决断能力比较差,常常依靠别人,但是顺从性很高,对自己的情绪不能很好地觉察和控制。

要素2:色彩

著名的心理学家、投射测验的鼻祖人物罗夏指出,颜色是人情绪的核心。所以,颜色能够很好地反映个体的情绪特点等信息,协助我们全面地解读一个人。对于颜色的解读,心理测量学者们形成共识的认识并不多,所以颜色是一种很好的辅助解读工具,但是不能对其进行过分解读。下面介绍一些心理测量工作者已经达成共识的解读方式:

➤ 冷暖色:喜欢用暖色的个体通常是阳光和积极的,对人和对事情都很有热情,行动能力较好,做事情积极主动;喜欢用冷色的个体就相对保守和内向,做事情比较沉稳,喜欢在仔细地思量的基础上再采取行动。

➤ 一种或一类颜色的过度使用:过度使用一种或一类颜色也能够反映一些信息,过度使用红色的人易怒,过度使用暗色的人可能有忧郁的情况,过度使用鲜艳的色彩的人会比较急躁。

➤ 颜色丰富：使用的颜色较为丰富且协调美观的人智商和创造力较好，但是色彩一般在五个左右，过多则可能伴随性格上急躁的倾向。

4）附加物品

"房树人"绘图测验只要求画出房子、树和人，但是有些人会画出太阳、果实等，现在列出几种在绘图测验中经常会出现的附加事物并对这些附加事物进行简单的解释。

附加物品1：果实

果实一般会出现在有画树要求的绘图测验中，有的被试会在单纯的树上画出果实。果实代表了一个人成长的过程、结果、与外界的关系和精神的力量等，所以果实是对于成就和欲望的一个侧面的写照，也代表了一个人的希望和目标。

➤ 果实大而多：果实表示已经有的成就，也表示被试自己的目标。果实大而多说明被试已经收获了一些成就且对自己的认可程度比较高。对于未来，这一类的被试已经制定了一些目标并相信自己的能力能够实现这些目标。在这里需要提醒的一点原则是掌控"度"的原则，果实大而饱满是好的象征，但是凡事不宜过多，过多则树木易折，也就是说个体本身不论是时间还是精力都无法承受，需要提醒这类型的被试理性地审视自己，想清楚什么是自己最需要的。

➤ 果实大而少：虽然果实少，但却是较好的现象，说明该被试的目标是明确的，能够专注于重要的事情而不会被无谓的事情干扰和浪费时间，目标导向较好；另一方面表示该被试的自信心较好，对自己的能力和现实的状态能够较好地进行分析和把握。

➤ 果实小而多：说明被试有很多目标，想要的东西很多，但是并不能认清什么是自己真正想要的，也不能做好时间和精力的规划，自信心不足，不足以支撑自己达成自身的目标。

➤ 果实小而少：这类被试是缺乏自信的，不相信自己能够做出很好的成绩。

➤ 果实掉落：这是一种极端的现象，很少出现在绘画中，但是出现了这种现象就需要主试注意。研究者认为，果实掉落也是一种创伤性体验的结果，代表被试在精神上可能承受了一些打击，存在一件让被试觉得有深深负罪感的事情。主试可以根据掉落果实的数量、腐烂的程度等信息来判定这件事对被试心理上造成创伤的严重程度。

附加物品 2：鸟或者其他动物

➤ 鸟：鸟象征着自由，不论鸟出现在天空还是停留在树上，都是被试渴望自由的一种直观表现。

➤ 鸟巢：鸟和鸟巢一并出现，说明被试是一个个性上存在矛盾的人，一方面他渴望自由，向往蓝天，另一方面又是自主能力比较差的，做事情的依赖性比较强，希望自己是被照顾和关爱的。

➤ 树洞或者巢穴中的动物：这也是渴望关爱的一种表现，表明被试的依赖性比较强。

➤ 松鼠：这是一种比较特别的动物，有比较特殊的含义包含在其中，这类型的被试危机感比较强，需要安全感，特别是希望囤积一些东西来获得安全感。

附加物品 3：其他

➤ 太阳：这是一种比较正常的现象，只要太阳的形状、颜色和位置等没有异乎现实的现象就可以不做特别的分析，出现异常现象分析见稍后的介绍。

➤ 云彩：首先要区分云彩的类型，如果是少量的为了画面美观的云彩则没有什么特殊的含义，如果是乌云遮挡了大面积的山或者是太阳，则是一种自我设阻的现象，特别是像仙境一般的山，这类的人做事情喜欢按照自己设定的模式，这种模式又是不太适应现实社会的，不利于事件的进步和完成的。这种阻滞来源于被试自身，只要自身做出努力就可以改变，所以称之为"自我设阻"。

➤ 花草：装饰作用的花花草草的出现是没有特别的含义的，说明被试内心比较活泼，有童心未泯的一面。

5）特殊局部反应

特殊局部反应通常和绘图的指标相关联，特殊局部一般在绘图中有特定的要求和概念解释。比如，在某些投射测验中，根据环境要素增设了具体的细节描述，如请绘画出会餐场景的座位安排并标注。这样的有指标性质的绘图要求环节就成为特殊局部反应。特殊局部反应的分析可以帮助我们最直接地找到测试者的态度或者想法，因为这种局部分析的特性，我们可以看到很多特殊的个人差异性。

6）空白部分反应

空白部分特指绘图中的留白部分。留白部分和绘图部分是同等重要的。留

白部分与绘图部分的比例可以从一个方面显示
测试者目前的综合状态、生活状态以及心态等。
从留白部分的位置可以看出测试者的逻辑思维
能力的偏重性以及性格方面的优劣势。留白同
中国水墨画一样，是最可以"无中生有"的，通过
对留白的分析，可以恰到好处地将测试者的综合
能力分析出来的。

（2）定素

1）形状

形状指的是在绘图中所要求绘画的内容的
形状。常规的形状指的是测试者所画的事物与
我们日常所感知的事物形状是一致的形状。特

图 10-11

殊的形状指的是测试者所画的事物与我们日常所感知的事物形状是不一致的形
状，一般出现这种情况的时候需要格外注意。比如当测试者将太阳画成了方形，
如图 10-12 所示，那么这类群体的创造思维一般来说比其他人要强，其个性也
较鲜明，但与此同时，该测试者与他人的协作配合性不一定很好。

因此形状是绘图测验的一个很好的观测点，也是定素中最核心的环节。

图 10-12

2）运动

运动指的是在绘图测验中描绘出动态的画面，比如测试者绘画出自己正往家行走的趋势，或者测试者画出远离工作场景的趋势。运动的趋势一般不会在绘图测验的指导语中出现，这种设计是考虑到绘图测验是二维的测试，不利于测试者表达动态的信息。但当指导语中并没有出现运动行为的描述时，测试者却出现了运动的绘图，那么这时我们也是要格外关注一下的。

图 10－13

一般来说，运动状态表示测试者的一种情绪或心理的趋向性，比如当测试者着重表示自己正往家行走的趋势，那么测试者这一段时间对家庭的责任感、趋向度是很高的，说明了一种内心的向往，同时也可以看出测试者内心的一种潜在的想法。因此运动绘图是较为特殊的一个观测点。

3）色彩

色彩指的是绘图测验中测试者所运用的颜色，色彩比较容易反映一个人的性格特征。一般来说，绘图测验的指导语中不涉及颜色的限定，测试者可以自由运用绘画颜色。色彩这一观察点主要包括色彩的种类和色彩的运用两个部分。

色彩的种类指的是测试者选择了单一的颜色绘画还是彩色绘画。选择单一颜色绘画的人多数逻辑思维较刻板，创新潜能不如选择彩色绘画的测试者，但是这类人群做事严谨、仔细。相反，选择彩色绘画的测试者，他们心态较为良好，有一定的创新意识，但偶尔做事的时候还不太善用理性的思维来处理。

色彩的运用指的是测试者绘画的内容所选用的颜色逻辑性，比如树木选择了绿色、火焰选择了红色等。色彩的运用这一观测点主要是观察测试者常规的颜色选择。如果出现颜色与现实事物明显不符合的选择，就要引起注意。这种特殊性不代表测试者有不好的倾向，只是一个个性的表现。

因此色彩这一观测点也是十分重要的。

图 10 - 14

图 10 - 15

4）阴影

　　绘图测验中比较少会运用到阴影这一方法。在希望了解测试者内在个性特点的时候，可以选择让测试者绘画某核心事物的阴影。阴影的观测点包括阴影的大小、线条、方位等。阴影一般可以表现测试者的内心纠结点，也就是我们常说的矛盾点。性格较为内向的测试者画阴影的次数较多，做事比较严谨，但自我内在情绪不稳定。

　　阴影可以投射出较多的内在情绪和个性特征，也是绘图测验中较为重要的观测点之一。

图 10-16

（3）内容的独立与从众

绘图的内容根据不同的指导语是不同的，针对不同的绘图内容的分析方法也是不同的。在这里要特别注意的是绘图内容的独立性和从众性。独立性指的是绘图的内容具有较为强烈的个性特征，很少与大众群体的绘图雷同。从众性顾名思义就是绘图的内容无太大的测试者差异性，没有明显的个性特征。

绘图测验较为独立的测试者，性格方面也较为独特，拥有自身的观测角度和逻辑思维，遇事会尽可能地转变角度考虑问题，不会一成不变，这类人群适合创新型的工作。绘图较为从众的测试者创新能力不足，遇到事情容易墨守成规，不愿意改变自己的原则，但这类群体也较为仔细认真，按照规矩做事。

（4）附属信息观察

1）绘画的视觉角度

绘画的视觉角度指绘画者画出的图画的主角是谁，比如我们在较为常见的"房树人"绘图测验中，会要求测试者画出"人"这一主体，有的测试者画的就是自己而有的测试者明显画的是他人，但在这样的指导语中，无论测试者所画的是什么人，从潜意识的角度来说都是自我的一种投射和体现。测试者如果绘画的就是自己本人，那么这类人群面对事物处理的方式较为直接，也不会回避很多问题；而画其他人的测试者，如果遇到不顺利的事情，常会采用回避的处理方式，对待他人也会展现部分的自己，不会将自己全部暴露。

2）线条特征

线条特征是绘图中较能体现测试者性格的附属信息，线条的流畅性十分重要。有的测试者会重复画一个线条来确保线条的平直或者准确，这类测试者的内心往往不够自信，需要利用重复动作来保证自己的准确度，但同时这类群体也是比较细心的群体；另一类测试者会一笔画出自己的图画，不会在同一个线条重复修改描绘，这类人群做事较为果断，喜欢按照自身的节奏来行事，但偶尔工作上会出现不够仔细的情况。

3）绘画顺序

绘画顺序通常可以看出测试者对绘画内容的重要程度。一般来说首先绘画的事物都是指导语中第一个出现的事物，同时也是我们观测的重点。当测试者并没有按照指导语中的顺序绘画时，说明他所画的第一个事物是他自己认为目前最重要的，这样的情况我们就要着重来分析了。

4）用笔压力

用笔压力是测试者性格的另一个侧面。较为有性格的测试者用笔的压力偏重，做事往往追求外在的效果，按照自身的原则和风格做事，这类人群拥有较好的创造性，有的测试者甚至拥有特殊的才能。用笔的压力较轻的测试者做事谨慎小心，希望他人认可自己，愿意为了达成目标而尽心尽力，但缺少果断的做事风格，偶尔会影响到事情的进展。

5）用时

这里的用时指的是在绘画的全程中所用的时间，特别是在目标事物上所花费的时间。一般情况下，当面对十分重要的人或者事的时候，每个人都会格外注意和认真，在绘图测验中亦是如此。当测试者潜意识觉得所画的某一部分十分重要时，就会多花一些时间思考和绘画，因此测评过程中要留心测试者每一个目标测试点的用时，这些可以作为分析测试者内心想法的辅助参考点。

6）对称性

对称性指的是绘图内容的对称状态，尤其是特定事物的对称性，比如要求测试者画出一栋房子,测试者在绘画的时候尤其注意门窗的对称性,这类人群的性格比较刻板和认真,对自己在意的事物尤为重视,并且希望做到最好,有轻微的完美主义倾向。同时这类人群是很好的执行者,在工作中可以尽职尽责地完成工作,但有时候也会因为这种刻板的要求和原则导致工作中效率的降低和项目的延时。

7)流畅性

流畅性指的是绘图过程的流畅性。当测试者看过指导语后,可以不假思索地绘画出自己的图画的这类人群,他们的自我了解和掌控度较好,拥有很强的自主意识,可以掌控一个独立的工作或者项目,但需要注意细节和步骤。有的测试者看过指导语后比较犹豫,尤其在绘画中也多处停顿,这类人群通常比较细致,对自身要求也比较高,但需要增加对事情的判断能力和掌控性,提升自信心。

10.6 绘图测验在能力盘点评估中的应用案例

根据不同的考核项目,测评的维度也不同。能力盘点评估根据项目的具体要求来设置能力维度,在绘图中常用目标式绘图法来测评能力水平。

【报告展示1】

绘图测试：情境关系模拟绘图测验

指导语

请您按照下述要求绘制一幅图画,颜色不限、风格不限。

(1)图画中人物：本人、上级领导、下属、客户(全选,并标注)

(2)场景选择：工作场景、娱乐场景、就餐场景(选择其一,并标注)

案例分析

(1)场景选择：工作场景

(2)测试者多维度能力分析

图 10-17

● **总体评估**

总体评估一般从图片的整体结构出发来分析,测试者选择了工作场景,代表测试者目前工作状态稳定,测试者的精力大部分放在工作当中,对工作的认识度全面,对未来的工作要求定位准确。图中仍然有一定的留白,因此可以代表测试者在工作中仍然存在一些待发展领域。

测试者颜色的选用可以代表其目前的状况和性格,测试者性格开朗,对工作的处理多用积极乐观的方式。

通过绘画的内容,我们可以看出测试者目前的工作生活状态非常良好,工作充实。

通过绘画的细节,我们可以看出测试者很注意人物的表情、工作场景的细节,说明测试者较为重视细节的处理,对工作的环节衔接比较在意;性格细腻,待人温和,善于对外交流,积极乐观开朗;处于事业上升阶段,对工作抱有较高的期待。

● **问题解决**

通过绘图的场景选择,以及人物座位的安排,表明当测试者遇到问题时,多数情况采用理性的方式。人物角色的表情均为微笑状态,说明测试者在工作中面对突发的应激问题可以平稳处理,并多以积极乐观的态度来处理。但是测试者把自己画得最小，是处于整个画面的弱势角色，说明目前由于对自身的认识存在一定的不准确性，因此在面对问题情境的时候，容易犹豫迟疑，影响工作的顺利进行；测试者选择了较为保守常规的汇报工作场景，说明其采用的问题解决的方式属于保守型，喜欢沿袭自身习惯的处理方式，不愿意改变原有的行为风格。

- **组织推进**

我们可以清晰地看出在整幅图画中，测试者在进行汇报，而且是作为唯一的汇报人，说明在整个工作过程中，测试者可以作为主导推进的人员，对于具体的工作来说，可以承担领导的角色。测试者有一定的推进力度，但是具体采用的方式方法有待提升；有时会带给下属一定的压力氛围；性格积极乐观，对于工作上的安排乐于承担责任，喜欢在团队性的项目中表现自己的能力，主动推进工作的进行；具有团队主导性，可以承担一定的风险。

- **冲突管理**

在绘图中我们可以看到，测试者独立于整个工作人际网之外，即自己在台前展示，而其余人物均坐在桌旁听他的汇报。这类测试者以自我为中心，因此冲突对于测试者来说是比较常见的问题情况，在工作和生活中都会时常出现冲突的状态，有时候因为内心的想法和实际的状况并不符合，导致面对冲突时，内心比较纠结，情绪容易波动；但是经过测试者自身较为长期的努力还是可以较好地处理冲突情境，目前不会对工作带来负面影响。

- **持续学习**

测试者选择工作汇报的场景表明在测试者目前的状况下，工作是最为重要的环节，说明测试者乐于学习，对未知的领域有很强烈的好奇心，也是因为这样的好奇心给自身带来了持续学习的动力，兴趣成为自身最好的目标引领因素；在学习上，比较善于总结，通过以往的知识可以自动转化成自身的内在能力，但是在学习上缺乏一定的创新思维。

- **培养下属**

测试者将自己的两位下属画在了与自己对立的一面，将自己和领导还有客户放在了同一面，说明对于下属的关心程度一般，有时管理不够人性化，在具体的方式方法上仍需进一步调整。在具体工作中重视对下属经验的培养，可以给下属提供一定的培训发展机会,合理规划下属的晋升发展渠道。

● 协同合作

在目前的工作上,人际关系处于良好的状态,对上级领导有一定的距离感,同时也很尊重敬畏目前的领导;对于下属同事可以针对不同的项目内容进行合理的工作配合,善于倾听他人的建议,协同合作能力强。

● 团队领导

在工作中勇于表现自己的才能,善于领导团队,但是团队领导的方式方法有待调整,有时过于强调自身的领导意识,忽略了下属的感受。在团队中充当了重要的执行者的角色。测试者性格比较外向,喜欢表现自己的能力,适合担任有一定风险的项目领导者,面对困难情境可以勇于突破,无所畏惧;但是这样的领导风格比较冲动,有时候会因为没有进行充分的准备工作而出现草率的决定,对下属的关心和授权不够充分。

● 积极主动

我们可以看出,整幅图画选用了靓丽的颜色,表明测试者目前处于积极客观的状态,本人性格开朗外向,总体工作积极主动,善于在上级和下属面前表现自己的能力,面对困难可以积极乐观地处理;遇到领导派发的具体任务可以给出自己的建议和具体的方法;做事情属于主动派,喜欢带领自己的团队达成目标,目标导向比较明显,重视事情的结果;积极主动这一特性在自身的工作中属于双刃剑,有时可以帮助自己快速实现目标,但有时也会导致过于冲动。

● 开拓创新

我们可以看出,整个图画都是表达较为常见的一种工作状态,没有额外特殊的细节或者创意,缺少特殊的创新能力。测试者面对目前的工作可能存在一定的瓶颈,对于不同的工作喜欢用程式化的方式处理,对于一个问题,喜欢沿用以往的方式和方法;在工作处理方式上比较保守,建议增加个人创新思维的培养,除去一些思维定式的影响。

● 客户导向

通过测试者和客户位置的距离关系,我们可以看出测试者的客户导向能力处于中上等,目前接触的客户属于较为好相处的客户,因此对于客户的要求可以基本满足。建议测试者对客户要有更加深刻的了解,不单纯在具体的工作上重视客户导向,同时也需要重视人际关系的处理。

【报告展示2】

绘图测试:情境关系模拟绘图测验

指导语

请您按照下述要求绘制一幅图画,颜色不限、风格不限。

(1)图画中人物:本人、上级领导、下属、客户(全选,并标注)

(2)场景选择:工作场景、娱乐场景、就餐场景(选择其一,并标注)

案例分析

图 10 - 18

(1)场景选择:工作场景

(2)测试者多维度能力分析

● **总体评估**

该测试者工作上有很强的责任心和主动性,有较强的工作能力,愿意在工作中承担重要的职责,并具有较强的独立性意识;非常注重团队合作和团队精神,懂得并重视依靠团队的力量,能够较好地识人用人,带领和激励团队达成目标;能够胜任目前的工作,工作上有较强的自信心,能够较好地进行统筹和规划;有着较为清晰的人生目标,并愿意为了目标不断努力,目前的工作和生活较为平静,希望能够有更多的机会和更大的挑战;在工作上需多与上级进行沟通,理解上级对自己工作的指导和安排;在目前的阶段需进一步平衡家庭与工作的关系,敞开心扉,用心与家人进行沟通和交流,处理好与家庭成员之间的关系,让家庭成为自己职业生涯发展的坚实后盾,减轻内心的压力和冲突。

● **问题解决**

该测试者在工作中面对问题能够不畏困难,愿意主动承担责任,发挥自己的积极性强和执行力好的优势,主动地解决问题;在解决问题的过程中是重要的计划者和计划的推进者,能够较好地利用团队的力量;在解决问题的方法上,还需要进一步提升自己的创新能力,找寻更多的机会表达自己的想法,在交换方法的基础上提升自身解决问题的技巧。

● **组织推进**

该测试者是组织推进中重要的人物,有较强的组织协调能力,能够较好地进行计划和统筹;能够成功地激励和督促下属完成工作并与团队成员保持平等协作的关系,能较好地挖掘下属的潜能;需多与上级进行交流和沟通,为团队和自己的成长寻找平台和支持;需进一步提升工作方法的创新性,创新工作的内容和形式。

● **冲突管理**

该测试者在工作上管理冲突的方式是较为积极和主动的,能够主动地承担责任,协调冲突各方的关系,推进问题的解决;能够与下属保持平等融洽的关系,为下属创造发展和展示自己的机会,并给予及时的指导和反馈;需进一步处理好与上级之间的关系,互相支持,协同合作;需要在处理冲突时多采用积极的交流和沟通的方式,特别是在处理家庭和人与人之间的冲突时,适当缓解自身的压力和情绪上的冲突。

● **持续学习**

该测试者有较好的学习能力和学习的愿望,有较强的进取精神,有着明确的人生目标和达成目标的愿望,能力上有一定的提升潜力;需要进一步将学习动力和愿望转化为实际行动,制定有效的学习计划,丰富学习方法,提升学习效率。

● **培养下属**

该测试者在培养下属方面有自己的方式,能够与下属维持平等协作的关系,有效地协调人力资本,根据下属的能力特长为下属安排有挑战性的工作,给下属承担重要职责的机会,在工作和项目中培养下属;对下属的管理人性化,能够与下属维持融洽的关系,与下属形成一种共同努力和共同成长的良好氛围。

- **协同合作**

该测试者能够很好地与下属和客户合作,倾听他人的想法和建议,有着较强的人际交往愿望和人际能力,可以比较好地与下属和客户进行交流;能够较好地做好统筹和协调的工作,并擅长与团队一起协同合作,高效地完成工作;需要提升对上级的信任,学会在上级面前展示自己的能力,获得工作上的支持和进一步发展的机会。

- **团队领导**

该测试者是较为优秀的团队领导者,有着行之有效的激励团队的方式,能够较好地激发团队成员的潜能,为团队成员树立共同的团队目标;带领的团队是一支平等团结的团队,做到人尽其才,打造具有很强凝聚力和战斗力;需要进一步提高自身的威信力和人格魅力,提升自己的领导能力和领导技巧。

- **积极主动**

该测试者有着较强的责任心,做事情积极主动,能够与下属"打成一片",以自己做事情的主动性和积极性来感染自己的团队成员,与下属一起尽职尽责完成工作目标和工作任务;需要提升与上级沟通的积极性,为自己和团队的发展争取机会和寻求支持;学会主动表达自己的想法,在沟通中交换意见,沟通想法,互相支持,得以发展和成长。

- **开拓创新**

该测试者有较好的创新的潜力,愿意接触新鲜的事物,有上进心,需要多向有创造力的人学习,采纳别人特别是上级的意见与建议,找到自身在创造性发展的瓶颈,接受专业培训,有针对性地发掘自身的创造才能。

- **客户导向**

该测试者的客户导向意识较好,能够有意识地与客户进行交流和沟通,了解客户的需求与想法,并愿意与团队成员一起服务客户,满足客户的需求;需要进一步提升自身的服务客户的能力,提升工作方法的创造性,提升自身和团队的竞争力。

实践篇

近几十年来,西方盛行的人才测评技术开始不断流入中国,逐步推动中国企业人力资源的快速发展。20 世纪 80 年代,大部分心理学工作者从事的还仅仅是量表修订本土化的工作,这一工作也逐渐影响当时人才划分的标准,人们开始意识到人的内在潜质也是人才选拔招聘的重要标准。后来到了 20 世纪末,企业依据实践经验发现单纯依靠心理测验已无法满足人才选拔需求,开始引入评价中心技术,从此踏上多元化测评技术结合的人才测评道路。企业具有逐利属性,无论是人才的选用育留,都与绩效有着紧密的联系,如果企业员工能力很强但并不会为企业带来业绩的提升,企业家也是难以接受的。另外,人才测评是评价人才将来的价值,而不是某个人员在企业的价值,由此企业开始逐渐摆脱以"人"为主的测评观念,开始转向以"素质能力"为核心的测评方式。进入 21 世纪以后,由于胜任素质模型是以高业绩人员为模型搭建的人才评价标准,企业人员素质的提升能显著提高企业业绩水平,因此以胜任素质模型为核心的人力资源规划体系受到企业的热烈欢迎。

本章分为四个部分。前三个部分依次是胜任素质模型概述、胜任素质模型构建方法、胜任素质模型构建过程,主要从理论层面阐述胜任素质模型的宏观概况以服务于企业不同意图的构建方法。最后一部分主要是从实践层面上讲解胜任素质模型构建过程,虽该部分并不涉及对单个企业员工的人才测评,但该部分能够解决人才测评里最核心的问题——人才标准是什么。

11.1 胜任素质模型概述

11.1.1 胜任素质模型的兴起与发展

目前,各企业、团体和组织机构等已将人才视为"第一生产力",人力资源逐步上升到公司战略层面,尤其在市场不确定性不断增加,贸易保护主义不断抬头的大环境下,企业家们已经认识到人才的重要性,人才发展受到前所未有的关注。大多数组织已经认可"有胜任力的"员工更有可能实现公司的目标这一论断,胜任力强的员工能够灵活运用自身知识、技能、能力及个性特点,更好履行工作职责,出色地完成任务。因此,胜任素质模型自其诞生之日起,即受到企业家的广泛欢迎,目前国内外大部分知名企业都逐步建立适合企业发展的胜任素质模型。

"胜任素质"一词最早是由罗伯特·怀特(Robert White)于 1959 年提出的,怀特认为在工作中识别出的人的特点即是胜任素质。后来,哈佛大学著名的心理学家大卫·麦克利兰(David McClelland)在此基础上扩大了研究成果,于 1973 年发表了《测量胜任素质而不是智力》("Testing competence rather than intelligence")一文。麦克利兰认为传统测验并不能预测未来的绩效水平,因为真正能够预测未来绩效的并不是学历、种族等,而是像"成就动机""沟通协调""团队影响"等个体特质因素,麦克利兰将这些影响未来业绩的因素称为"胜任素质"或"胜任力"。为此,他开发了一项新的人才评价技术(即行为事件访谈法),并将其运用于美国国会外交官和情报人员的选拔项目中,获得巨大成功。后来,麦克利兰为了宣传自己的理论和成果,成立了一家咨询公司,在全世界范围进行推广。自此,胜任素质模型成了世界上比较热门的项目和话题。

麦克利兰认为要想成为优秀的管理者,需要具备两个方面的特质:一个方面是管理者自身特质,如强烈的追求成功的动机、工作富有激情、严密的逻辑推理能力及强大的综合管理能力等；另一个方面是人际管理能力，如强大的团队影响力、团队凝聚力、带领团队等。理查德·伯亚兹（Boyatzis）则通过对不同岗位管理者进行分析（1982），总结出一套比较全面的管理人员通用素质模型，认为可以从六大胜任素质及 19 项具体素质评估管理者管理水平，并从所属行业、部门等维度进行分类。其中，六大胜任素质是目标管理、领导力、辅导下属、人才管理、关注他人、自身学识。后来，麦克利兰公司于 1989 年在伯亚兹的研究成果上，对 200 余项工作展开分析，发现 21 项优秀管理人员通用的胜任素质，并以此构建了专业技术人才、营销推广人才、社区服务人才、管理人员、领导人员共五种通用胜任素质模型，影响非常大。

国内引入胜任素质模型的时间比较晚，时间大致在 20 世纪 90 年代左右。当时，王重鸣认为胜任素质就是个人知识技能、能力、行为动机、个性特征及价值观等。从此，胜任素质的研究在国内如雨后春笋般开始涌现。近十年，对胜任素质的研究甚至形成了不同学术阵营。此外，不仅国有企业、民营企业（包括家族企业）对胜任素质模型越来越重视，国内的党政机关、事业单位及许多非营利组织也对胜任素质十分关注，开始将胜任素质模型用在人员招聘、晋升选拔、人才培养、职业规划等人力资源管理各个方面。

11.1.2　胜任素质的定义

虽然目前关于胜任素质模型的研究很多，但由于不同研究学者所采用研究角度及研究对象存在一定差异，至今大家并未得到胜任素质的一致性定义。虽然如此，但学界对胜任素质的研究，有以下一些共识：

（1）胜任素质与绩效高度相关。大多数构建胜任素质模型的做法是，通过绩优人员与一般人员的胜任素质分析比较，若某项胜任素质绩优人员表现突出，则可认为此项胜任素质为该类员工的胜任工作必备的特质。可见，胜任素质是与业绩表现高度相关的，可以用它区分高绩效人员，甚至用来预测员工将来的绩效表现等。

（2）胜任素质具有情境性的特点。胜任素质的选定是依据真实的工作情境，它依赖于对员工外在行为表现的观测考察，若员工行为比较隐蔽或难以识别和量化，则不能作为胜任素质项的，因此胜任素质具有情境性的特点。胜任素质是基于工作情境之下的,它体现为展现于外的、能够被识别和判断出来的行为。

(3)胜任素质具有岗位特殊性。胜任素质模型是建立在工作分析的基础之上,而不同的工作岗位由于职能要求不同,胜任岗位所需的知识技能和能力也千差万别,有时即使需要相同的胜任素质,但要求的程度也会有所不同,也即是说岗位胜任素质具有特殊性、独特性。

(4)胜任素质是动态发展的。岗位职能会随着组织变革或战略转型等而发生一定程度的变化,同样胜任岗位的胜任素质也会随之发生改变。因此,岗位胜任素质一旦确定并不是不再变更,而是会随着业务调整等发生动态变化。此外,胜任素质的动态发展性还体现在胜任素质并非先天能力,而是可以通过后天努力学习强化而发展起来。

综合以上种种描述,本书将胜任素质定义为:胜任素质就是一个人取得优秀绩效所必备的潜在的、深层次的个人特质的综合。这些特质包括知识技能、动机态度、价值观、人际管理、协同合作、逻辑推理等,且这些胜任素质可以通过观察员工行为加以量化区分。

11.1.3 胜任素质模型的理论基础

(1)冰山模型

1973年,麦克利兰等人依据弗洛伊德提出的本我—自我—超我的"冰山原理"构建了"冰山模型",并将之应用到胜任素质的层级划分之中,所谓"冰山模型"就是将依据胜任素质的表现形式将其区分为"浮于水上可见的部分"和"藏于水下不可见的部分"。冰山模型共区分了六类胜任素质,从冰山底部到冰山之上(如图11-1所示)胜任素质的排列依次是:动机(Motives)、特质(Traits)、自我概念(Self-concept)、社会角色(Social Roles)、技能(Skill)、知识(Knowledge)。

动机指的是一个人在某一领域所产生的自然的、长久的偏好,且这种偏好能够指引和影响一个人的外在表现(比如,成就动机、人际交往需求等);特质或者个性特征指的是一个人稳定的行为倾向(比如,诚实、敬业尽责等);自我概念指的是一个人的态度、价值观及自我形象等,是对自己的认识与看法(比如,自信、乐观等);社会角色指的是一个人基于态度和价值观而形成的行为风格(比如,管理者、技术专家等);技能或能力指的是运用知识完成某项具体任务的能力(比

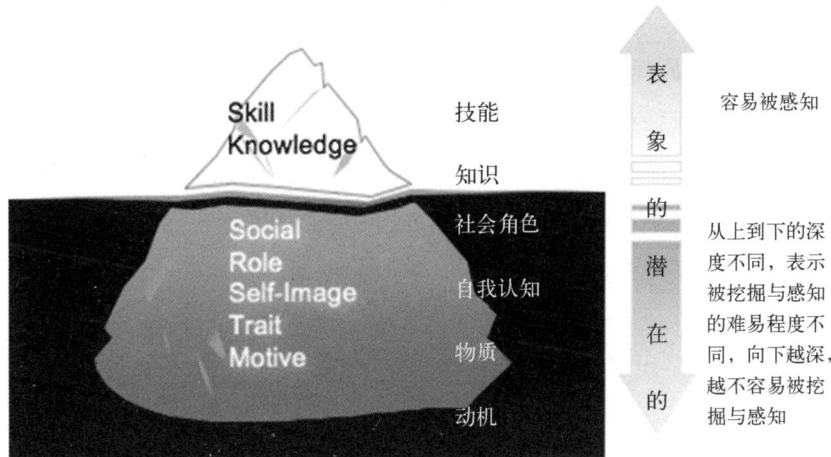

图 11 - 1　冰山模型

如,表达能力、组织协调能力等);知识指的是一个人在某个领域所拥有的事实型与经验型的信息(比如,管理知识、财务知识、心理学知识、人才测评知识等)。

其中,知识和技能是"浮于水上可见的部分",大部分与工作所需的资历有关,可以使用一些技术手段短时间进行测量,属于基准型胜任素质(Threshold Competence)。动机、特质、自我概念和社会角色往往很难进行测量,短时间无法准确表述,属于"藏于水下不可见的部分"。但这些隐性特质,正是高绩效者所必备的,是鉴别绩优员工和一般员工的关键指标,属于鉴别型胜任素质(Differentiating Competence)。需要说明的是,一般来说,某个岗位的胜任素质会有很多,这时就需要确定哪些胜任素质是岗位所必需的,一般依据的原则有两个:一个是有效性,即能够区分出工作绩效的差异;另一个是客观性,即在能够区分工作绩效的同时,还需要能够找到客观的指标进行测量,如果一个胜任素质无法客观测量,也是没有意义的。

冰山模型最大的优点是依据胜任素质能否轻易观测和感知,由难及易进行区分,并通过对胜任素质进行归类,从而为构建胜任素质模型提供有效指导。不仅为全面的人才管理提供了新的视角和工具,获得岗位的人才画像,而且胜任素质模型也是人才测评的重要依据,推动人力资源管理与开发。

(2)洋葱模型

伯亚兹(1982)提出的"洋葱模型"对胜任素质要素进行了再次梳理,可以让我们更加清晰地分辨胜任素质要素之间的层次关系。整个层次关系形状看上去就像一个洋葱,而胜任素质就像剥洋葱,如图 11 - 2 所示。特质、动机两者位于"洋葱"的中心层,自我概念、社会角色、态度价值观三者是"洋葱"的中间层,知识、技能两者位于"洋葱"的最外层。位于中心层与中间层的胜任素质均难以通过后天训练习得且不易评价,而最外层的胜任素质可以通过后天培养获得且比较易于评价。

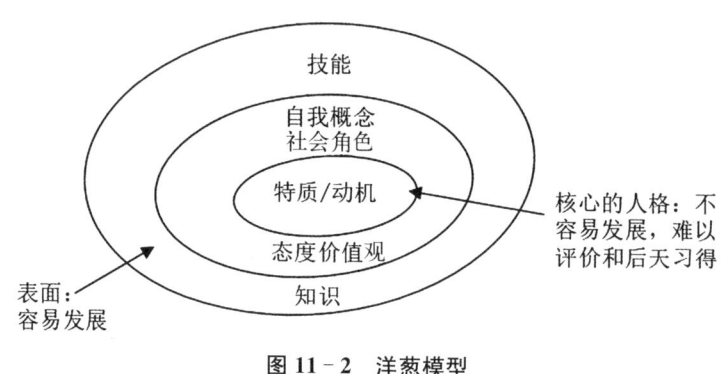

图 11 - 2　洋葱模型

"洋葱模型"将"冰山模型"的表象和潜在进行了更明确的区分,对后天培养的可行性以及难度确认有非常重要的借鉴意义,是"冰山模型"的进一步延伸发展。

11.1.4　胜任素质的分类

"冰山模型"指出胜任素质可以分为两种类型:基准型胜任素质和鉴别型胜任素质。但这两种类型比较适用于某一类或某个工作岗位,实际上有时候我们需要站在公司全局建立一个包括多专业序列、适用于全员的胜任素质模型。而这种模型中的胜任素质通常可以划分为三类:核心胜任素质、通用胜任素质和专业胜任素质。每种胜任素质的概念、特点及适用范围如图 11 - 3 所示。

胜任素质模型可以按企业内工作岗位或人群特点分为四类:

（1）岗位性胜任素质模型

岗位性胜任素质模型是模型中范围最小的一类,它只适用于某一类具体工作岗位,比如,银行客户经理、柜员、财务出纳员、酒店经理等人员的胜任素质模

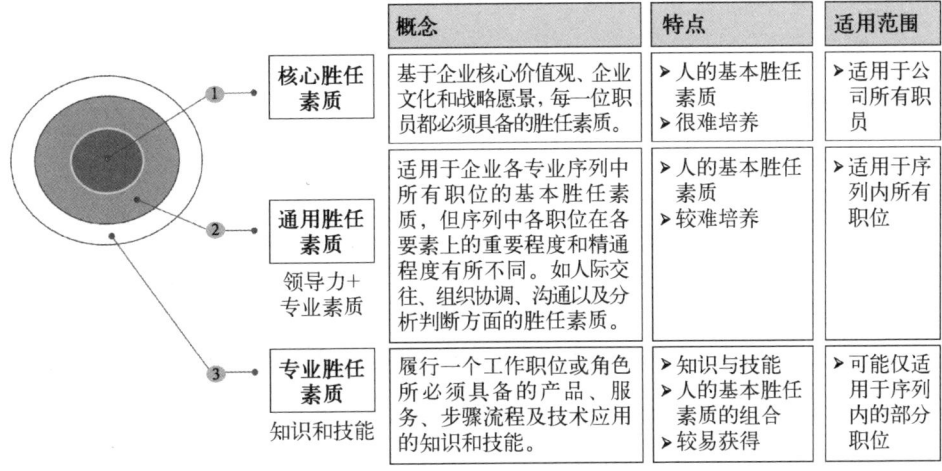

	概念	特点	适用范围
核心胜任素质	基于企业核心价值观、企业文化和战略愿景,每一位职员都必须具备的胜任素质。	➤ 人的基本胜任素质 ➤ 很难培养	➤ 适用于公司所有职员
通用胜任素质 领导力+专业素质	适用于企业各专业序列中所有职位的基本胜任素质,但序列中各职位在各要素上的重要程度和精通程度有所不同。如人际交往、组织协调、沟通以及分析判断方面的胜任素质。	➤ 人的基本胜任素质 ➤ 较难培养	➤ 适用于序列内所有职位
专业胜任素质 知识和技能	履行一个工作职位或角色所必须具备的产品、服务、步骤流程及技术应用的知识和技能。	➤ 知识与技能 ➤ 人的基本胜任素质的组合 ➤ 较易获得	➤ 可能仅适用于序列内的部分职位

图 11-3　不同胜任素质的概念、特点及适用范围

型。操作性或服务性岗位人员特别适合构建岗位性胜任素质模型,将其运用于人才招聘、晋升选拔、人才培养、职业规划等方面能够收到比较好的效果。

（2）功能性胜任素质模型

功能性胜任素质模型是由职能部门或业务部门的某类专业技术性较强的岗位,经过大量实践总结出来的模型,比如,产品研发、财务管理、市场营销、法务管理等人员的胜任素质模型。

（3）角色性胜任素质模型

角色性胜任素质模型是从组织成员所扮演的角色出发,经过深层次的比较归纳概括而形成的一种模型。它超越了某类岗位的范畴,是功能性胜任素质模型的延伸,比如中层管理者胜任素质模型、职业经理人胜任素质模型、主管级胜任素质模型。其中,主管级胜任素质模型并不是针对某一类主管,而是所有主管,包括财务、法务、人事、生产、运营、安全、质量等各级主管,是一种高度概括化的胜任素质模型。由于它涵盖了各种功能性胜任素质模型,所以它适用于团队化的组织模式。

（4）组织性胜任素质模型

组织性胜任素质模型是从企业愿景出发,紧密联系经营理念,服务于公司战略的一种胜任素质模型。它是对角色性胜任素质模型的高度概括,囊括了企业所有职能及业务部门,适用于企业内部所有员工。

11.2　胜任素质模型构建方法

11.2.1　行为事件访谈法

行为事件访谈法(Behavior Event Interview，简称 BEI)是美国心理学家麦克利兰融合关键事件法与主题统觉测验优点而开发的，是当今公认的最有效最可靠的胜任素质模型构建方法。它采用开放式的行为回顾式调查技术，让被访者回忆工作中最成功和最不成功的三个场景，并要求被访者详细阐述当时的情境，具体包括：这个情境是怎么引起的，牵涉到哪些人，你当时是怎么想的，事实上做了哪些事情，结果如何，感觉如何，等等；然后，访谈者在征得同意后，可以将谈话进行录音(注意，若被访者不同意录音，需要访谈者在访谈期间记录下访谈的大致内容)，事后可以对访谈内容进行分析，统计各胜任素质在访谈中出现的频次；最后，通过对绩优组和普通组的胜任素质指标频次进行比较，获得鉴别型胜任素质项，并结合"冰山模型"或"洋葱模型"，对所有胜任素质进行综合分析，最终形成绩优人员的胜任素质模型。

行为事件访谈法是当今胜任素质建模采用最多的一种方法，主要原因在于该方法有以下优点：

(1)通过行为事件访谈法构建的胜任素质模型信度与效度非常高，能够非常好地匹配实际岗位所需胜任素质。

(2)由于行为事件访谈法属于回忆式访谈，所以可以得到比较全面的信息，以此构建的胜任素质模型相对比较完整。

(3)行为事件访谈法以被访者实际工作行为为基础，充分挖掘其背后隐藏的胜任素质，以此构建的模型相对比较符合现实。

然而，该方法也有很多不足值得进一步探讨：

(1)行为事件访谈法是开放式的行为回顾式访谈，换句话说，这种方法就是要求被试根据主题自主决定回忆内容。那就是说，以该方法获得的信息都是过去的、静态的，而以过去的信息建立的胜任素质模型能否预测未来的高绩效，这一点显然存疑。

（2）目前，内外部环境变化迅速，需要企业不断变革和转型以适应当前环境，而以回忆过去的方式构建的模型是无法有效应对环境变化。

（3）技术层面上，维持不同访谈者与胜任素质编码间的一致性在实践中是需要深究的问题，而且行为事件访谈法对访谈者的经验、专业性要求很高。

（4）行为事件访谈法往往需要尽可能增加访谈人数，由此需要增加访谈者和专业编码者人数，扩大访谈整体时间，因此成本较高。行为事件访谈法需要花费很多时间，一般来说，每位被访者需要一个半小时的时间，所以该方法比较适合某个具体岗位的胜任素质模型构建。

总之，虽然行为事件访谈法可以方便地获得关于个人的一手资料，信效度非常高，但该方法构建的胜任素质模型缺乏前瞻性与动态性，难以有效地应对瞬息万变的外部与内部环境。另外，是否拥有充足的访谈人数，被访谈者是否积极配合，建模人员的经验水平和专业性是否可以保证，等等，这些都是影响行为事件访谈法评估结果的关键因素。

11.2.2　工作分析法

工作分析法，又称职位分析方法、职务分析法、岗位分析法。斯潘塞（1993）认为，胜任素质虽是一个人不易发觉的潜在特征（Underlying Characteristics），但与工作岗位和职责关系密切，与工作场景中的相关准则（Criterion-referenced）有一定的因果关系。因此，通过岗位职责或任务就可以推演出岗位所需的胜任素质，而这种推演方法就是工作分析法。工作分析法强调的是最低限度的绩效，注重工作本身而不是位于工作岗位的人，关注胜任一个岗位或完成一个任务所需要的产出能力。所以，该方法首先要明确工作的责任权利、具体任务、岗位角色和工作环境等信息，从而获得岗位的工作职责和核心作用；然后，依据工作职责和核心作用对可采纳的工作标准或业绩水平展开描述，确定胜任素质集合；最后，综合所有信息，确定胜任素质。

工作分析法最大的优点就是其能够揭示出"冰山"之下最为深层的胜任素质，它通过对工作岗位职责及工作任务的详细分析，能够得到一个广泛的胜任素质清单。但是，该方法也有很多不足值得进一步探讨：

（1）大量实践研究发现，岗位胜任素质与工作情境有很高的依存度，而工作分析法不关注情境因素的作用，忽视个人表现和团队合作对工作绩效产生的影响。

（2）工作分析法对分析师要求很高，需要分析师具备高度的专业水平，对工作岗位特点及行业特征等都要有深刻的认识。

（3）工作分析法实际操作比较烦琐，需要较多的人力与物力投入。

（4）胜任素质评估标准过于静态，不能随着社会环境的变化及时做出调整。

总之，工作分析法可以排除个人的影响，从工作职责和核心角色本身进行分析，所以该方法可以深入研究工作要求与职能特点，有助于获取工作本身信息。但也需要注意，该方法过度重视工作本身，忽视情境因素的影响，忽视个体能力和团队合作产生的影响。

11.2.3　问卷调查法

问卷调查法是使用非常广泛的一种建模方法。它的操作流程是：首先，测评人员需要从文献和行为事件访谈记录中提取出胜任素质，此时提取的胜任素质项通常是比较多的；然后，将提取的胜任素质编制成问卷，发给目标人群；最后，收回问卷，进行数据分析，获得最终胜任素质项，建立胜任素质模型。值得注意的是，大部分问卷均是使用量表形式，进行量化评定，但其实也可以使用提问的形式，让被调查者自由回答。

问卷调查法的优点在于：

（1）短时间内获得大量信息，群体施测效率非常高。

（2）操作简单、程序规范、费用较低；对测评人员要求低；收集到的数据结构清晰，便于整理。

（3）使用无记名形式调查，减少答题顾虑，所得结论更加准确。

（4）问卷收集到的数据可利用软件直接进行分析，结论便于量化与规范化。

但是，该方法也有很多不足值得进一步探讨：

（1）问卷编制专业性要求非常高，需要具备深厚的心理学及测量学功底。

（2）固定问题的设计形式使得问卷整体灵活性欠佳。答卷人员不能完全表达自己的想法，或者由于缺乏相关经历，使得部分题目无法作答，导致问卷失效。

（3）结果的可靠性受答卷人员的态度和随机作答的影响。

（4）只能收集事先抽取的胜任素质的信息，如果抽取不当或不完整，将会对模型的可靠性产生影响。

11.2.4　文献分析法

文献分析法是通过收集并综合前人研究成果来建立胜任素质模型的方法。该方法最大的优点是简单快速，投入成本低，短时间内就能够获得大量关于某一岗位或角色的研究现状、成果、需要注意的问题等。缺点是大部分文献缺乏实践检验，仔细甄别需要耗费大量时间，同时也降低了胜任素质模型的可信度。

11.2.5　专家评判法

专家评判法，又称德尔菲（Delphi）法、专家调查法，是一种定性与定量相结合的评估手段。它采用匿名的形式向行业专家广泛征求意见，通过多轮次的信息沟通与反复修正，促使专家们的意义逐渐一致，最后形成综合意见的一种科学预测评估手段。

开展专家评判法，主要包括以下几个步骤：

首先，将收集到的胜任素质项汇集形成专家咨询表。这个阶段，收集胜任素质可以采用文献分析法、行为事件访谈法或问卷调查法等，但注意，实践中通常不会仅采用某一种方法，而是多种方法交叉验证式地收集胜任素质项。

其次，成立评定专家小组，评价收集到的胜任素质项。通常，评定过程不是第一次就可以完成，而是需要反复征询评定小组专家的意见，依据反馈信息不断修正。这个环节最重要的就是评定专家的选择，一般来说，为了保证结果的信效度，评定专家多来自行业内经验丰富、具有权威的专家，人员控制在 15 人左右，要通过 3—4 轮的反馈，形成最终结论。

最后，综合评定专家们的意见，形成评价量表，并将评价量表对目标人群施测，收集测验数据，进行科学分析，最终建立胜任素质模型。

专家评判法在企业管理实践中应用广泛。比如，田建全、苗丹民等构建军校学员领导力胜任素质模型时就是采用专家评判法。他们招募心理专家、基础管理者、军事专家、军事教员组成专家评定小组,通过四轮的反馈修正,共得到 11 项胜任素质项,形成胜任素质模型。

专家评判法是一种定性与定量相结合的评估方法,具有很多优点:该方法操作简单,流程清晰,时间花费较少,不用花费精力培训访谈人员;获得信息比较丰富,专家成员均可以自由地表达自己的观点,并进行充分的讨论,有利于完善评估模型。但该方法缺点也很突出:结果的有效性非常依赖专家小组成员;选择何种专家、专家的权威性、如何合理搭配专家小组,以及规避专家的个人主观偏好等都是实践中必须解决的困难;而且,聘请真正的专家并不是一件易事,沟通成本和人力成本都非常高。

11.2.6 团体焦点访谈法

团体焦点访谈法(Focus Group Interview,简称 FGI),又称专家小组讨论法、焦点小组讨论法。访谈成员往往由测评专家、领导者、高层管理者、中层管理者、绩优员工、直接上级、下级,甚至客户、竞争对手等组成。

团体焦点访谈法的操作步骤如下:

首先,访谈主持人向成员解释访谈目的,介绍访谈过程及注意事项。

其次,主持人就访谈目的涉及的问题把控整体进程,引导团队成员进行充分沟通交流。此阶段主持人要尽最大努力促使团队成员开展充分的沟通交流。

再次,主持人归纳整理团体焦点访谈的所有资料。

最后,主持人将整理的资料反馈给每位组员,征求修改意见,最终形成成果。

通过企业管理实践中的不断检验,团体焦点访谈的优点主要体现在以下几点:

(1) 能够对问卷调查法、行为事件访谈法得到的信息进行检验,核查其真实性。

(2) 可以融合企业发展战略、企业文化、发展愿景、核心竞争力等信息,鉴定、补充并完善问卷调查法获得基准型胜任素质与行为事件访谈获得的鉴别型胜任素质,使得胜任素质模型更具有战略性和独特性,更趋于动态化。

(3) 强调组员间的充分沟通交流,这个过程不仅是收集信息,还是信息提取与加工的过程。

该方法的缺点与专家评判法相似,团队组员的选择等是影响准确性的关键,故该方法常用于构建初步的胜任素质模型,用于探究问卷调查法和行为事件访谈法的有效性。

11.2.7 战略文化演绎法

高绩效者与低绩效者的主要区别体现在前者更易于实现组织愿景、价值观、战略等根本性目标。战略文化演绎法是指从组织的使命、愿景、战略以及价值观出发,推导出导致高绩效业绩的个人特质的方法。该方法的实质是战略性工作分析,是对传统工作分析中自下而上信息收集方式的重要补充。其基本步骤如下:澄清组织愿景、使命、战略和核心价值观;推导关键岗位角色和职责;推导核心胜任特征。其演绎范式强调胜任特征与组织根本目标的关联,推导逻辑明确而完整,特别有利于发掘组织对未来的胜任特征的需求。

不难发现,战略文化演绎法胜任特征建模的最大优点是从组织情境、组织战略和组织目标出发,体现组织的核心价值观,但是这种方法所提取的胜任特征往往比较抽象,需要工作分析法为其提供关于工作任务、工作要求等具体信息;另外,由于缺乏翔实的行为细节作为依据,难免在相当程度上依赖于个人经验和认知水平等主观因素,容易陷入抽象空泛、脱离现实的境地。

11.2.8 观察法

观察法是通过观察某一职位人员的工作内容和工作情境,以取得资料信息的方法。观察法可以避免行为事件访谈法中由于调查者询问中的问题结构所产生的误差因素,同时观察法也不会受到如行为事件访谈法中被调查者回答能力等有关问题的困扰。观察法具有及时性的特点,能够捕捉到正在发生的事情,获得生动的资料,信息准确,因此可信度高。通过观察能获得全面的工作内容和职业要求。但同时,观察法会花费大量的人力和时间,成本很高。如果观察样本较少、观测时间较短,还会使可信度和准确度下降。观察者只能观察到外表现象和人的行为表现,无法观察到动机、态度等深层次特征。因此观察法也只能作为其他方法的一种辅助,了解初步的胜任特征,不能作为单独的方法使用。

11.3 胜任素质模型构建过程

11.3.1 归纳法

归纳法是一种自下而上的建模方法,具体操作过程如下:

(1)明确绩效标准

所谓绩效标准,就是可以鉴别绩效优秀人员的指标集合,通常可以使用工作分析法和团体焦点访谈法确定。但实践中会经常遇到绩效指标不易获取,或成本过高无预算,使得选取样本过程受阻,遇到此种情况可以采用上级提名的方式,即由上级领导或直接上级直接给出绩效标准或绩优员工名单。这种方法虽然具有较高的主观性,但对于经验丰富的领导者来说,该方法简单易行,效度较高。

(2)选取样本

根据绩效标准,从目标人群中,随机选取一定数量的绩优员工和普通员工。

(3)获取胜任素质数据

对选取的样本进行行为事件访谈、问卷调查等,从而获取胜任素质数据。当然也可以采用专家评判法、团体焦点访谈法、观察法等其他方法,但收集胜任素质,一般以行为事件访谈法为主。

(4)构建胜任素质模型

首先,对访谈记录进行编码,从行为事件访谈资料中提取出各岗位的胜任素质项,并计算各胜任素质项的频次;然后,比较绩优员工与普通员工在各胜任素质项上频次差异,获得两类员工的共性能力与差异能力;最后,依据不同标准对所有胜任素质项进行归纳分类,并依据能力频次估算大致权重。

(5)验证胜任素质模型

胜任素质模型可以通过以绩效为预测指标,以各胜任素质项为自变量,通过归纳法或其他统计分析方法进行检验,也可以对绩优员工与普通员工在各个能力项的差异进行检验,关键取决于企业选择何种绩效标准。

11.3.2 演绎法

演绎法是一种自上而下的建模方法,具体操作过程如下:

(1)确定企业战略

演绎法构建胜任素质模型,是从企业战略、使命、愿景,及价值观出发,推演出目标员工群体胜任素质的方法,因此演绎法首先要做到的是明确企业战略,掌握企业使命、愿景和价值观等的重要内涵。

(2)专家小组讨论

召集包括领导者、资深测评专家、资深人力资源专家、直线经理、绩优员工在内的人员形成专家小组。主要工作是明确岗位职责信息,制定评估方案,形成绩效标准,确定岗位员工所必需的胜任素质,包括基准型胜任素质、鉴别型胜任素质。

(3)问卷调研和行为事件访谈

将专家小组讨论获得的胜任素质项编制成调研问卷,并发放给目标人群和专家组成员,目的是对评估各能力特质的重要性。同时,依据绩效标准选取少量绩优员工实施行为事件访谈,目的是交叉验证专家组识别的胜任素质是否可靠。

(4)构建胜任素质模型

汇总所有方法产生的资料,开展统计分析,形成初步的胜任素质模型。该模型需包含两个方面的胜任素质:一个是可以将绩优员工与普通员工区分出来的胜任素质,即鉴别型胜任素质;一个是胜任岗位工作的所有员工都需具备的胜任素质,即基准型胜任素质。

(5)验证胜任素质模型

同归纳法。

【归纳法与演绎法的比较】

归纳法和演绎法都是胜任素质模型构建常用的方法。归纳法以员工实际工作环境为出发点,通过科学的方法将员工工作智慧进行总结,形成企业持续高绩效的长足动力;而演绎法着眼于企业未来发展,从宏观层面向下层层剖析,最后形成实现企业战略发展核心胜任素质,并从宏观层面上对员工指导强化。两种方法的不同之处如图 11-4 所示。

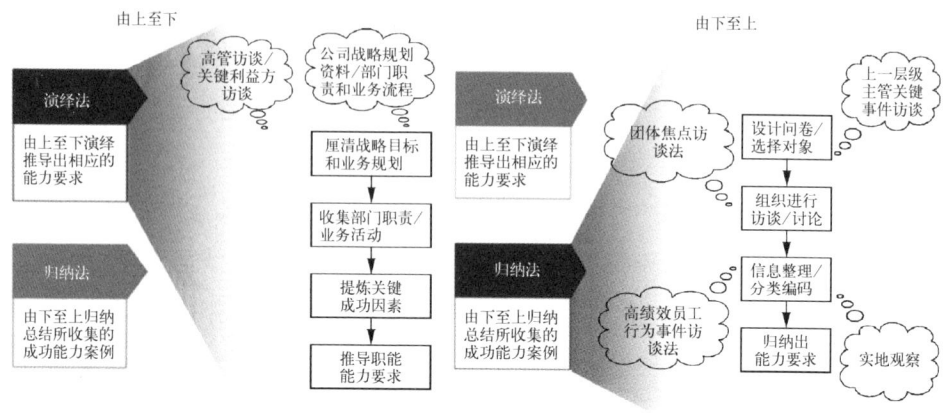

图 11-4

通过比较不难发现,归纳法立足现实但不足以完全适应外部环境,演绎法立足未来也常与企业现实情况难以顺利协同。两种方法均有不足,以单一方法构建模型的企业在实际运用中往往困难重重。为了解决上述问题,更多的企业采用全面建模法。

11.3.3 全面建模法

全面建模法是一种将演绎法和归纳法有效融合的方法。通过多方法多场景的方式,有效弥补单一方法的不足。常见方法如图 11-5 所示。

目前来看,通过全面建模法构建的胜任素质模型能够有效解决单一方法存在的缺陷,在企业实践中得到广泛应用。但其缺点也很明显——复杂,两种不同方法的融合会增加企业成本投入,包括时间成本、人力成本等。然而,目前社会处于一个高度复杂、不确定性、易变和脆弱的时代,这不得不让企业思考:投入那么多精力、物力、财力创建的复杂模型是否真的能够一劳永逸?或者说构建的胜任素质模型有效时间有多长?为了解决上述问题,很多企业提出敏捷建模的思想。

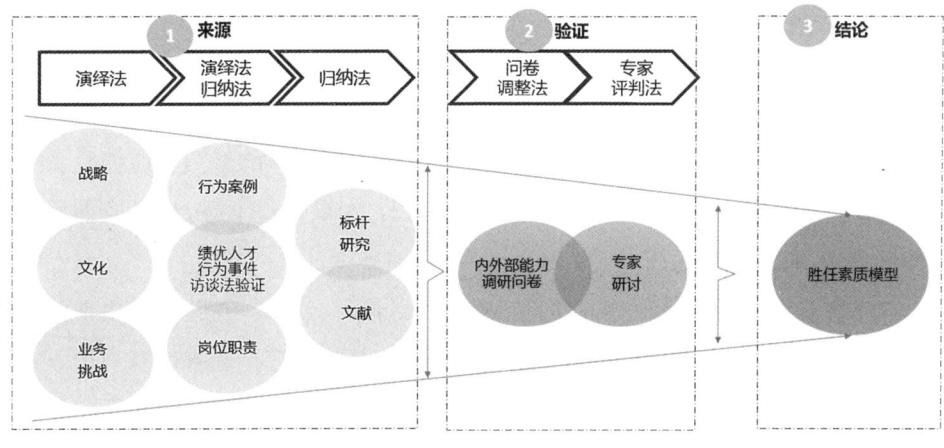

图 11－5

11.3.4　敏捷建模法

敏捷建模法,顾名思义,是以快速有效的方法完成胜任素质模型构建的方法。

胜任素质卡片法是一种常见形式,该方法通过事先准备可供选用的胜任素质卡片,让包括高管在内的专家进行讨论,最终选择符合企业自身需要的卡片。该方法最大的特点是快速高效,极大地节省时间,参与各方都能获得较高的满意度。但其也有缺点,即所备用的卡片是否完全囊括企业所需表现的胜任素质项(为了解决这个问题常常会出现很多卡片)? 这种类似演绎法的建模形式是否完全摆脱演绎法的缺陷? 答案很明显,敏捷不一定高效,但却给我们提供一个很好的思路。

小组讨论法是另一种常见形式,概括如下:

构建方法:小组讨论法,通过频次统计和专家小组确认。

核心素质项:基于企业文化、价值观和核心业务挑战演绎五项素质项,每个小组每人举例五项,可以重复,记录频次,每个小组把排在前五位的统计出来。由小组组长统计,七人一组。

专业素质项:包含知识、技能和素质,每个小组每个岗位每人举例五项,可以重复,记录频次,每个小组把排在前五位的统计出来。由小组组长统计,七人一组。

管理素质项：每个小组每人举例五项，可以重复，记录频次，每个小组把排在前五位的统计出来。由小组组长统计，七人一组。

每个小组经过统计后的素质项进行频次排序，由专家小组进行确认调整。

参考问题：（1）一个优秀的岗位人才应该具备什么样的素质？应该具备哪些方面的知识和技能？第一反应直觉回答。（2）如果做得不好，最主要的原因是什么？是缺乏什么胜任素质引起的？

在此，我们简要讨论上述方法的不同，主要有两点：第一，胜任素质卡片法是让企业做选择题，小组讨论法则是让企业做思考题。选择题省事省力但不一定精准，思考题稍费精力但更加精准。第二，胜任素质卡片法也有分组研讨，但卡片的提示常使思维固化，难以提出卡片之外的胜任素质项，而且由于社会赞许效应存在，符合企业核心价值观的特质被优先选出，可能导致与演绎法本质上难以区分；小组讨论法同样存在与演绎法相似之弊端，但在智力启发方面稍佳。可见，目前的快速的敏捷建模法常常会走向另一个极端，必须辅以其他方法，比如行为事件访谈法等。

实践案例一：某区委组织部组工干部胜任素质模型构建项目

【项目背景】

2018年11月1日，中共中央印发了《2018—2022年全国干部教育培训规划》（以下简称《培训规划》），并发出通知，要求各地区各部门结合实际认真贯彻落实。《培训规划》指出干部教育培训是干部队伍建设的先导性、基础性、战略性工程，在进行伟大斗争、建设伟大工程、推进伟大事业、实现伟大梦想中具有不可替代的重要地位和作用。制定《培训规划》是为培养造就忠诚干净担当的高素质专业化干部队伍，不断把新时代中国特色社会主义推向前进。

自进入21世纪以来，随着经济和社会的发展以及科技、人民意识和素质的提升，公务员的工作难度加大，对公务员的综合素质的要求也就越来越高。某区委组织部希望对现任组工干部进行能力盘点、制定精准培养方案。该区委组织部内设办公室、干部科、组织科等十几个职能科室,在职人员 50 余人。

　　本项目整体工作内容有:通过研究、分析组工干部岗位特点,提炼组工干部所需具备的胜任素质,建立素质模型,明确胜任素质标准;通过素质测评与人才盘点,对组工干部进行科学评价,发现潜质;根据测评结果进行人才培养与人才库建设方案的设计。本节仅介绍项目中的一个环节,即胜任素质模型构建,来详细说明管理实践中开展胜任素质建模的操作流程、注意事项等。

【项目难点】

　　通过高层访谈,项目组了解到组织部对干部的考察主要是通过谈话、群众评议等方式,考核方式偏定性分析;此外,人才培养方式较为单一,培训效果难以评价,亟须改变当前现状。经过沟通,客户希望通过胜任素质测评,进行科学评价,发现干部潜质,进行精准培养。为达到精准培养的目的,项目组根据组织部现状,明确提出以下亟需解决的问题:

　　(1) 组工干部考核标准道德素养类,如何实现定性与定量结合?

　　(2) 组工干部胜任素质建模涉及多部门多层级,如何权衡?

　　(3) 如何利用有限资源,在保证可靠性的前提下,最大限度节省时间?

【解决方案】

　　首先,解决如何利用有限资源,在保证可靠性的前提下,最大限度节省时间的问题,项目组决定采用五步法构建胜任素质模型。其次,为了解决多部门多层级的问题,项目组扩大了行为事件访谈的对象范围,不仅有科级、副科级干部,还有科员层级,同时要求各科室均派出人员,最终决定对 50 余位组工干部进行全覆盖访谈。最后,在确定指标时,项目组以中组部关于组工干部的工作要求为指导,并结合区委组工干部实践工作要求,最终确定多层次多指标的胜任素质模型。需要说明的是,定性的胜任素质指标采用正向与负向行为是否存在及数量多少来确定,定量指标采用四级连续行为描述指标来评定。

　　五步法构建胜任素质模型具体过程如下:

第一步:确认目标人群并进行前期调研

　　确定目标人群,是要解决"为谁建模"的问题,了解目标人群的岗位特点和工作职责。前期调研时，项目组采用了文献分析法与工作分析法相结合的方式。做文献分析时，收集并阅读了关于公务员人才评价标准的相关文献资料，包括知网资料、内部文件、领导讲话、中央指导精神等。工作分析法旨在了解组织部的运行机制及其特点，重点关注组织干部核心工作职责、工作原则及工作要求等。

第二步：确定绩优标准，开展行为事件访谈

通过与高层反复沟通，了解组工干部的关键绩效指标，并依据绩效标准、人事科领导、高层领导确认绩优人员的名单。紧接着就是对组工干部进行行为事件访谈，总结、归纳组工干部胜任素质特征及行为指标。

第三步：抽取核心胜任素质指标

从文献资料、工作分析、高层访谈及全员的行为事件访谈的资料中分析提取核心胜任素质指标。之后将所有方法产生的胜任素质项进行统计分析，计算频次，经过反复讨论与沟通，项目组最终确定了 12 项胜任素质指标，并提炼出优秀组工干部的行为特征指标。

第四步：提出模型初稿

根据习总书记对组工干部提出的"十二字"工作要求，项目组将工作方针作为一级指标，提取的胜任素质项作为二级指标，通过聚合分析，形成模型初稿。初稿中包括胜任素质指标及定义，指标的范畴要囊括核心管理（领导）能力、个性特征、价值观、党性素养等。

第五步：讨论修订模型

形成模型初稿后，为了验证模型的可靠性，需要讨论修订模拟，包括讨论指标的内容是否有重叠、遗漏，逻辑关系和层次是否分明；所提指标和构面是否有充足的证据支持；确认并验证最终模型。其中，模型验证方面，是结合中组部对组工干部工作要求的总体分析，确定该区委组织部组工干部胜任素质模型。

【项目成果】

项目组前后共花费一个月的时间，通过文献资料、访谈编码、案例编码、问卷调研，了解区域布局和中组部对组工干部工作要求的总体分析，最终构建了该区组工干部胜任素质模型。组工干部胜任素质模型可以分为四大维度 12 项指标。本项目向组织部领导汇报时，获得一致好评。

第十二章 人才盘点

近年来,多数企业面临着巨大的转型升级要求,来应对不断变化的外部环境,人才是第一生产力,企业家也认识到人力资源在企业发展变革中的重要性。然而,如何打造以人力为资本的人才驱动型组织,创建高效协同的人才管理体系?很多企业和研究机构将目光转向人才盘点这一领域。实践表明,人才盘点可以成为整个人才管理体系中的连接器和驱动轮。人才盘点是人才测评师的主战场,人才盘点过程中,人才测评师不仅要精通使用各种合埋有效的测评方法达到识人的目的,同时也要具备从组织层面帮助企业提高企业人才规划、梯队建设、继任发展等用人能力。本章将详细阐述人才盘点的概况、设计、实施及使用等方面信息,为人才测评师的发展建设伏笔开路。

12.1　认识人才盘点

近年来,社会变革速度加快,企业为了形成并维持核心竞争力,关注点从高效的执行力和规范化的运作流程开始转向企业创新和转型变革,由注重为客户提供优质服务逐步过渡到构建卓越的客户关系,而这一切,均需要人才作为推动力,这也是当今世界更加注重人才的重要原因。对企业而言,形成并维持行业竞争优势的最佳途径就是构建以人才为核心的驱动型组织,通过人才不断为组织提供能量,激活企业战斗活力,让企业在竞争如此激烈的情况下立于不败之地。人才以及对人才的管理也就成了目前大多数企业亟须解决的问题,而人才盘点是人才管理的基础性工作,企业想要实现人才规模化管理,人才盘点是企业必须要做的事情。

人才盘点是对组织结构和人才进行系统管理的一种流程。为推动组织战略执行落地,企业需要准确掌握自身人才状况,包括:目前人才结构如何,是否存在失衡;人才质量如何,关键岗位人才是否加大培训力度;人才数量如何,能否推动企业战略执行落地;人才自身的发展需求如何,企业是否能够持续不断地吸引并保留人才;等等。通过对人才现状进行盘点,企业能够准确地摸清家底,并能根据市场需求及时调整,提供组织弹性,而且人才盘点还能够识别并发掘高潜质人才,构建人才池,为企业发展提供源源不断的动力。

那么,人才盘点是如何助力组织成长,实现推动企业变革的呢?答案是人才盘点能够实现人才资源配置效率最大化。通俗地讲,人才盘点能够通过识别岗位需要,并与合适人才进行匹配,即将最需要的人放在最需要的岗位。

通过解决岗位最需要的人是什么,组织人才有什么可与之匹配的问题,企业就能实现人才的有效流动,实现“因才适岗,因岗选才”。另外,对于管理者来说,开展人才盘点能够帮助找到合适人选,并能合理安排人才的“选用育留”四个环节,实现人才评价的“客观公正”和“不拘一格”,扩大个人影响力,也改造企业文化。更重要的是,人才盘点对员工的个人价值更大,员工可以在人才盘点的反馈中,重新认识自我,明确自我发展的“长处”与“短板”,从而激发个人工作斗志,主动地规划未来职业发展,提升个人绩效水平等。可见,人才盘点在整个人才管理体系当中起到至关重要的作用。

12.2 设计人才盘点

开展人才盘点需要面对三个最重要的话题:

第一,人才盘点标准。人才盘点标准就是判断是否是人才以及有哪些才能。

衡量人才优劣势的重要标尺,是人才盘点工作中最关键,也是最麻烦、最耗时的部分。一般来说,企业也会保留一部分员工数据,比如,过往绩效、培训记录、获奖证书、知识技能、项目经历等,这些数据都是一些容易量化评估的硬性指标,很重要,但远远不够。目前企业开始逐步建立各类人才的胜任素质模型,考察诸如战略思维、大局观念、客户导向、创新能力、学习能力、商业敏锐、沟通协调等软性指标,且随着人才发展,这些软性指标在人才盘点中参考力度逐渐加大。当然,除了绩效、胜任素质、知识技能的评估考察外,由于岗位差异和企业战略文化的不同,有时需要对员工的经历发展、性格特质等也加以测量评估。

总的来说,人才盘点的评估标准非常多。理论上讲,对员工的人才盘点指标越丰富,企业对员工的了解也就越全面,同时也意味着需要更多的投入,所以测评指标的选取确认就成了人才测评中的重中之重,具体实践过程中,企业需要结合自身发展阶段和测评目的综合考虑。

第二,人才盘点评估方法。人才盘点过程实际上是识别关键人才的过程,为了达到准确识别的目的,需要借助一些人才测评的工具和方法。常用的方法包括标准化测验、360 度评价、评价中心、面试、述职演讲、工作观察、情境模拟等,其中,标准化测验、360 度评价和评价中心最为常用。关于人才测评的工具和方法方面,已经在前面章节详细介绍了一部分,需要说明的是,人才测评的工具和方法都有其优势和局限,使用时请结合企业实际和人才特征灵活运用。

第三,人才盘点机制和流程。准确高效地开展人才盘点工作,需要提前制定详细的实施计划,明确人才盘点流程安排,并组织协调安排相关人员开展人才盘点。

12.3　实施人才盘点

实施人才盘点,主要分三步:

第一步:抓组织结构,把握组织运营情况

人才盘点首先要做的是组织盘点,即站在组织层面思考全局,分析组织战略发展,梳理关键岗位关键人才,评估关键岗位关键人才是否与组织架构组织发展相匹配,组织目前经营状况如何,是否存在改善运营效率的空间和方法等。组织盘点以组织战略发展为依托,以发展目标为指引,对组织战略、文化、氛围等进行全面评估。

第二步:用评价工具,客观测评人才

组织盘点之后,下一步就是人才盘点。目前来说,企业最先关注的是关键岗位关键人才的盘点,包括过往绩效、胜任素质、态度意愿、发展潜力等。但企业也会对现任人才、继任人才、管理人才、技术人才等开展盘点,至于是涉及所有层级还是仅对关键岗位,这取决于企业自身发展需求。从测评工具来说,企业一般是委托第三方机构进行。但不同的公司使用的测评工具略有差异,成熟的公司可能有评级中心,能够支持360度评价、管理情境模拟测试等,甚至有的大公司拥有自己的人才数据库,进入行为分析的技术;一般的公司会采用面试、访谈等常规技术手段,但技术的搭配效果不如成熟的公司理想。

第三步:画人才地图,形成盘点成果

组织盘点和人才盘点完成之后,需要绘制人才地图,撰写组织和个人分析报告,形成盘点结果。通过对组织的盘点以及对个人素质的盘点,达到发现人才的目的,有效地解决企业面临无人才可用、无人才可挖掘的问题,帮助企业重新审视内部人力资源状况,充分发掘企业内部人力资源的优势,画出人才地图,建立常态化的人才盘点机制,从而发掘人才潜能,利用人才优势,打造战斗力强、分工明确的高水平人员队伍。

12.4 盘点结果呈现

在企业人才盘点实施结束,收集到企业各层次员工的盘点数据后,人才盘点工作的主导部门便开始着手对盘点结果的呈现,现阶段主要的呈现形式为企业人才盘点报告。企业人才盘点报告主要包括企业整体人才报告与个体人才报告两个部分,从企业整体与员工个人两个方面,对企业的人才现状进行分析与呈现。

(1)整体人才报告

整体人才报告是企业人才整体情况说明,包括企业员工整体年龄结构、学历结构、岗位任职时间等静态信息的分析，企业员工的整体优劣势、岗位匹配程度、关键岗位人才整体情况及重点人才等。通过企业人才整体情况分析，可以发现企业人力资源现状与企业经营战略需要之间的差异，并提出适当的后续工作建议，以充分发挥现有人才优势，并对发展所需缺少的部分开展相应的工作。

（2）个体人才报告

个体人才报告是员工在一定组织范围内的个人情况说明，主要包括员工在一定范围内的相对位置说明、个人相对优劣势分析、职业发展规划等。

关于员工相对位置确定的方式，目前主要有加权总分排序法与九宫格定位法两种方法。加权总分排序法是在企业人才盘点过程中根据组织不同类型岗位的特点，设置不同的盘点维度和权重，通过将员工在人才盘点过程中获得的各项维度成绩进行加权求和的方式，计算员工的人才盘点成绩，以加权后的总分确定员工在组织内的位置和盘点结果。九宫格定位法是近年来较为流行的对员工在一定组织范围内位置的确定方式，其核心思想主要为通过对员工现有工作能力与发展潜力两个维度，按照低、中、高三个层次，将员工定位于九个格位中的一个位置，从而呈现员工的人才盘点结果。人才盘点中，九宫格通过两个维度对人才进行区分。第一个维度是潜力，一般情况下，潜力分为三个等级，分别为高潜力、中潜力、低潜力。第二个维度是绩效，一般会看员工近三年的绩效表现，如果在新的岗位上时间太短，则看前一个岗位的绩效表现。绩效表现分为三个层级，分别是高绩效、中绩效、低绩效。

通过对企业员工个人盘点情况进行分析，可以较为准确地把握员工的能力特征、优劣势情况以及潜力状态，并结合其岗位工作需要，为其提出适当的改进建议，同时在进行盘点反馈时可与员工制定有关个人职业规划方面的行动建议方案，在管理者的监督指导下实现员工与企业的共同发展。

12.5　人才盘点会

人才盘点会是由公司管理者运用统一的标准来评估当前人才队伍的过程，

通过盘点了解组织与人才，为公司找出支持未来战略发展的后备人才，并予以重点培养。从本质上说，人才盘点会是一场最高级别的校准会，是对组织人才进行的一次能力检验。

但需要明确的是，人才盘点会不是对人才的最终判定，也不能完全将业绩等同于能力，能力等同于潜力。

人才盘点会分为三个阶段：

第一阶段：盘点前准备阶段。该阶段主要完成人才盘点过程所需准备工作，包括盘点对象信息收集、沟通宣贯工作、自下而上开启部门盘点、确认盘点会主持人、为盘点委员会成员辅导培训盘点技术。

第二阶段：盘点实施阶段。该阶段主要完成召开人才盘点会和盘点信息收集工作。主要包括召开人才管理会议、介绍盘点流程及盘点角色、介绍盘点会目的及原则、进行人才盘点主体会议、形成人才盘点成果。

第三阶段：盘点后期辅导阶段。盘点不是目的，胜任素质和绩效提升才是重点。该阶段主要包括盘点结果制定高潜人才发展计划、推动组织架构调整计划、完善人才管理制定、汇总各部门人才盘点结果形成整体分析报告。

需要说明的是，在人才盘点实施阶段，为了确保人才盘点工作顺利进行需要在前期形成人才盘点会问题清单。具体思考角度可以参考下列问题：

人才选拔角度：

（1）该员工有什么特点？（目的：了解人才）

（2）有具体的例子吗？（目的：校准、质疑，或者更好地了解人才）

人才发展角度：

（1）下一步怎么用？（目的：探寻人才流动的可能性）

（2）为什么？（目的：观察上级领导用人思路）

（3）他应该重点提高/补什么？（目的：明确待发展能力）

人才保留角度：

（1）未来一年离职风险大吗？为什么？（目的：了解员工情况，同时观察上级领导人才敏感度）

（2）万一离开，有什么预案？（目的：观察上级领导人才梯队建设能力）

实践案例二：某大型建筑集团中层干部人才盘点项目

【项目背景】

该集团已有 70 多年历史，是一家集市政工程总承包、设计、研发于一体，业务涉及道路、桥梁、机场、轨道、市政顶管的国家特级施工企业。企业以"成为国内一流的交通基础设施综合服务商"为愿景，坚持"拼搏奉献、争创一流"的企业精神，秉承"以人为本、以技创新、以质求信、以效强企"的经营方针，始终将员工的成长与发展放在首位。自 2016 年起，企业开始进入快车道，在增速发展与企业变革的双重压力下，需要更多的中层干部站出来，推动集团快速健康发展。集团高层对人才结构与发展现状高度重视，决定开展面向全集团中层干部的人才盘点的项目。

【项目难点】

（1）结合集团发展战略和实际现状，建立适用于集团各序列的胜任素质模型，统一人才评价标准。

（2）了解集团中层干部现状，对中层干部管理能力和未来潜质进行深入摸底，结合人才评价标准对关键岗位关键人才施测人才测评，绘制人才地图。

【解决方案】

（1）建立中层干部胜任素质模型

确定人才评价标准是人才盘点的第一步。本项目构建集团层面中层干部模型的步骤依次是：第一步，访谈、案例征集、问卷调查，摸清盘点意图，归纳法收集胜任素质资料；第二步，文献分析、岗位职责分析、战略分析，了解中层干部岗位职责、具体任务和工作要求，演绎法收集胜任素质资料；第三步，交叉比较、逻辑分析，将得到的资料进行汇总归类；第四步，能力项确定、模型初建。

最终,项目组结合多年的丰富能力建模经验,形成了集团层面涉及四类人才队伍的胜任素质模型。该模型包括三类胜任素质指标:

第一类是适用于集团所有员工的核心胜任素质模型,该模型从价值创造维度出发,共囊括三大类六项胜任素质指标。

第二类是适用于集团管理者的管理素质模型,该模型分为个人影响力、团队影响力、组织影响力三大类六项胜任素质指标。

第三类是适用于四类人才队伍独有的胜任素质项,即专业素质项。四类人才队伍的专业素质项数量从 4—6 个不等。

(2)制定人才盘点评估方案

1)人才盘点目的及原则

目的:准确了解四类人才队伍的能力和心理素质现状,发现群体优劣势在哪里,为后期制定精准培养规划提供指导;帮助四支人才队伍全面了解自我、认识自我、发现和明确自身成功商数和能力;掌握自我心理素质、能力倾向,选择合适的职业方向和发展目标,为测评者培养、发展、晋升提供定位参考。

原则:普遍性与特殊性相结合;测评与评定相结合;科学性与实用性相结合;精确与模糊相结合;静态与动态相结合。

2)人才盘点范围

此次参加人才盘点的是集团四类人才队伍在职人员,共 266 位。

3)人才盘点方案

① 盘点方式

此次人才盘点采用情境模拟评价(小组讨论)、绘图测验和线上测验三种方式。情境模拟评价是根据对象可能担任的职务,编制一套与该职务实际情况相似的测试项目,将被评价者安排在模拟的工作情境中处理可能出现的各种问题,用多种方法来测评其心理素质、潜在能力的一系列方法。此次采用无领导小组讨论形式。

绘图测验是让测试者画两幅图,通过分析和观测,掌握测试者的动机、性格、能力水平的测评方式。

线上测验是针对不同胜任素质开发的标准化情境测验,被评价者根据自身情况进行自评。

② 四类人才队伍胜任素质项与评价技术对应表、时间安排表（略）

（3）人才盘点实施流程

1）情境模拟——无领导小组讨论

无领导小组讨论，是指将 8—10 名被评价者集中起来组成小组，要求他们就某一问题开展不指定角色的自由讨论，评委通过对被评价者在讨论中的言语及非言语行为的观察来对他们做出评价的一种测评形式。所有实施程序由主持人引导和控制，评委和被评价者都配合主持人工作，确保有序进行。

实施步骤为：

第一环节，讨论前准备环节。独自进行材料阅读并拟写讨论提纲，在此期间，不能相互讨论，时间为 5 分钟（评委对每个桌号与被评价者姓名进行对号，并写到评分表上）。

第二环节，个人观点陈述环节。每人进行不超过 1 分钟的个人陈述，介绍自己的思路和观点。

第三环节，自由讨论环节。时间为 20 分钟。

第四环节，总结汇报环节。辩论结束后，选派一位代表汇报，其他成员只能进行简短补充，时间为 3 分钟。

第五环节，评委提问环节。时间为 10 分钟。

第六环节，评委评分环节。时间为 3 分钟。

2）绘图测验

绘图测试是让测试者根据题目要求画图后，通过对图画的分析和绘图过程的观测进行评价。

实施步骤为：

第一环节，独自进行题目阅读。

第二环节，根据要求作画，可自由发挥，且无数量、布局等要求。

第三环节，完成绘画并上交，统一评价。

3）线上测验

线上测验是被评价者在线答题，被评价者根据自身情况做出主观选择。

实施步骤为：

第一环节，通过发到每位被评价者手机或邮箱的链接进入答题系统。

第二环节,通过手机、电脑等设备在规定的 60 分钟内完成答题并提交。

第三环节,统一评价。

(4) 组织与分工

测评组织由领导小组、工作小组和评委小组组成。

1) 领导小组

主要职责:领导测评工作、确定测评方案和参与测评。

组长:董事长

组员:总经理、分管人力资源副总

2) 工作小组

主要职责:编制测评方案和实施细则,经领导小组批准后,组织开展测评工作,依据专业评估结果向领导小组提交最终成果。

组长:人力资源部负责人

组员:人力资源部部门成员、咨询顾问

3) 评委小组

主要职责:根据评分手册要求,对被评价者现场测评提问、打分。

组长:总经理

组员:班子成员、各子公司领导、专家、外部测评专家

备注:小组讨论测评现场评委包括测评顾问三人,该场次的领导或专家至少两人。

【项目成果】

(1) 基于集团的发展历程和发展定位,集团对人才队伍精准培养、胜任素质提升的要求,构建集团四类人才队伍胜任素质模型,明确人才标准。

(2) 从集团四类人才队伍中,选择部分人才进行人才能力盘点,绘制人才地图,发现优劣势;为接下来建立四类人才队伍人才库、完善人才档案奠定基础;服务于中层干部精准培养的发展目标,设计人才培养方案,优化资源配置,提升培训效果。

(3) 为四类人才队伍的自我认知、自我管理以及职业生涯发展提供参考信息,促进自我引导,加强自我激励,提升自我管理的主动性与科学性。

（4）通过全面深化人力资源管理变革，进一步夯实人才队伍，实现人才队伍结构升级，完善人才激励机制，凝聚创新合力，推动集团人力资源转型升级和战略落地。

第十三章 人才招聘

　　进入 21 世纪，企业的竞争已经转化为人才的竞争。招聘是企业发现人才的重要途径和渠道，高效的招聘能够为企业节省成本，提高工作绩效，从而在激烈的竞争中保持优势，实现长远发展。那么如何在众多的求职者中识别人才、获取人才，这是当前企业人才供应链打造的关键课题。人员素质测评技术为企业招聘提供了科学化和规范化的依据，也是现代人力资源管理中的必要工具。本章将从人才测评的角度出发提出优化人才招聘的系统解决方案，并指出人才测评师在人才招聘领域的发展之路。

13.1　认识招聘

　　人才招聘（Talent Recruitment）是指企业基于自身发展诉求，依据制定的人力资源规划和岗位职责，通过一系列标准程序寻求、吸引、评估并最终录用到所需人才的过程。一般招聘工作由企业人力资源管理部门负责实施，业务部门协同配合完成。从人才招聘的程序来说，招聘大致可分为人才招聘计划、招聘策略、建立招聘人才池、筛选评估应聘者和总结评估招聘工作五个阶段。从招聘渠道来说，人员招聘的来源包括内部渠道和外部渠道，内部渠道主要是内部提升、调换和推荐，而外部渠道主要是校园招聘、媒体广告招聘、网络招聘、现场招聘、自荐、猎头招聘等。内部渠道可节约大量的招聘成本，并能提高员工忠诚度，但由于内部资源的有限性，内部招聘渠道的人员储备往往有限，且难以保证公平性；而外部招聘虽人才池资源丰富，但相对来说风险较高，需要成本投入较大。

基于招聘的流程和渠道我们可以看到，一次招聘是需要大量的资源要素投入（时间、成本），因此人才招聘效率即候选人、目标职位和用人单位三者有效匹配目标的程度，是企业人力资源招聘工作重要的方向。这主要表现为以下四个方面：

（1）在特定时间要求下完成招聘目标。

（2）招聘的人才是否符合企业需求，实现人岗匹配。

（3）招聘成本是否合理。

（4）短期（刚入职六个月以内）和长期（入职年限超过 3 年）的离职率是否较低。

故以企业战略发展为目的，人力资源战略规划为依据，人岗匹配为出发点，降低招聘成本和降低员工离职率为考核指标，我们提出了基于人才测评为基础的智能招聘辅助系统。

需要指出的是，影响人才招聘的因素很多，其中，外部因素有国家政策法规、宏观经济形势、人才市场状况，内部因素有岗位需求、雇主品牌、招聘策略、招聘成本、企业文化。除此之外，应聘者因素（如员工的求职意向、员工的适应能力、新员工所具备的专业技能等）也需要考虑。

13.2　校园招聘

13.2.1　认识校园招聘的潜在价值

校园招聘作为每年企业人力资源部门的重要项目，为企业带来许多益处。首先，校园招聘能够为企业注入新鲜血液，平衡企业的年龄结构，使企业更富于创新和活力；其次，校园招聘利于推广企业的雇主品牌，扩大企业效应；再次，校园招聘能够帮助企业降低薪酬总量，控制用人成本；最后，校园招聘能扩大企业的人才储备，利于形成人才梯队。大学校园是人才聚集的地方，企业走进校园，能够高效迅速地获得高素质的人才，使之成为企业未来管理者的储备军。作为企业长期稳定发展的动力和基石，校园招聘对于企业而言，背负着实现企业长期目标、优化企业人员结构、建设企业人才梯队等方面的重要任务，有着重要的战略意义。

13.2.2　剖析校园招聘的现状

目前，95 后和 00 后逐步步入职场，他们有其自身独特的特点。他们普遍重视个性发展和企业能力培养，尤其是对个人职业发展计划的重视程度高于薪酬绩效，彰显了年轻群体对个人未来发展的重视。但同样也存在一定问题，即年轻群体由于社会经验不足，实践短板明显、团队合作意识薄弱等。而且目前大部分调研机构发布的研究报告表明，大学生新员工走进企业，短暂实习后离职、工作懈怠、工作投入度下降等一系列问题的频繁出现，给企业造成了巨大困扰。这些因素的存在使得企业对新员工的态度价值观的考量比重加大，有的企业甚至表示不敢招聘那些胜任素质特别高的人才，因为从他个人发展的角度来说，当前企业只能是他未来发展的跳板，根本留不住，投入过多的成本只是为他人做嫁衣裳。

对此我们也给出一些建议：

第一，在企业进行校园招聘时，不可夸大宣传企业实际情况、承诺较高薪酬。

第二，要对入职新员工进行职业生涯培训。

第三，进行企业的文化宣传，提高新员工的忠诚度和认同感。

第四，充分了解员工，努力做到人岗匹配。

13.2.3　校园招聘的流程

校园招聘是一个时间、地点、所面对人群的选定和抉择都非常重要的一项任务。因此在校园招聘中应当以流程为导向进行控制。它主要由四个阶段组成：前期调研、校招准备、校招实施、招聘效果评估，如图 13－1 所示：

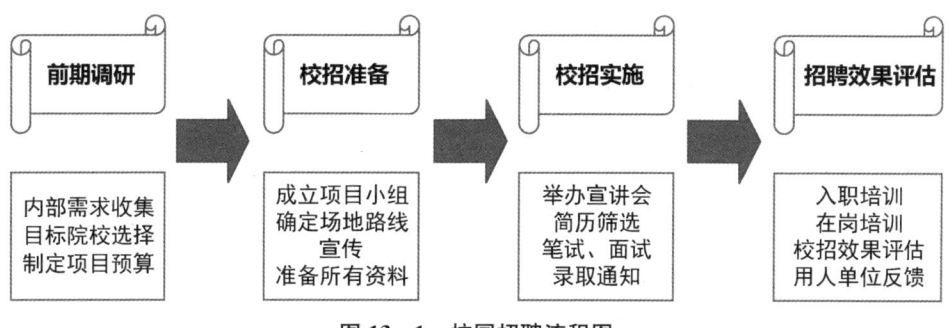

图 13 - 1　校园招聘流程图

人才测评技术主要应用在校招招聘实施阶段和招聘效果评估。

13.2.4　校园招聘的评价内容

在校园招聘中,很多企业都会利用人才测评技术,无论是线上测评(比如,个性特质、职业兴趣、心理健康或沟通协调、主动学习等多项胜任素质),还是线下测评(比如,传统的结构或半结构面试,压力情境面试,行为事件访谈,无领导小组讨论,新思维激荡的头脑风暴、情境演讲等),抑或是线上线下相结合的方式。无论技术如何更迭,测评的本质没有变。

5G 技术、区块链技术、神经网络技术及脑机制等前沿科技,都是测评的辅助系统,人才测评本质其实并未改变。那么什么是人才测评的本质?即心理测评的内容——人的胜任素质与行为,没有改变。企业招聘的核心标准也没有改变,测评能否帮助企业选对人、选准人仍是目前测评的核心。有变化的是测评核心内容,将以往只看重胜任素质、学历背景和实践经验等人才可塑性指标,增加了个性动机、职业兴趣、价值观和心理健康等内容。根据之前胜任素质模型构建一章中的介绍,决定人才可塑性发展的往往不是能力,而与个人特质、兴趣和价值观有莫大的联系。

因此,校园招聘主要评价以下三个方面:

第一,能力。能力包括基本潜能、基本工作能力、专业能力和管理能力。就校园招聘而言,应以基本潜能和基本工作能力为主。这是解决应聘大学生岗位能不能做好的问题。

第二,个性特征。"龙生九子,各有不同",每个人都是独特的个体,我们不能单纯强调整齐划一,个性特征的激发仍然很重要。心理学研究表明人在从事自己感兴趣或拥有较高控制感的事情(符合自己个性特征)会产生强大的心流体验,激发强大动力。因此,个性特征的测评关注的是与工作岗位性质特质的匹配,主要解决个体合不合适的问题。主要关注的个性特征包括人格特质、心理健康等。

第三,动机兴趣价值观。我们常说"兴趣是最好的老师",做自己感兴趣的事情能产生最大的心流体验,但我们同时也需要明确的是,做企业不是做慈善,企业有其营利性和目的性,需要凝聚力,因此企业需要找到志同道合的朋友加入。如果员工有很强的能力和心理特质,但不认同企业文化,那么对组织的伤害无疑会更大。因此,动机、兴趣、价值观的考量尤为必要,主要解决个体愿不愿意做的问题。主要测评工具包括成就动机、职业兴趣测验和职业价值观测验等。

解决上述问题,我们需要在人才测评智能招聘辅助系统中加入能力、个性特征和动机兴趣价值观三大模块,高效解决人才招聘问题。

13.3　社会招聘

13.3.1　校园招聘与社会招聘

首先,谈谈校园招聘与社会招聘的不同点。

第一,对象不同。校园招聘的对象是应届毕业生,社会招聘的对象是已有一定工作经历的人员。

第二,经历不同。应届毕业生之前大部分处在校园之中,很少存在生活压力,大部分的经历也都是社会实践经历;社会招聘人员都有一定的从业经历,已经熟悉自己所处行业岗位的一些实际情况,有一定的人生阅历。

第三,体验不同。应届毕业生走出校园多是怀有憧憬和理想,朝气蓬勃,但同时也面临着职业适应的困难,这也是很多人选择离职的原因,企业应该大力开展员工心理疏导工作。社会招聘人员职场丰富老练,基本不存在职业适应问题,更大的矛盾点往往集中在社会招聘人员是否符合企业文化要求、是否能够快速融入团队文化等。

13.3.2　剖析社会招聘的现状

经过梳理,我们发现企业在社会招聘中常常存在下列问题:

第一,没有考察胜任素质的观念。在以往人才招聘过程中,只注重考察人才的知识技能、工作经验等方面的素质,测评流程也是简单的笔面试相结合的方式,忽略了对应聘者潜在素质的考察和识别。而企业人员甄选工作关键是内隐特征的匹配,而不仅体现在知识、技能的匹配上。因此,存在一些应聘者在知识技能和语言仪表方面十分突出,获得面试官的认可,但进入实际工作中却缺乏韧劲和毅力、绩效表现一般的现象。

第二,面试评价中随意性强,标准尺度不一。对人才识别不能仅凭个人经验,否则易受主考官的水平限制,而在以往的招聘中,个人主观因素的影响程度很大,这就大大降低了人才选择的信度和效度。而这样的问题在成员单位以往是普遍存在的,招聘主管或用人部门经常仅仅通过交谈感受,未对岗位所需的能力、技能、素质予以明确,凭借在招聘选拔现场的临时发挥、个人经验,判断应聘者是否匹配,是否优秀,这种判断往往是主观的、随意的。

第三,忽视了个人特质与组织文化的匹配。满足组织的人才需求、填补岗位空缺是人员招聘选拔的目的,但很多情况下仅仅强调岗位技能与个人能力之间的匹配度,却没有意识也没有好的方法对个人特质与企业文化匹配度进行考察,并不能达到最优的结果。组织文化是多数成员认同且共同遵守的企业最高目标、行事基本信念、工作价值观念以及行为规范。若招聘的新员工价值观与企业文化相互冲突,其信念价值观是内在的很难改变的特征,则会导致员工与岗位、组织的不匹配。

13.3.3　改善社会招聘流程

校园招聘的核心目的是储备潜力人才,而社会招聘的核心目的是识别天下英才。根据社会人才的心理特点和内心需求,我们需要在测评部分加入新的测评技术,并提高测评的难度。

改善后的社会招聘流程如图 13－2 所示。

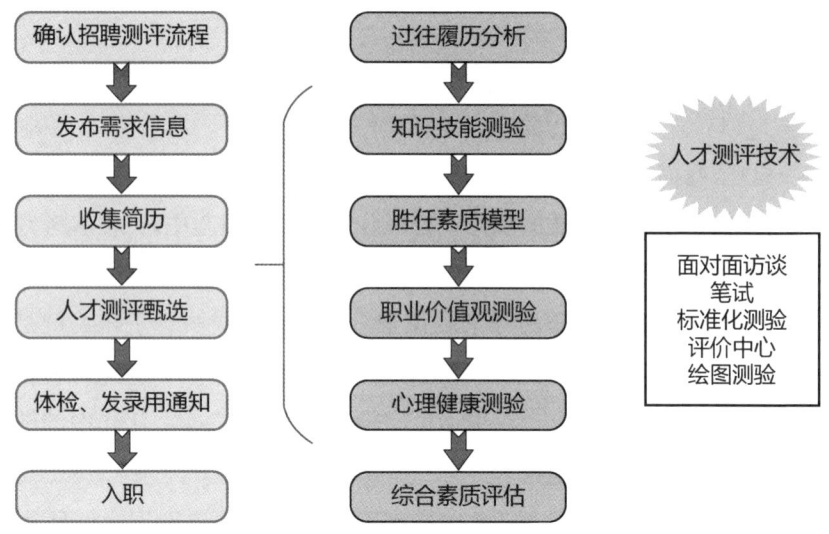

图 13 - 2　人才测评技术对社会招聘流程的改善

　　与校园招聘最大的不同在于,社会招聘在强调专业能力和管理能力的基础上,加入了岗位胜任力测评,强化对工作价值观和心理风险测评的重要性。岗位胜任力,即岗位胜任素质,我们已经在前面章节中予以说明,并介绍了其中比较常见的建模方法。需要说明的是,人才测评技术对社会招聘的应用远远没有想象中那么简单,我们需要考量更多的因素,在更多两难问题间进行抉择。

　　比如,一个人胜任素质高但认同感低,另一个人胜任素质中等但认同感高,我们该选择哪一个? 两个人胜任素质相同、企业认同感相同,但个性不同,我们又当如何选择? 等等。这些问题其实不是那么容易解决,企业必须要记住的一点是,测评只是辅助,主导拍板权必须在企业手中,万不可以用测评替代人事决策。

13.4　人才测评在企业招聘中的应用

13.4.1　测评招聘实践应注意的问题

　　人才测评技术应用于人力资源招聘已有不少先例,但由于我国人才招聘仍处于中期发展阶段,仍然存在一定的问题。

首先,目前专业从事人才招聘的技术人员专业素质不高。测评人员专业素质低、缺少相关从业经验,这是阻碍人才测评发展的重要因素。

其次,企业对人才测评的态度两极化。有的企业认为测评万能,能够非常有效地代替绩效考核;有的企业则认为测评无用,测评者可以说谎且测评结果与绩效考核结果并不能一一对应。

再次,盲目信任各种测评软件。一些测评机构并不具有测评系统开发能力,及测评量表测评技术本土应用能力,只是从商业利益出发,大肆扰乱测评市场,使一些企业从对测评软件的盲目信任变成极不信任,甚至怀疑测评技术的可行性。

最后,目前企业使用的人才测评技术较为落后。目前,绝大多数企业仍以传统面试为主,心理测试、评价中心等技术手段往往得不到实际的应用与发展。

虽然人才测评技术本身仍然存在诸多待完善之处,但在招聘员工过程中运用人才测评技术已然成为大势所趋。企业有必要高度重视人才测评技术的应用和发展,培养专业化的人才测评人员,提升人才测评技术实操水平,从而满足企业不同层次、不同类型的人才需求,真正实现人岗匹配的最终目的。

13.4.2 改善招聘测评技术

根据大学生应届毕业生的能力特点,需个性化选择人才测评方式。针对应届毕业生的特点和企业面临的招聘现状,对人才测评提出新的要求。

(1)测评方式不能仅局限笔试面试,需开发引入评价中心等多元测评方式

在考核知识能力技术的基础上,加入如半结构化无领导讨论、公文筐技术等评价中心技术,根据企业发展需要,重点考察大学生的团队合作和社交沟通能力。

(2)大力借助互联网应用平台,打造智能招聘辅助系统

将来的世界是万物互联的世界,5G场景应用、大数据、区块链、神经网络系统等前沿技术,能够很大程度改变测评方式。技术的发展将测评重新拉回基本的行为层面和前沿的脑机制层面,这会极大地影响测评方式的变革,会将传统重于心理特质层面的测量,转化为以数据模型为基础的测评评估模型。虽然目前

我国的心理测评仍处于发展探索阶段,但技术融合已是大势所趋。

（3）亟须提高招聘人员测评技术、胜任素质

成功招聘具有直接作用的主要是招聘人员的专业素质,如评价中心技术用较高的标准要求施测者和组织者的专业素质。在实际的招聘过程中,心理学和管理学等学科背景是专业测评人员应该具备的,同时其要对企业的管理理念和技术要求等熟练地掌握,而且对测评方案和招聘形式深入了解,丰富的人才测评实践经验和职业道德也是必不可少的。但是当前许多企业在对人才测评技术原理没有掌握的情况下,根据自身的一孔之见对人才测评技术盲目地使用,使应聘人员的评价与合理的轨道不相符合,从而大大降低了测评的实际效果。

13.4.3　基于人才测评的智能招聘辅助系统开发

基于人才测评的智能招聘辅助系统是根据不同岗位的胜任素质要素,运用不同的招聘测评方法和工具,以提高招聘效能和工作效率的一系列方法的统称。该方法对企业招聘到优秀的、适应岗位需要的员工具有非常重要的意义。

为了确保人才招聘测评系统的有效性,在人才测评系统招聘流程中,各个环节围绕着岗位胜任素质特征和人职匹配理论闭环进行。人才规划和测评方案并非一成不变,而是根据招聘绩效动态进行调整,招聘流程如图 13 - 3 所示。

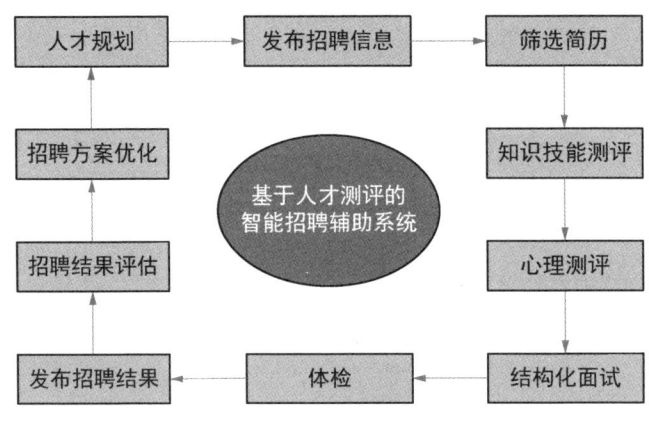

图 13 - 3　基于人才测评的智能招聘辅助系统开发

实践案例三：某大型国有银行某省全辖支行应届大学生招聘项目

【项目背景】

金融机构凭借高收入高稳定的工作，受到应届毕业生的欢迎。但近年来，随着 95 后乃至 00 后逐步走入职场，由于金融机构缺乏对他们的了解，以及他们缺乏对金融机构的认识，使得金融机构与很多优秀的毕业生失之交臂。

客户是某大型国有银行总行的一级分行，辖有十余家二级分行、近百家支行。该行一直秉承打造"价值卓越、坚守本源、客户首选、创新领跑、安全稳健、以人为本"的具有全球竞争力的世界一流现代金融企业的发展愿景，尊崇诚信、人本、稳健、创新、卓越的价值观，得到市场和客户的广泛赞誉。目前银行管理队伍年轻化不足，需要新鲜的血液注入，为将来的发展提供人才保障。项目组受邀为某省全辖支行应届生招聘工作提供指导。

【项目难点】

（1）"大城市""安稳"标签的吸引力下降，甚至成为"潜在劣势"，需要发掘新的亮点。

（2）招聘评价标准不统一，考官间偏好不同，选人习惯和规则理解不同，不够客观，需要统一评价标准。

（3）招聘流程固化，评价形式单一，评价内容设置缺乏吸引力，需要改善。

【解决方案】

（1）制定招聘规划，确保计划性

结合银行战略发展目标和人力资源需求计划，项目组提前了解招聘岗位信息，明确岗位能力要求，建立了岗位胜任力模型，并明确了此次招聘重点关注的能力要素：学习、沟通协调、创新、主动勤奋、换位思考、抗压。在招聘过程中，无论标准化心理测验,还是评价中心,我们均将上述指标作为评价重点。另外,我们还制定招聘规划方案,对招聘渠道、招聘制度、招聘需求、人才测评及试用期管理与人才安置都进行详细预测和规划,确保计划性。

(2)拓宽招聘渠道,确保精准性

以往银行招聘都是通过官方网站和微信公众号发布信息,或者开展校园宣讲会,方式较为传统、单一和被动。为改变这一局面,吸引年轻的应届毕业生,我们深入了解他们的兴趣爱好,将社交网络平台、学校就业中心微信公众号、老师同学介绍等途径纳入进来,拓宽招聘渠道。

(3)严守招聘原则,确保公平性

1)组织原则

2)择优录取、生源地优先、就业扶贫三大录取原则

3)亲属规避原则

4)举报与建议原则

(4)规范招聘流程,确保严谨性

招聘流程严格按照线上规范化流程,包括报名、筛选简历、笔试、线上人才测评、面谈、评价中心、领导面试、体检入职等八个环节。其中,筛选简历工作由人力资源部根据招聘原则制定的筛选标准完成;笔试采用机考形式,主要评估应聘者的专业知识和技能掌握程度;应聘者笔试通过之后,可参加线上人才测评,主要评估人格特征、兴趣偏好、价值取向、胜任素质、心理健康等;参加完笔试和面试之后,综合笔试与人才测评数据,选出候选人到分行营业厅参加面试,面试合格后,可参加下一轮的评价中心技术测评;评价中心主要采用无领导小组讨论、公文筐、情境模拟等技术手段,对应聘者的各胜任素质要求及综合表现进行打分,最终确定入选名单,注意,专家评委由银行支行长、测评专家、人力资源部经理组成,并尽量安排中高层领导参加;对选拔通过的人员发放录取通知,并进行公示,体检后安排入职。

(5)纳入人才测评,确保科学性

人才测评技术在笔试、面试、线上标准化心理测验、评价中心等招聘流程中都有体现。

1)通过在笔试环节加入逻辑推理题,可以考察应聘者在安静状态下的思维

的灵活性。

2）通过在面试环节引入行为事件访谈技术，可以直观地初步评估应聘者的家庭状况、成长经历、自我认识、职业期望、薪资期望、价值取向、工作态度、职业能力、人际沟通等。

3）通过线上标准化心理测验可以全面地了解应聘者的人格特质、兴趣偏好、价值取向、胜任素质、心理健康等信息，尤其人格特质、价值取向和胜任素质，可以评估应聘者是否"适合干""愿意干""能干好"这三个问题，另外，心理健康测验是评测应聘者抗压能力的方法，也是预防招聘风险的重要环节。

4）评价中心环节是选拔的最后一个环节，考察的内容比较多，其中主要是关注应聘者的逻辑思维能力和临场发挥能力。

总之，通过全面引入人才测评技术，不仅能够了解应聘者的知识经验、过往经历，而且还能认识应聘者能力水平、动机意愿、心理素质、职业规划等；不仅从静态层面了解应聘者思维逻辑，而且还从动态层面考量应聘者临场应变能力。因此，通过一系列规范化的招聘实施方案，使得人才选拔的可靠性得到了保证。更重要的是，企业的文化、价值观在招聘过程中得到了进一步宣传。

【项目成果】

（1）分行招聘的人员分配到各支行后，得到了主管领导的认可。

（2）定性与定量的综合性评价，为后期培养和任用提供了参考。

第十四章 人才培养

目前，为了加快人才成长，打造企业核心竞争力，企业都非常重视培训，有很多企业还专门设置岗位，兴办企业大学。从效果来看，把人才测评和人才培养有机结合并一以贯之，能够极大地提升培训的成果，这在一些企业中已得到实践认可。本章主要向大家介绍企业打造人才培养体系的方法步骤，以及人才测评在人才培养中发挥的巨大作用。

14.1 人才培养的价值体现

每年企业都会花费大量的人财物投入到人才培养项目中，比如，有企业不仅大力开展以中高层领导力提升为目的的领航计划，也关注以营销经理能力提升为目的的飞天计划，以及提升一线员工沟通技巧的基石计划等，虽然每家企业人才培养计划不尽相同，但这些都是企业人才培养的应有之义。总的来说，企业重视人才培养大抵出于以下几个原因：

（1）打造企业核心竞争力。这是人才培养的终极目的。企业的核心是人才，没有核心人才，企业核心竞争力就是一句空话。

（2）促进企业战略实施落地。人才战略是企业战略发展的基石，通过不同类型的多样化人才培养体系的实施，可以有效疏通企业发展阻力，促进企业战略实施落地。

（3）激发组织活力。每个员工可以类比企业组织的一个细胞，如果企业不对这些细胞进行刺激，促进再生功能的话，就会存在引发组织癌变的可能。人才培养是激活组织的一种有效方式。通过培养，可以有效加快新陈代谢，输入新鲜血液，修补病变组织，激发组织活力。

（4）吸引并留住人才。培训的开展可以吸引人才，而培养体系的构建可以使员工感受到企业对自身的重视，增强员工归属感。

14.2　设计并实施人才培养规划

人才培养不等同于培训，需要做好详细的人才培养规划。一般来说，制定人才培养规划大致分三步：

14.2.1　人才培养的顶层设计

一个好的人才培养规划一定是上承企业战略，下接业务发展，如果没弄明白企业发展战略，不清楚业务发展方向及人才需求，人才培养就是空中楼阁。人才培养的基本逻辑是企业战略—人才战略—人才盘点—人才培养。常见的人才培养顶层设计模式有三种，包括房屋型（适用于大型事业部制企业）、双支柱型（适用于不同业务主导型企业）和单支柱型（适用于中小型企业）。

另外，需要说明的是，以上三种类型的人才培养设计比较适合层级等级划分清晰的组织架构，对于目前很多新兴创新公司的网状散点组织结构适用性减弱。对于这些创新公司来说，每个网状节点位置的人员就是企业的核心人员，节点人员的匮乏将会削弱企业的竞争力，人才培养的目的也应该是以加快节点人员发展为目的。

14.2.2　人才培养的设计与执行

人才培养是一个历时较长、需要全程精心设计的工作。一个好的人才培养项目的设计包括三个部分：前期准备、中期实施和后期评估。

（1）前期准备

人才培养的前期准备工作主要集中在人才选拔、人才测评和人才盘点等工作。选择什么样的人参与培养是人才培养的第一步，可以是领导推荐和自荐，也可以是通过系统的人才测评和人才盘点，在已形成的企业的人才库基础上，系统选拔培养人员。除了选择培养人员，丰富多样、适用性强的培养方式和科学合理的评价机制及管理机制等也是人才培养的重点。

（2）中期实施

人才培养落实的实施层面就是具体课程。从宏观上讲，课程的设计主要是解决两个方面的问题：一个是企业员工面临的共性问题，比如，沟通技能培训、领导力培训等；另一个是个性问题，这些问题集中反映了被培养人员的个人诉求，比如，工作家庭平衡、职业发展规划等。课程解决的问题不同，开展形式也多种多样，比如，以解决共性问题为主的专家授课、参观培训等，以及以解决个性问题为主的教练辅导、轮岗代练等。

（3）后期评估

一次培养花费企业大量人力精力，如果不能有效评估培训效果，那么就很难坚定企业信心，企业会怀疑人才培养是否值得再大力投入。然而，实际上，人才培养的效果评估做得并不如人意。有理念偏差的原因，企业往往觉得培训培养必有效果，但有时看不到效果时，又会很沮丧，甚至否定全局。其实，人才培养不是一蹴而就，一次培训、一次教练辅导不能解决所有问题，企业必须明白人才培养只是途径，不是目的，核心目的是打造企业核心竞争力，培养只是其中一环。效果评估工作不理想也有方法的问题，比如，以往评估培养效果常采用前后测对比的方法，该方法没有任何问题，问题是评估指标，常常是绩效是否提高、职位是否晋升等外在指标，缺乏胜任素质等内化指标，致使企业看不到培训效果。

14.3　人才培养效果评估

一般培养期在六个月以上的培养项目，被培养人会发生意识与行为上的改变,并可以被观察到。将被培养人在培养期间的行为数据化,可以让人才培养的项目评价尽量客观和公正。人才培养一般采用以下几个方法进行项目后评价:

(1) 培训前后测对比分析

人才测评技术不仅可以用在人才培养的选拔和个性课程匹配方面,也可以用来评估培训效果。具体做法是在培训结束后一段时间重新对被培训人才进行人才盘点,通过前后数据对比,了解被培训人员哪些方面做出了改变,哪些方面仍需要进一步提高,哪些方面效果不是很理想,发生改变和不改变的具体原因有哪些等。通过数据分析,可以从宏观上改进培养方式,提高培训课程质量,进一步优化资源配置。

(2) 应用过程评估机制

评估效果不一定要等培训结束,在培训过程中,也可以有效评估效果。过程评估方式有很多,比如,课题调查、课间问询、课后回顾效果等。这些过程评估方式除了能够有效地探测课程是否达到培训效果,还能有效地引发学员思考,深化学习体验。

(3) 做好长期追踪工作

人才的发展是一项重大工程,短期内,人才的成长会受到环境、个性特征以及人际关系的影响,使得人才培养难以显现其应有作用,但如果把人才发展置于职业发展规划蓝图中,从更宏观的视野来认识人才、认识人才培养,就要求我们必须做好长期追踪被培训人员的工作。

人才管理体系数字化建设是人才培养的重要组成部分。人才培养数字化难点很多,但收益颇丰,随着技术的发展,数字化在人才发展领域有可能存在巨大突破。在人才培养方面,如果能够通过数字化描述人才状况,比如,被培养人企业的贡献度,多少人晋升,多少人承担更重要的管理责任和职级,人才培养的成本分析,投入产出比等数据,那么人才资源的最大效力将会得到最有效的发挥。当然,我们也不得不承认,这条路任重而道远,仍有待来者。

实践案例四：某大型建筑集团核心技术人才培养项目

【项目背景】

人才培养是个系统工程,科学合理的人才培养体系设计需要从企业战略出发,以业务发展为锚,人才盘点和人才测评为引,打造企业核心竞争力。然而,详细的人才培养设计是一个十分复杂的事情,其中,核心难点有两个,分别是不同层级的人才培养项目设计和基于能力分级的课程体系设计。

服务客户是一家以基础建设为主营业务的大型建筑集团。2017 年,该集团因业务拓展和扩张而出现人才缺口,特别是缺乏能够独当一面的核心技术人才。在这种背景下,项目组受邀为该集团推进一套新的人才培养机制,帮助其建立一套符合核心技术人才特征的人才选拔系统及精准培养化的人才发展体系。

【项目难点】

（1）不同层级的人才培养项目设计。

（2）基于能力分级的课程体系设计。

（3）课程开发。

（4）内训师队伍建设。

【解决方案】

（1）顶层设计

通过分析客户所处行业、战略发展要求及业务特征,我们设计了技术人才培养框架。该设计将技术人才分为三类,分别是初级技术人才、中级技术人才、高级技术人才。

（2）人才培养的设计与执行

1）选拔需要培养的核心技术人才

人才培养首先要做的是找到需要培养的人才,即指从基本符合条件的候选人中通过一定标准的选拔,甄选出相关的培养对象。一般来说,如果涉及人员较少,可以采用领导推荐和个人资源报名的方式,但如果涉及人员较多,需要在推荐和自荐的基础上,借助人才测评技术甄选需要培养的核心人才。由于该集团核心技术人员涉及业务广泛且人数较多,为了快速高效地进行人才选拔,最终采用线上标准化心理测验、绘图测验和评价中心技术三种评估技术选拔核心技术人才。

2) 形成不同层级核心技术人才

通过对核心技术人才的人才测评结果并结合个人基本情况和绩效信息,我们将核心技术人才分为三类,分别是高级技术人才、中级技术人才和初级技术人才。高级技术人才的主要特征是高绩效高能力且满足工作年限要求,中级技术人才的主要特征是绩效和能力都在中级及以上且满足工作年限要求,初级技术人才的主要特征是中高绩效低能力或低绩效中高能力。

(3) 基于职业发展与能力提升的人才培训

人的职业发展是个循序渐进的过程,处于不同年龄阶段的人在心智和经历方面存在显著差异,由于不考虑职业发展现状,模式单一的人才培养的效果往往表现不佳。

人的职业发展大致经过职业探索期、发展期和成熟期三个阶段,每个阶段都有其显著特征,比如,探索期的迷茫与职业不成熟,发展期的体力精力明显下滑及身心健康问题日益凸显,成熟期的稳重成熟、经验丰富等。

虽然每个人所处职业发展阶段不同,存在一些明显个性化的特征,但从能力及技能提升方面,经历的过程大致相同,分别是计划→行动→评估→识别(反馈),具体步骤如图 14-1 所示。

(4) 基于能力分级的课程体系设计

学习项目是针对不同岗位员工的特点进行个性化课程设计,具有很强的针对性及准确性。基于职业发展的学习项目设计共考虑四个不同层面,即所在职级能力课程、拟晋升职级所需课程、能力盘点个人必修课程及通用课程。

所在职级能力课程主要是针对所在岗位职级的特点及要求,包括管理素质课程和专业素质课程,旨在提升日常管理或业务水平的通用课程;拟晋升职级所需课程主要为加强或提升晋升下一职级所需能力而开设的课程;个人盘点必修

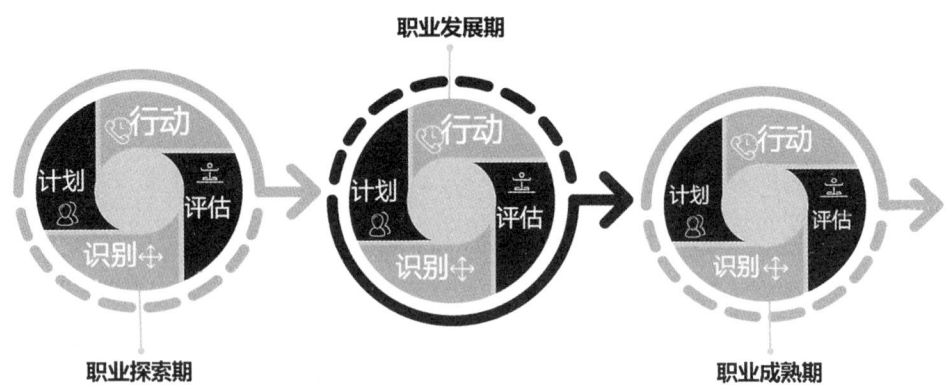

图 14-1 基于职业发展与能力提升的人才培养步骤

课程主要参照能力盘点结果及个人发展个性化需求;通用课程包括核心素质课程和追求卓越课程。

基于职业发展的学习项目设计课程如图 14-2 所示(示例)。

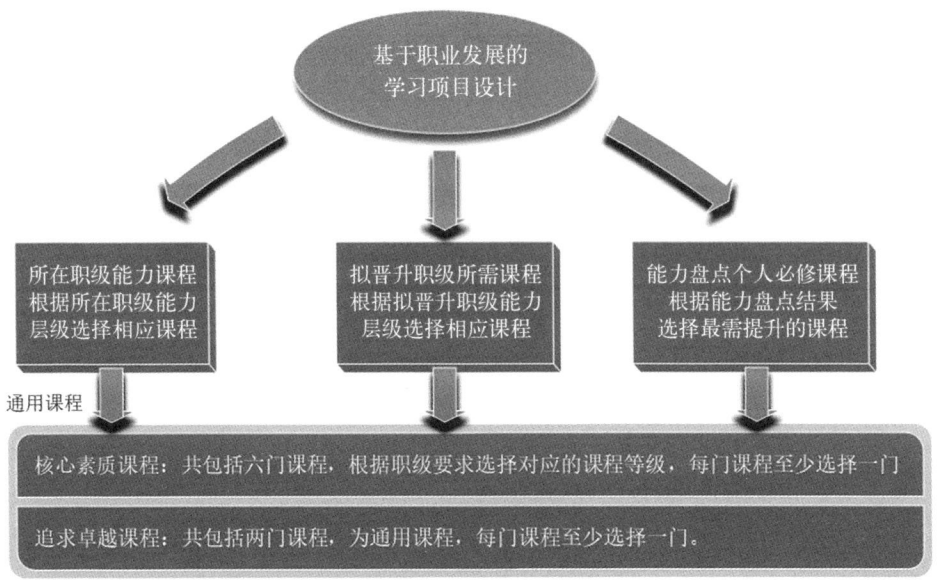

图 14-2 基于职业发展的学习项目设计

(5)课程开发

企业培训体系包含制度体系、讲师体系、课程体系和硬件设施。其中,课程体系是培训体系的基石,是重中之重。培训课程开发的过程也是对公司经验和知识总结的过程,课程凝聚了优秀员工的工作经验和知识沉淀,是企业的宝贵资源。开发的课程通过培训的形式又传递出去,经过无限循环,员工技能素养得到提升,企业的优秀基因得以传承。

　　培训课程的开发与设计的方法可以采用 ADDIE 培训开发模型。ADDIE 是一套系统发展教学的方法,主要包含:要学什么(学习目标的制定)? 如何去学(学习策略的运用)? 如何判断学习者已到达学习成效(学习评量的实施)?

　　ADDIE 五个字母分别表示:Analysis——分析,对教学所要达到的行为目标、任务、受众、环境、绩效目标等进行一系列的分析。Design——设计,对将要进行的教学活动进行课程设计。Development——开发,针对已经设计好的框架、评估手段等进行相应的课程内容撰写、页面设计、测试等。Implement——实施,对已经开发的课程进行教学实施,同时进行实施支持。Evaluation——评估,对已经完成的教学课程及受众学习效果进行评估。具体流程如图 14-3 所示。

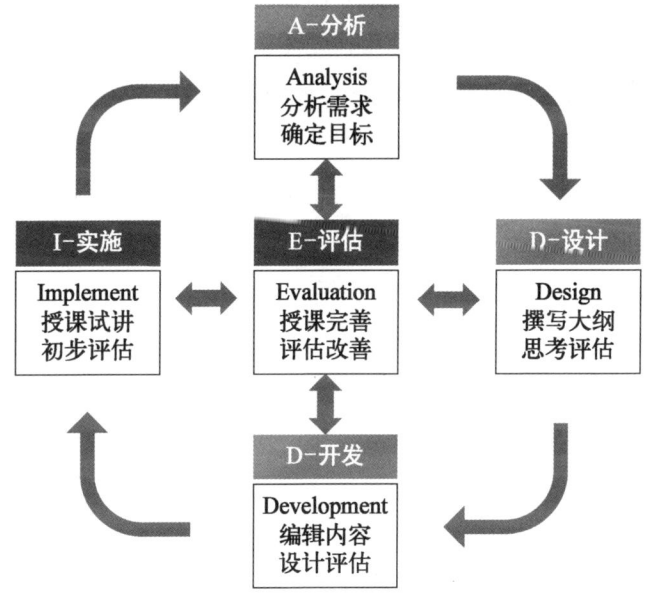

图 14-3　ADDIE 培训课程开发模型

　　课程开发与设计过程是一个动态和循环改进的过程,从进行培训需求分析开始直至授课完善,并根据课程实施的结果评估进行再设计、再开发,不断优化改善。

（6）内训师队伍建设

内部培训师作为推动培训体系落地、培训高效率低成本运作、传承组织智慧的载体，受到越来越多关注，内训师队伍水平也将直接影响培训规划的应用效果。如何通过强化内训师队伍力量推动培训体系落地便是重中之重。主要聚焦于以下几点：

1）明确内训师角色定位。

2）进行内训师选拔和认证。

3）做好课程需求开发。

4）推进内训师培养。

5）做好内训师的激励以及动态管理

【项目成果】

（1）拥有一套完整的技术人才培养体系。

（2）拥有一套完整的课程设计与开发体系。

（3）锻造一支高素质的内训师队伍，推动集团人才发展正向流动。

第十五章 人才选拔

现如今，拥有更多优秀人才的企业，组织发展也更健康、更快速，人才也成为企业最核心的生命线，有时候拥有了人才就相当于掌握了整个市场的资源。为此，很多企业都很重视人才选拔的问题，它可以快速提高整个企业管理的水平以及能力，在市场竞争中赢得最大优势，从而为企业带来更多的经济效益。人才选拔与人才招聘相辅相成，不可分割。招聘是缺少某类人才，要对外通过各种途径来招到适合的人员。选拔是在公司内部已有的人才中，选出更加优秀的人员来担任重要的职位。本章主要介绍人才选拔的相关议题，包括何为人才选拔、人才选拔为什么重要、人才选拔的影响因素又有哪些，以及如何开展各种形式的人才选拔工作。

15.1 人才选拔概述

15.1.1 人才选拔的概念与作用

企业人才选拔，是企业为了更好地适应市场的需求，不断对每一个职位进行分析以及资源分配，寻求符合该职位的人员，保证企业的各个工作环节有序进行,企业人才选拔是其他人才管理工作有序进行的前提和基础。

企业管理核心是对人才进行管理,而人才选拔是人才管理的重要一环,出色的人才选拔工作对形成"人才优先、知人善任"的企业用人文化至关重要。那么,优秀的人才对企业究竟带来哪些好处呢?

(1)增强团队成员相互合作,促进团队协同作战

优秀的人才懂得团队合作重要性的,明白任务完美执行必须要有团队精神和流畅的内部沟通,所以他们会促进团队成员内部合作达成,执行团队协同作战任务。

(2)引入创新力量,增强组织活力

优秀的人才如同企业动力源泉,他们往往具有独特的创新思维,并辅以老道的工作经验,能够不断地给组织带来创新活力,促进组织再生能力。

(3)增强企业核心竞争力

无人才可用的企业没有任何竞争力可言,"巧妇难为无米之炊",优秀的人才是企业第一资源,是锻造企业核心竞争力的一把利剑。

15.1.2 人才选拔实践应注意的问题

现实中很多企业都明白人才的重要性,也都想像马云一样,拥有自己的"十八罗汉"。可企业实践中发现,人才选拔这一关很难,有很多阻碍因素需要一点点去克服。

(1)凭上级主观好恶做选拔

很多企业内部的人才选拔都是要参考上级领导的意见,有时候上级领导直接掌握"生杀大权"。这就使得出现在领导面前频次较高的人机会更多,远离领导视线的人机会偏少,善于表达的人机会更多,踏实干业务的人机会偏少,这其实是阻碍企业发展的一个关键因素,长此以往会催生企业浮夸文化,致使人才出走,需引起重视。

(2)人才选拔标准设置不合理

企业人才选拔标准是企业识人的一双"眼睛",如果眼睛不明亮,企业很难做好人才选拔工作。有时,很多企业为了规避风险,设立了很多苛刻的人才选拔标

准,使很多有能力但信心不足的人望而生畏,因此流失掉很多潜在人才。有时企业为了打造"不拘一格降人才"的企业文化,人才标准过于宽泛,致使人力物力成本增加,选拔的人才也不尽如人意,使企业很疲惫。这时候,企业需要擦亮"眼睛",在人才选拔标准设定方面下足功夫。

（3）人才选拔方式单一或不适用目标人才

企业选拔人才的方式上,形式单一,主要是面试为主,缺乏科学合理的人才选拔技术,全靠选拔者知识经验,当选拔者意见不统一时,会大大影响人才选拔效果。

（4）选而不用

很多企业会大费周章地做人才选拔工作,可在选拔之后,由于没有做好相应的人才规划工作,或对人才认识不足等原因,很多后备人才没得到启用,但也没得到有效疏通疏导,这大大打击人才的信心,甚至引发消极的组织氛围。因此,企业在人才选拔前一定要规划好人才使用工作,选拔后人才安抚工作也需要加强重视,努力形成有序良好的人才闭环系统。

15.1.3 人才选拔的常见种类

人才选拔根据招聘对象不同,可以分为不同的种类。

（1）内部竞聘。近年来,内部竞聘机制在企业不断进行完善和推广,内部竞聘一般采用上级推荐和自愿报名的方式,公开选拔程序和选拔结果。实践证明,该方法能够有效地激励人才,营造竞争上游的文化,目前已经得到企业的广泛认可。常见的形式有晋升选拔、后备人才库建设、中层竞聘等。

（2）组织任命。该方式在政府机构比较常见,工作难度比较突出,需要对候选人进行详细尽职调查,全盘审核,集体决策。该方式在企事业中高层后备选拔时也有存在,是企业领导对优秀人才极度信任的集中体现。

15.1.4 人才选拔的效果优化

为了做好企业人才选拔工作,企业必须紧贴实际开展工作,具体工作体现在以下几个方面:

（1）人才选拔是企业战略、成本收益、人才三方的有效匹配

企业经营处于不同发展时期时,经营战略和人才战略会有所变化,因此企业

所选拔的人才就必须匹配好当前战略目标实现的要求,为此企业制定选拔人才标准时要特别注意匹配好自身经营发展状况。另外,企业选拔人才投入与产出比也是必须考虑的一项重要因素,这是因为一旦所招来之人创造出来的价值达不到预期目标,甚至是低于其薪酬的话,企业不仅经营发展情况得不到较好的提升,并且还可能出现亏损。

因此,企业在制定人才选拔计划时必须要结合具体工作岗位性质与人才能力来进行。比如对重要或者关键岗位,可以提供更为优厚的条件去选择具备丰富行业经验以及能力的人才;而一般性质的岗位则参考同行业水平标准选择适合人才即可。切记不用想着处处用高人,这样会导致企业选拔人才成本增加。

(2)合理评估选拔人才的综合能力

前面章节已经提到企业人才盘点的知识,人才选拔工作是承接人才盘点工作的,企业只有在人才盘点之后,才能从宏观上对整体人才发展状况进行系统梳理。当然,企业不一定做了组织层面的人才盘点之后才能开展人才选拔工作,要说明的目的是人才盘点或者人才测评评估是人才选拔的基础工作,没有开展相关工作,也即没有做好人才识别工作,人才选拔也很难做好。

(3)积极引入第三方评估机构

人才选拔的原则一般是"公平、公正、公开",如果仅有企业内部人员开展人才选拔工作是很难做到公平公正的,这时候,企业就需要考虑引入第三方评估机构,凭借第三方不干涉、无利益交叉、只做识别评估的原则,协助完成人才选拔工作。

(4)加强人才的任用、培养与激励

人才选拔只是人才管理闭环的第一步,做好全面人才管理,必须加强和完善对人才的任用、培养与激励等相关配套工作,建立长效追踪机制,持续完善人才管理各项制度。

15.2 中层竞聘

领导班子和领导人员是领导力的主要承载者和实践者,建设坚强的领导班子和高素质干部队伍是提升企业领导力的根本途径。从以往中层干部选拔的现状分析我们可以看到,中层干部选拔主要有组织选拔、竞争上岗和公开招聘等方式。目前,企业实践中发现很多企业仍是以组织选拔的方式为主,中层竞聘的方式也是最近几年开始逐渐发展并被越来越多的企业所接受。

组织选拔的选拔对象主要是后备干部,企业组织一般会对后备干部有较长时间的观察考察,对后备干部的基本情况较为了解熟悉,因此组织选拔精确度较高,优势较为明显。但同时需要指出的是,组织选拔也存在一些不足。首先,各单位人才分布情况不均衡,各单位推荐的后备干部良莠不齐,影响后备干部的整体人才质量;其次,一般企业后备干部都有推荐名额限制,使得一些优秀的人才不能进入后备干部行列;最后,年轻后备干部一般成长周期较长,这可能制约年轻干部培养的效果。另外,人才的出走也会对企业资源影响很大。

中层竞聘与组织选拔方式不同,中层干部公开竞聘创造了一种公开、平等、竞争、择优的用人环境和新的用人机制,给广大员工提供一个在同一起跑线上竞争的平台和舞台,让干得好的人考得好,能力强的人选得上,作风实的人出得来,从而形成一种注重学习、鼓励创新、崇尚实干的正确用人导向,能有效激发干部干事创业的热情。

两种方式的有机结合能够促使企业做好人才选拔工作。中层竞聘周期短、任务重、效率高,但候选人考核可能存在偏差;组织选拔周期长、注重平时考核、效率低,但候选人考核精度高。最好的做法是,把组织选拔的部分工作落到平时,比如,加大后备人才或年轻干部的人才库建设、完善人才档案库等,这些工作可能有效地提高中层竞聘的准确度,节省人力物力成本。

实践案例五：某军工企业处级干部公开竞聘项目

【项目背景】

随着企业规模的不断发展和内部管理机制的不断完善,企业对管理人员的选拔任用和监督提出了更高要求。中层干部选拔也逐渐从组织选拔的方式向中层竞聘上岗的模式转变,但企业能否有效地从具备某一岗位任职能力的一组人中挑选出最适合的人,使职得其才、才得其用、人岗匹配,尽快实现企业人才结构的优化,实现企业效益的最优化,这仍然是对企业的重要考验。

某军工企业是中航工业下属企业,目前该公司正处于战略和业务再造的重要时期,为缩小人才发展水平与先进企业存在的差距,切实把人才资源优势转化为科学发展优势,适应内外部人才市场挑战,该集团在人才队伍建设、人才队伍整体素质提升方面加大了工作力度。

本次公开竞聘就是该公司推进竞争性选拔工作常态化,加大干部人事制度改革力度的重要工作内容,共涉及公司总部的 11 个部门,40 个中层管理岗位。项目组受邀为此次公开竞聘提供全方位整合服务。

【项目难点】

(1) 缺少内部处级岗位人才晋升评估的标准。

(2) 困惑于如何有效甄别适合目标岗位实际情况的优秀候选人。

【解决方案】

(1) 竞聘方案设计

1) 指导思想

为了充分挖掘人才,拓展人才的发展空间,打破传统的用人方式,实行管理人员的动态管理,充分调动员工的工作热情和积极性,增强广大管理人员的危机感和忧患意识,在全局形成比贡献、比能力的观念和努力学习业务技术的良好氛围下,强化竞争激励机制,特引入"公开竞聘、民主测评、综合考核"的新型任用方式,从当前处级干部群体中选拔工作经验丰富、专业技术过硬、有潜在领导能力的优秀处级干部以提拔到更高的领导岗位。

2) 竞聘原则

① 公开原则

② 竞争原则

③ 评定原则

④ 择优录取原则

3）竞聘方案设计

① 前期准备工作

➤ 确定各处级岗位的任职条件和能力要求

任职条件：思想政治条件、学历及工作经历、专业知识、专业技能等。

能力要求：应变能力、抗压能力、组织能力、团队管理、思维理解能力、沟通协调、执行力和个人影响力等。

➤ 组建内部竞聘评委团队

评委团队由高层领导、人力资源总经理和外部专家顾问团队组成。

② 方案制定

方案制定侧重于评价方法的选择、竞聘条件和竞聘流程的确定。

③ 报名组织及资格审查。

发布竞聘通知，并公布竞聘岗位条件和要求。完成竞聘者自荐报名工作后，进行资格审查，确定符合竞聘条件人员名单。

（2）具体方案实施

1）前期准备阶段，确定目标岗位测评要素与考试大纲

① 通过访谈法、资料分析法收集信息，编制考试大纲，另增设与访谈领导反馈考试大纲环节，更好地把握考试方向，使考察要点与目标岗位实际密切贴合。

② 设计"后评估问卷"，了解候选人、考官对笔试、面试的感受与评价，为后续改进提供最真实的依据。

2）技术开发阶段，开发笔试、面试评估题本与测评配套文件

① 以考试大纲为依据，开发笔试（专业能力测试、公文筐测试、个人与组织氛围匹配测试）、面试（半结构化面试）题本，无领导小组讨论题本。其中，个人与组织氛围匹配测试是专门从候选人个性、其所在组织氛围出发，进行岗位匹配的一种在线测评工具，结合其他测评方法，从胜任素质、个性特征、匹配性等多角度衡量候选人，为最终选拔出胜任的候选人提供了最有力的技术保证。

② 设计测评流程、开发各类测评配套文件，为后续顺利组织实施打好基础。

3）组织实施阶段，公开竞聘工作的组织与实施

① 采取随机抽签、隔离封闭、纪检监督等措施，全流程封闭实施，确保测评过程公平、公开、公正。

② 就本次测评技术、评分、流程等对双方考官进行测评前培训,保证测评结果的科学有效。

4)结果汇总与分析

根据事先设置好的权重,快速准确地汇总成绩,针对异常分数进行筛查,全面确保测评结果的公平公正。

【项目成果】

(1)成功建立了一套内部处级岗位人才晋升评估的标准。

(2)帮助该公司成功从企业内部选拔了一批处级领导干部。

(3)帮助该公司对中层干部进行能力盘点,提供培训发展方向。

【客户评价】

"岗位公开竞聘不仅要体现公开、公正、公平,对岗位测评要素、考试题本开发以及考务组织工作要求也很严格。北大纵横项目组在此次中高层管理人员岗位竞聘项目中,技术开发严谨,流程细致,报告客观公正,为我公司选出了一批优秀的人才,同时也体现了项目组工作的专业度和客户服务精神。"

——某军工企业组织部部长

第十六章　职业生涯规划

> 我们需要一个献身的目标，以便把力量整合到一个方向，超越我们孤独的生存状态，超越此状态所造成的一切疑虑与不安之感，并且满足我们企求生活之意义的需要。
>
> ——弗洛姆（Erich Fromm）

心理学研究发现人在从事自己喜欢的工作，会产生"心流体验"（Flow），即当人们专心致志地、积极地从事某种活动，忘记了时空和自己的时候，会感到最为愉快和满足。每个人都会在某个时间某个地点或与某个人交流时产生这种"聚精会神"或"忘我"的状态。工作过程中的"心流体验"同样重要，它能给予个人幸福感、归属感和控制感，然而很多人自从学业结束的那一刻，很少在工作中体会到"心流体验"，这有很多原因，但其中最重要的一个，可能是职业生涯规划出现了问题。本章主要介绍职业生涯规划的基本内容，并分析企业层面和个人层面职业生涯规划的关系，以期为相关人员提供帮助。

16.1 职业生涯规划概述

16.1.1 职业生涯规划的定义

职业生涯规划(或设计)是指个人结合自身情况和环境因素,选择职业道路,确立职业目标,制定发展计划,并为实现职业生涯目标而确定行动时间和行动措施的一系列活动。简单地说,职业生涯就是一个人一生的职业经历,而职业生涯规划就是运用系统的方法,帮助个人提升满意度,获得个人成长和职业发展。事实上,如图 16-1 所示,员工从进入公司的第一天入职培训起,员工职业生涯发展将会贯穿整个职业发展周期。

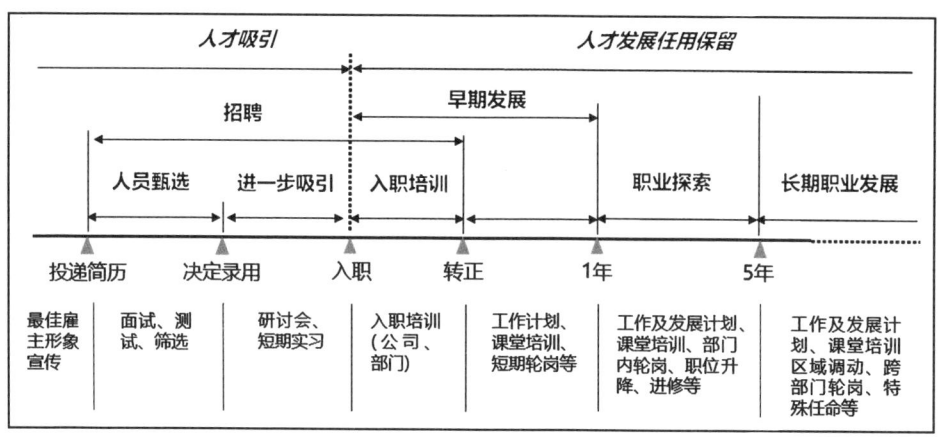

图 16-1 员工职业生涯发展路径图

通过对某一特定岗位的群体进行分析研究,我们发现这些同一工作岗位上不同性别、不同年龄层次、来自不同区域、不同文化层次、有不同风俗习惯的员工,他们的岗位生命周期却有着惊人的相似性。第一年,他们在进入某一岗位后认真学习,与团队成员尽可能融合,对工作充满向往。第二年,融入团队文化,个人潜能逐步得到发挥,对工作充满激情。第三年,通过自身的不断变革创新,个人才能发挥到极致,工作有成就感。第四年,个人才能与企业的发展出现不均衡,个人才能达不到岗位要求或个人才能远超过岗位要求,工作中出现烦躁或松懈的现象,个人的潜能发挥受到阻碍。第五年,个人才能发挥与企业岗位发展远远脱节,个人的才智不能正常发挥而停滞,从而产生心理烦躁、情绪低落、没有成就感等,这就是"职业倦怠"。

在这一岗位发展周期中,既有高峰,又有低谷,形成岗位生命周期曲线,这一发展曲线从某种程度上符合曲线理论的常态分布。高峰,是一个人才能发挥的极致,个人在这一特定岗位成长的巅峰;而波谷,则是一个人的"职业倦怠期"。这一周期如图 16 - 2 所示。

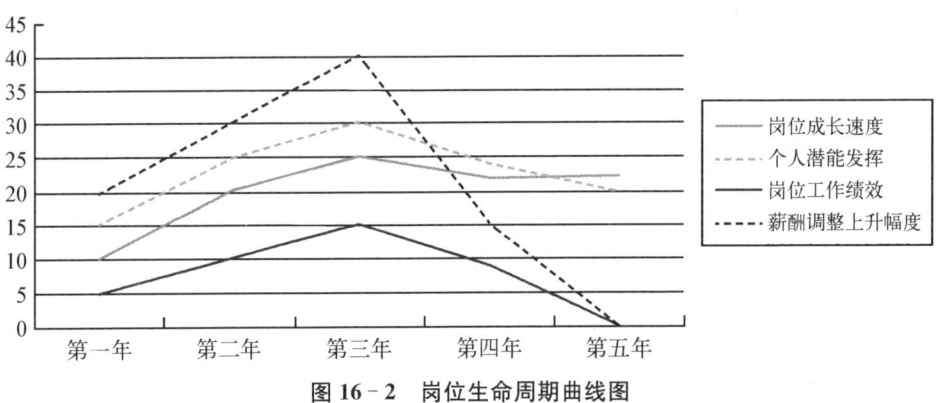

图 16 - 2　岗位生命周期曲线图

因此,结合岗位生命周期理论,我们将组织内员工的职业生涯规划管理划分为三个阶段,即新晋期、成长期、成熟期,对每个阶段的员工采取不同的职业生涯管理策略。

企业通过一套系统的制度和流程,帮助员工制定并实现职业发展,就是职业生涯规划的核心内容。从本质上讲,员工职业生涯规划是企业经营发展需要和员工个人发展需要相结合的产物。企业通过开展员工职业生涯规划力求有效缓解对专业人才、骨干力量的需求,解决员工往何处发展的问题,从而提高企业人力资源效率。

16.1.2　职业生涯规划的意义

企业通过开展职业生涯规划,可以为员工提供施展才华的舞台,表达自我的机会。在过程中,员工能够充分感受到尊重,从而企业能够留住人才,激励人才,保持企业基业长青。

对于企业而言,开展职业生涯规划,将有助于:

➤ 促进企业人才选拔和培养规范化。

➤ 提高员工忠诚度和工作满意度。

➤ 保持持续的人才竞争力。

对于个人而言,开展职业生涯规划,将有助于:

➤ 帮助个人明确个人发展方向。

➤ 增强自我发展动力。

➤ 保持可持续的职业竞争力

16.1.3　职业生涯规划的分类

职业生涯规划是具有强目的性的企业行为,如果单纯认为职业生涯规划是完全按照员工意愿的企业帮扶行为,是不完全正确的。企业的资源有限,为了最大化利用资源,最好的办法是把优质资源投入到优秀的且能够快速成长的人才身上。

职业生涯规划具有两个层面的含义。一个是也称个人发展计划,主要从员工自身出发,员工结合自身的工作特点以及工作习惯来规划自身职业发展;另一个是企业层面职业生涯规划,主要从企业的角度出发,对员工的职业规划进行协助和培训,同时对员工提供相应的教育以及轮岗机会,给予员工实现职业规划目标的机遇。应注意两者的特点和关系:

第一,两者的目标不同。主要表现在员工职业生涯规划能够让企业员工在工作过程中为一个明确的目标而努力,员工常会因为自身朝规划目标更进一步而感到满足和成功。而从企业层面来讲,职业生涯规划是为了实现企业的发展目标,对员工的职业规划进行引导。

第二,两者是相对独立的。具体来说,员工职业生涯规划是员工在对自身工作能力了解的基础上结合企业发展情况和社会情况,做出的恰当职业决策。而企业职业生涯规划,则是以企业为中心,通过对企业战略目标进行分析,对具体的人力资源做出规划,再通过一系列的人力资源管理手段来进行企业员工的控制和管理。

第三,两者需要相互配合。对于员工来说,其职业生涯的价值观、目标会随着年龄的变化处于不断的变化之中；另一方面，在企业的不同发展阶段也需要配备不同的人员。两者之间的动态变化就要求两者需要相互配合。

16.2　职业生涯规划体系设计

16.2.1　职位结构体系的设计与划分

职位体系是人力资源管理重要的基础性工作，做好这项工作，将为其他各项人力资源管理工作打下基础。在组织职业生涯规划中，清晰地划分岗位序列是组织进行职业生涯规划的第一步，其中包含两个步骤：职位序列和职位设置划分，如图 16 - 3 所示。

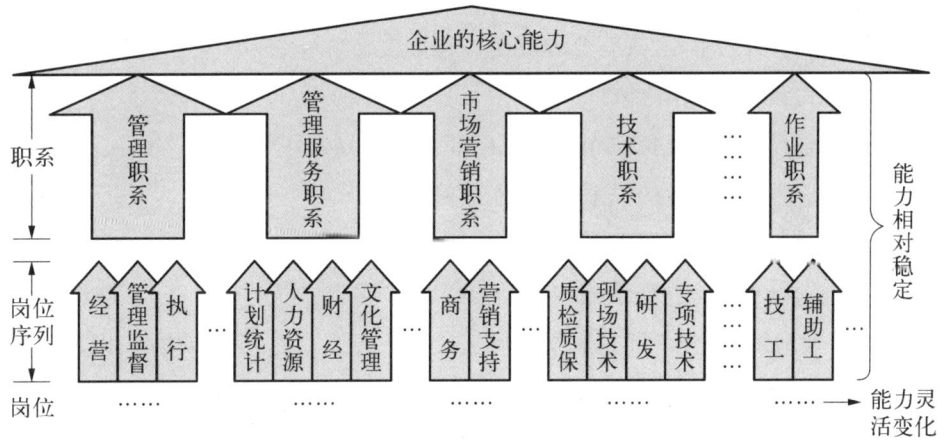

图 16 - 3　职位结构体系图

职位结构体系通常划分为三个层级：职系—岗位序列—岗位。职位结构体系的名称各企业存在不同的叫法，原理是一样的，常见的有职系—序列—岗位、职类—职种—职位、职位族—类—子类、序列—子序列—岗位。

➤ 职系：以岗位所具功能和工作属类为主要依据，将多个岗位及其序列分类归并而成，这些不同的岗位序列有不同的能力要求，但其工作性质或方法相近，或者共同承担着企业的某项重要功能的实现。简言之，一个职系就是一种专门职业（比如，管理职系、作业职系等），在同一职系内，不同岗位间的职责繁简难易、轻重大小、任职资格等都可以不同。

➢ 岗位序列：以岗位工作性质和胜任素质要求为主要依据，将同类职位分类归并而成，这些职位要求任职者具备的素质要求相同或相关，承担的责任和功能相似或相同。每个岗位序列具有其独特的胜任素质结构组合和描述，比如，作业职系内的操作工和技术工，虽然它们的工作性质相似，均属于在一线进行直接作业的人员，但它们的任职资格却存在较大差异。

➢ 岗位：以组织的结构、分工及流程的分解为主要依据，将一项或多项相关的职责进行组合，形成具有特定作用的独立作业单元。在组织的运转过程中，岗位是最基本的功能单元，每个岗位都承担着组织链条中的某一个或多个环节。岗位强调的是职责，设置岗位是为了明确职责，同时也为了促进合作、加强监督。

（1）职位设置

职位是一组功能相近、复杂程度相近的具有明确目标产出的职责的组合，是组织中的最小功能单元，具有合理的工作饱满度。

1）职位设置的基本原则

① 因事设岗原则：按照企业各部门职责范围划定职位，而不应因人设岗；职位和人应是设置和配置的关系，而不能颠倒。

② 规范化原则：职位名称及职责范围均应规范。

③ 整分合原则：在企业组织整体规划下实现职位的明确分工，又在分工的基础上有效地综合，使各职位职责明确又能在上下左右之间同步协调，以发挥最大的企业效能。

④ 最少职位数原则：既考虑到最大限度地节约人力成本，又尽可能缩短职位之间信息传递时间，减少"滤波"效应，提高组织的战斗力和市场竞争力。

⑤ 风险可控原则：在职责界定和任务划分时，遵循企业内控和风险管理的要求，确保相关准则的有效执行。

2）职位设置的操作性原则

① 管理跨度：管理跨度在5到8名下属为比较合适的控制范围。

② 对部门关键职责的增值作用：职位的设置应围绕该部门的关键职责，减少对部门关键职责无直接增值的职位。

③ 考虑职业发展途径：职位的设置应该能够支持职业发展路径的设计，但同时考虑到组织扁平化的需求。

④ 考虑职位分类和工作负荷：临时性职位在临时性职责完成后应该撤销，一个职位的长期存在必须有基本饱和的工作量。

（2）职位序列

职位序列是一系列从事类似工作，需要类似的知识、技能和素质要求（尽管要求的等级不同）的职位组合。职位序列的划分取决于公司业务的需要，如果划分的通用程度太高，将不利于实际应用；如果划分的专业程度太高，会导致缺乏灵活性和前瞻性。

16.2.2　职业通道设计

职业通道（Career Path）是企业以其战略目标为指引、以其组织资源为基础，结合员工个人职业发展的需要，为员工所设定的多个发展方向及其实现路径。现代职业通道设计理念体现出多元化、网络化、开放化的特点，为员工提供多种发展路径，扩展员工的路径选择权，从而形成"多重选择、四通八达、透明开放"的职业通道体系，如图 16－4 所示。

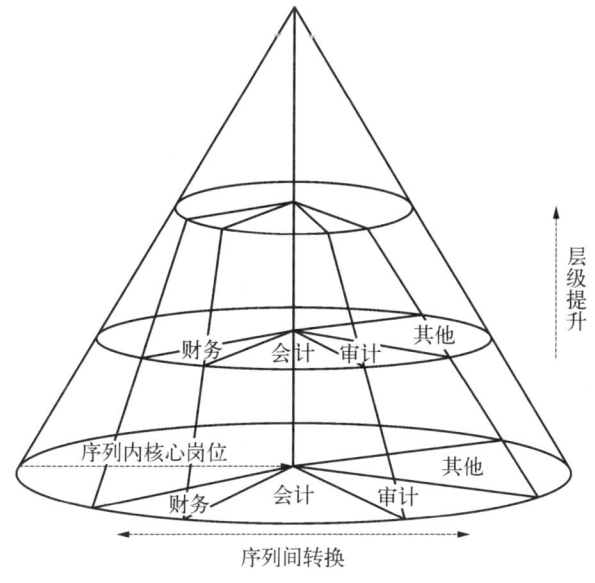

图 16－4　职业通道"甜筒模型"

　　在组织内设计职业通道,对企业来说,可以让企业更加了解员工的潜能;对员工来说,可以让员工更加专注于自身未来的发展方向并为之努力。这一职业发展计划要求员工、主管以及人力资源部门共同参与制定。员工提出自身的兴趣与倾向,主管对员工的工作表现进行评估,人力资源部门则负责评估其未来的发展可能。

　　(1)职业通道设计的原则

　　1)通道层次原则。与组织设计中存在管理层次原则一样,员工职业发展通道设计也存在着层次原则,但两者并不相同。在组织设计中,由于管理幅度的存在,管理层次的问题自然就显现出来。管理层次原则是指在组织结构设计过程中,应该充分考虑管理层次对权力流、资源流、信息流的影响,假如因为层次增加而对上述方面的负面影响大于管理幅度增加的影响,则应减少层次,增加幅度。而通道层次原则是指在设计员工职业发展通道时,既要考虑设计足够的层次,为员工提供较多的职业发展机会和空间,又必须避免层次过多导致的职业发展晋升的激励力度不足,从而无法达到设计的初衷。一般来说,包括职业发展的职等与职级,设计 5 至 15 层较为合适。

　　2)通道宽度原则。通道宽度是指设计的通道总的数量,一般以职业发展序列的数量来衡量。这一点和管理幅度比较类似。管理幅度原则是要求各个管理岗位所控制的管理幅度要适当,但每个层级最适当的管理幅度并无一定的法则。第一次世界大战时的英国将军汉弥尔顿依据军事组织的历史得出结论,认为管理幅度应在 3—6 个人之间。而著名管理学者厄威克说:"对于上级当局来说,理想的下属人员是 4 名。而在委派的职责是执行具体的任务而不是监督别人的最基层中,这样的数目也许是 8 到 12 个人……"美国管理协会 1951 年对 100 多家大公司的调查表明,总经理下属人数从 1 到 24 人不等。在设计职业发展通道宽度时,过多过细的通道会导致管理工作量增加,很有可能出现一个通道只适合一两个员工的情况;又不能设计太少的通道,使得通道内的人员工作岗位、工作性质均有较大的差别。一般来说,企业内部的员工职业发展序列以 3 至 5 种为宜,最多不能超过 8 种。

　　3)不破坏直线职权原则。要严格区别职业发展通道与直线职务、岗位职责之间的关系,新设计的员工职业发展通道不能破坏企业原有的直线职权关系。

员工的职业发展等级得到晋升,只是表明员工的能力得到了提升,员工对企业可能的贡献变大,但是并不意味着员工在企业组织中的指挥与被指挥关系变化。当然,随着员工职业发展的提升,员工可以在工作中来指导较低职业发展等级的员工。严格避免因职业发展通道设计而导致政出多门、多头领导,破坏统一的指挥和命令关系。

(2)职业通道设计的三种方式

1)横向职业通道

这种模式采取工作轮换的方式,通过横向调动来使工作具有多样性,使员工焕发新的活力、迎接新的挑战。虽然没有加薪或晋升,但员工可以增加自己对组织的价值,也使他们自己获得了新生。当组织内没有足够多的高层职位为每个员工提供升迁机会,而长期从事同一项工作使人深感枯燥无味,影响员工工作效率时,可采用此种模式。

员工的横向职业发展通道主要是通过两种方式实现,即生产型员工主要是通过一专多能的方式来实现,管理型员工主要是通过岗位轮换的方式来实现。

① 生产型员工与一专多能

现代企业的发展需要员工的能力精干与交叉,生产型、维修型员工不仅要熟练掌握本岗位专业技能,同时要了解与领会本岗位上下游的能力要求,甚至要学习与掌握本岗位边缘性的、相关性的技能,从而既丰富自身的技术内容,增强自己的岗位选择、岗位适应能力,也符合现代企业人力资源开发的目标要求,降低现代企业的人力成本。员工实现一专多能,事实上是拓宽自身横向职业发展通道。

一般说来,生产型员工在其具体岗位上要实行操作与检修能力合一,即操作员工除了熟练掌握操作技能,而且还要学习相关的维修技能,可以自己独立或与团队合作,及时而有效地处理生产过程中出现的简单设备故障、流程难题,从而减少停工时间,提高劳动生产率,增加企业生产效益。企业对于维修型员工的归类管理要采用"大维修"概念,要充分拓展维修岗位的外延,岗位设置过程中可淡化具体岗位,即要求维修员工在精通某一工种(如钳工)技术的同时,熟练掌握其他工种(如焊工、铆工、车工等)的技术。

在这里,特别提醒一下,员工个人"一专多能"的复合能力培养与当前企业追求团队合作建设并不矛盾。无论是企业层面的员工"一专多能"体系的建设,还是员工层面个体"一专多能"能力的培养,都可以进一步发挥团队优势。企业强调整体型的"一专多能",可以优化员工组合,简化派工矛盾;而个人主动地融入团队,可以发挥团队力量,取长补短。工作中增加"一专多能"的培养机会,可以避免个人工作的局限与窘迫。

另外,对所有员工而言,工作内容的增加意味着"增加挑战性与新的责任"(Raymond A. Noe 语,作者译),比如要求"完成特殊的项目、在同一工作团队中改变角色、寻找服务顾客新的方式"(Raymond A. Noe 语,作者译)等,都可以被视为同一岗位条件下的能力拓展与不转换岗位的员工横向职业发展。

② 管理型员工与岗位轮换

岗位轮换简称为轮岗,主要是指管理型员工在组织中横向流动的一种形式,是在同一职位水平上将员工从一个岗位(职业)调整到另外一个岗位(职业)。轮岗实施的目的从组织层面看,使员工成为多面手,让员工从不同角度加强对企业的理解,从而使企业由于员工的成熟而快速成长起来;从员工层面看,可以丰富员工的工作经历、经验,培养、拓宽员工的业务能力,为员工走向更高的管理岗位创造条件。

员工轮岗的实施原则:首先是个人自愿的原则。另外在时机上选择员工职业早期,以避免员工在某岗位上停留时间较长而增加惯性与惰性的可能。在对象上选择中低级别,以降低员工的位置重要性而造成对企业的影响。在岗位上选择关联职位(如流程上下游的岗位),以减少岗位间的专业进入壁垒。在周期与范围上要适度控制,过于频繁与规模过宽的员工轮岗必然增加企业成本,造成冲击。最后指出的原则涉及职业发展停滞(Career plateau)的概念。职业发展停滞是指从组织的角度看;"进一步晋升的可能性很小的职业发展阶段"。除非迫不得已,否则无须通过轮岗来给出轮换对象"晋升的可能性很小"的信号,打击其自信心与忠诚度。

员工轮岗的实施步骤:企业成立专门管理委员会或委托某现有部门(如人力资源部)负责宏观管理,制定轮岗操作制度与轮岗实施细则,调研与论证可轮换岗位与可轮换对象,进行轮岗通用性知识培训与岗位适应性训练,进行轮岗实施、监督、评估与反馈。不同的企业在对于员工轮岗的实际操作中,必须针对企业的内外部环境、员工队伍的构成情况及企业发展的阶段性要求、企业发展的战略目标进一步确定员工轮岗的具体实施远景规划和近期计划。

2）双重职业通道

这种模式在为普通员工进行正常的职业通道设计时,为专才另外设计了一条职业发展的通道,从而在满足大部分员工的职业发展需要的同时,满足专业人员的职业发展需要。其模式是:管理生涯通道——沿着这条道路可以通达高级管理职位,专业生涯通道——沿着这条道路可以通达高级技术职位。在这种模式中,员工可以自由选择在专业技术通道上或是在管理通道上得到发展,两个通道同一等级的管理人员和技术人员在地位上是平等的,因此能够保证组织既聘请到具有高技能的管理者,又雇佣到具有高技能的专业技术人员。它适合在拥有较多的专业技术人才和管理人才的企业中采用,如图 16-5 所示。

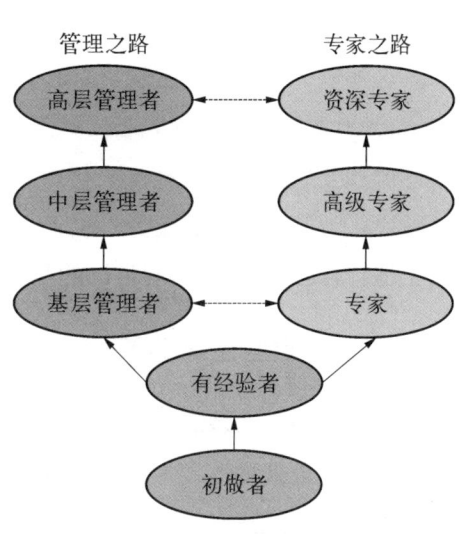

图 16-5 双重职业通道

职业锚理论告诉我们,员工都有自己的职业定位,而管理型只是八种职业锚中的一种。因此,以管理层级设计为基础的职业通道显然不仅有以偏概全之嫌,而且不能满足拥有不同职业锚的员工的职业发展需要。而双重职业通道的建设,则从根本上为员工拓展了职业发展的可能性,其对职业发展的宽容度也远大于传统的职业通道设计。

双重职业通道设计的基本理念是职业技术人员没有必要因为其专业技能的提升从事管理工作,技术专家的贡献是组织需要的,而且应该得到组织的承认。在很多行业,技术员工的能力水平直接影响着组织生产效率的提升速度。承认职业技术人员组织贡献的方式,不是必须被提拔到管理岗位,而是要体现在薪酬的变更和地位的提升方面。处于同一岗位上不同级别专业人员的薪酬设计需要满足可比性的基本要求,在激发员工积极性的同时,也符合薪酬设计内、外相对公平的基本原则。双重职业通道的目的在于激励工程、技术、财务等领域中有突出贡献的员工。实现双重通道不仅能够保证组织聘请到具有高技能的管理者，而且能够组织保留和吸纳具有高技能的专业技术人员。专业技术人员实行个人职业生涯发展可以不必走从管理层晋升的道路，避免了从优秀的技术专家中培养出不称职的管理者这种现象，且有助于专业技术人员在专业技术方面取得更大的成绩，保证了员工在适合自己的岗位上的发展。

3）多重职业通道

这种模式就是将双重职业通道中对专业技术人员的通道设计分成多个技术通道，为专业技术人员的职业发展提供了更大的空间。比如，某技术公司为员工设计的职业发展通道有技术人员通道、技术带头人通道、技术管理人员通道等。这种模式为员工提供了更多的职业发展机会，也便于员工找到与自己兴趣相符、真正适合自己的工作，实现自己的职业目标，也增加了组织效益。

16.2.3　以职业生涯为牵引的学习平台搭建

职位管理体系是基于"工作"，而资格体系是基于"人"。资格体系是组织职业通道管理设计的重要模块，设计的目的就是为了应用，因此，职业通道设计以后，我们需要考虑它与人力资源管理体系其他组成部分之间的衔接及在具体工作中的重要应用。

职业生涯规划作为激发员工自我学习和成长的内在动力，以职业生涯为牵引，拉动整个人力资源管理体系是未来人力资源管理的方向，如图 16-6 所示。

培训开发：根据每一级的资格要求，规划培训课程，从必备知识、专业技能、胜任素质三方面规划课程，提升能力，进而向更高层次的资格等级迈进。当在职员工的能力等级都不断提升时，将会推动企业整体人才队伍胜任素质的提升。

职位体系：职位体系是基于"工作"，职位所需的任职资格与组织职业通道设计密不可分，两者紧密关联，产生联动。

薪酬管理：员工在职业通道中不断提升和发展，伴随之的就是薪酬的逐级增长，员工资格能力的提升在组织内是得到正向的认可和激励的。在工资体系和定薪的规则设计中，引入资格等级体系后，确定员工工资高低的依据就不仅仅是职位价值，还有员工的能力。这种类型的工资体系，称之为"职能工资体系"，

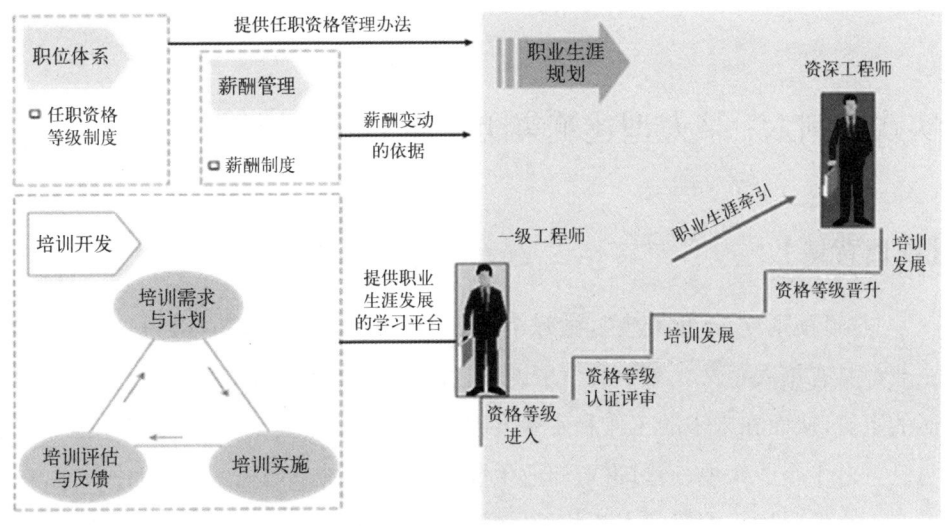

图 16 - 6　以职业生涯为牵引的学习平台搭建

即"职位＋能力"的工资体系。

关于企业职业规划体系设计,总结如下:

首先,企业需要设计多通道职业生涯规划体系,厘清职位序列层级,打通不同序列人才成长通道。

然后,在洞察企业员工职业发展路径的基础上,摸清不同路径人员流动现状,找准并疏通快速成长通道,并实施不同层级人才流动策略。

最后,通过开展员工个人发展计划(IDP),了解员工职业发展意愿和诉求,找准发展方向,摸清个人现状,双方协商并制定行动方案,从而促进员工向前发展。

企业开展职业生涯规划可能存在以下几点困难:

(1)员工能力与职位匹配不清晰。

(2)员工职业生涯发展路径要求不明确。

(3)个人职业发展目标与企业战略目标脱节。

(4)职业生涯规划设计混乱不系统。

(5)企业资源配置不合理。

实践案例六：某大型建筑集团职业生涯规划项目

【项目背景】

"凡事预则立，不预则废"，做好个人职业生涯规划实现职业效益，对个人和企业都具有重大意义。对于员工来说，通过进行职业生涯规划，对自身有一个明确的定位，从而在未来的工作和发展过程中可以扎扎实实、一步一个脚印地提升自己。对于企业来说，通过进行职业生涯规划管理，能够吸引人才、留住人才，在企业未来发展过程中保证人才数量，使得人力资源投资发挥其最大的作用，同时也能够保证企业拥有长久不衰的竞争力。

某大型建筑集团由于业务转型和扩张的需要，亟须补充能够独当一面的技术专精人才、骨干人员，但内部竞聘和外部选拔均难以满足要求。为了建立人才选拔和人才培养的长效机制，加快组织造血功能，企业经过研究决定，构建员工职业生涯规划体系并委托项目组进行协助。

【项目难点】

(1) 如何建立起一套清晰的、多向的职业发展通道。

(2) 针对集团实际现状，摸清不同岗位最佳的职业发展通道。

(3) 摸清通道内人才发展状况，了解个人职业发展意愿。

(4) 辅导员工开展职业生涯管理与规划。

【解决方案】

职业生涯体系构建主要包括五个模块。

第一模块：建立清晰、多向的职业发展通道。

第二模块：建立清晰的各类岗位人才评价标准。

第三模块：建立体系完整的人才评估方法。

第四模块：摸清通道人才发展状况，并实施个人发展计划（IDP）。

第五模块：员工职业生涯管理与规划。

基于人才测评技术的职业生涯规划体系能够有效解决第二模块和第三模块中人才评价标准和人才评估方法的问题，助推企业形成系统的职业生涯体系。本案例主要介绍如何解决第一、四、五模块的内容。

（1）建立清晰、多向的职业发展通道

以职位管理为基础，建立多通道职业发展体系，是人才选拔、培养和激励等基础工作，也是建立岗位任职资格体系的前期工作。建立职业发展通道的流程方法如下：

1）建立职位体系，包括建立职位族、划分职级、划分职等内容。如表 16-1 所示。

表 16-1　职位体系划分标准

专业名词	定　　义
序　列	将工作流关系以及组织结构相同或相似、绩效标准、薪酬要素等管控激励方式相同的或相似的职族分类归并而成，如管理序列、专业技术序列、技能操作序列等。
职位族	将相同职位分类归并而成，这些职位要求任职者需具备的任职资格要求种类相同或相关，承担的职责与职能相似或相同，如安全质量、技术支持、商务采购等。
子　族	在每一职位族之下再根据具体工作内容的不同或专业不同划分多个子族，如人力资源职位族下划分薪酬绩效、培训、招聘、员工关系等。
职　位	需要有一位任职的任职资格要求的集合。职位强调的是以"事"为中心，而不是承担该职位的"人"来完成。
职　级	职级是体现职务、能力、业绩、资历的综合标志，同时也是确定员工薪资待遇及其他待遇的重要依据。职级是对不同类别职务进行平衡比较的统一标尺。以职务层次为横轴，以级别为纵轴构成的"坐标系"，可以衡量，标识担任不同类别职务的员工在组织中所处的位置。
任职资格	包括五个方面：工作年限、资格要求、胜任力标准（素质、知识、技能）、行为标准（工作行为、职业行为）、贡献标准（工作成果、解决问题、知识贡献），这五个方面将作为员工晋升的主要依据。

2）勾勒职位体系图，设置多向职业路径，如图 16-7 所示。

（2）摸清通道人才状况，找到最佳成长路径

职业发展的不同主要体现在个人履历的差异，对于各序列人才来说，以项目

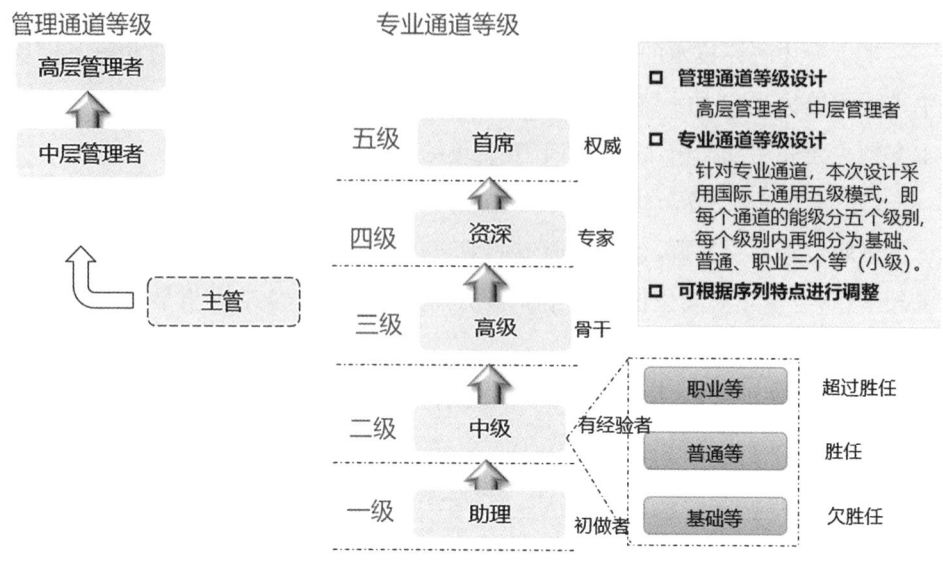

图 16‑7 多通道职业发展通道设计

经理序列,参与的工程项目是反映项目经理职业发展变化的最佳指标,如果将每位经理人的项目经历变化绘制在同一张图上,我们可以清晰地看出项目经理序列的职业发展路径。

(3)实施个人发展计划,制定并落实行动方案

个人发展计划(Individual Development Plan, 简称 IDP)是指针对员工有待发展提高的方向制定,并在一定时期内完成的关于改进和提高工作绩效和工作能力的系统计划。IDP 是一个帮助员工进行职业生涯发展的工具,是一张描绘员工未来职业生涯发展的地图,勾勒出员工的优势、兴趣、目标、待发展能力及相应的发展活动,帮助员工在合适的时间获取合适的技能以实现职业目标,如图 16‑8 所示。

1)使用 IDP 的意义

① 使用 IDP 对集团的意义

➤ 通过对员工领导能力、基础能力、业务水平及专业能力的考察,牵引员工向公司所要求的合格人才发展,从而提高员工队伍的整体绩效,推动集团人力资源战略规划有序推进。

➤ 激发员工的自主学习及发展意识,同时也帮助集团制定更加系统、有针对性的人才培养策略,提升集团对人才队伍培养投入的有效性。

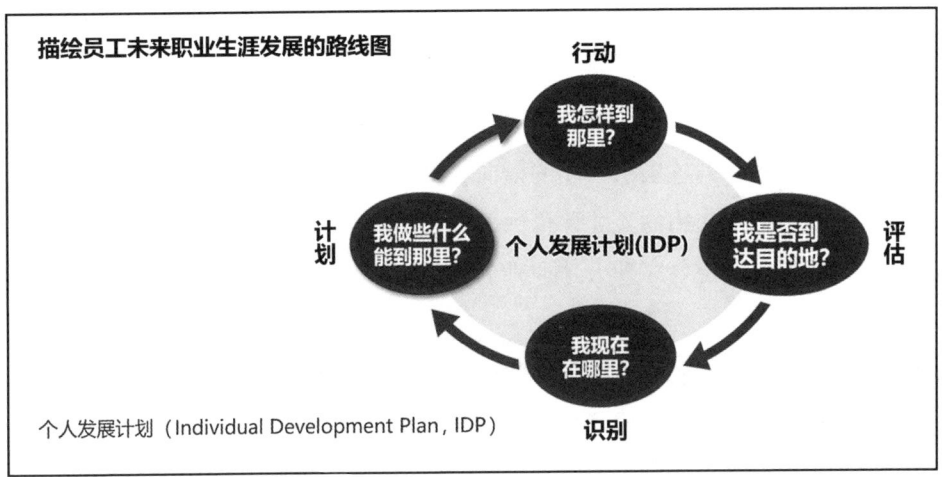

图 16‑8 个人发展计划流程与内容

➢ 帮助集团了解人才队伍的发展动向,在人才调配及激励保留时更加主动和有效。

② IDP 对员工的意义

➢ 帮助其建立对自身职业发展的主人翁意识,逐步厘清自身发展的重点和方法。

➢ 通过 IDP 的引导,帮助员工结合集团战略和个人发展需求,获得组织的支持和引导,有计划有步骤地进行岗位锻炼,从而提升自身成长的效率。

③ 使用 IDP 对直接上级的意义

➢ 通过辅导下属完成 IDP,能够增强直接上级培养下属的能力。

➢ 有利于直接上报自身职业发展。

2) 实施流程及建议

第一步:由员工独立完成 IDP 填写。

第二步:员工将填写的 IDP 交于直接上级,由直接上级完成 IDP 中的"上级评价意见"和"上级评价表"。建议直接上级就 IDP 内容与员工当面沟通至少 15 分钟后,再进行填写。

第三步:直接上级将填写完成的 IDP 电子档打印签字之后,将打印签字的纸质版交于基层单位人力资源部留档保存,电子档按照各公司和部门统一打包发送给集团人力资源部。

【项目成果】

通过开展员工职业生涯规划设计,企业主要获得以下几个方面的收益:

(1) 打通各序列各层级人才的横向和纵向流动。

(2) 获得科学实用的人才评价标准和人才评估办法。

(3) 熟悉各通道各序列人才职业晋升路径状况,获得人才最近成长路径和阻力因素。

(4) 形成完整的职业生涯管理和规划的体系文件。

(5) 激活员工工作热情,凝聚团队向心力。

(6) 保持持续人才竞争力。

(7) 疏通人才培养、激励、选用各环节,形成人才"选用育留"闭环系统。

第十七章 领导力开发

> 通过打造企业各层级的高绩效领导者造就敬业的员工,通过敬业的员工赢得忠诚的客户,通过忠诚的客户造就出色的利润和卓越的文化。
>
> ——盖洛普调研关于卓越组织的秘密

当今世界,科学技术和社会生产力的发展突飞猛进,经济全球化浪潮汹涌澎湃的同时,单边贸易保护主义也逐渐抬头,使得经济贸易环境变得空前复杂,种种迹象表明我们已经进入了VUCA时代。面对如此复杂多变、边界模糊的外部环境,如何快速提升管理者的领导力以有效推动组织变革已成为组织面临的重大挑战。在各种领导力开发实践中,行动学习法已在世界范围内被各类组织所接受、运用和推广,取得了惊人的效果,被认为是快速提升领导能力、改进绩效和推进组织变革的秘密武器。本章主要介绍领导力发展体系的构成,以及如何通过行动学习进行领导力开发,推动组织变革。

17.1 认识领导力开发

搭建领导力开发体系一般包括三个阶段,如图 17-1 所示。

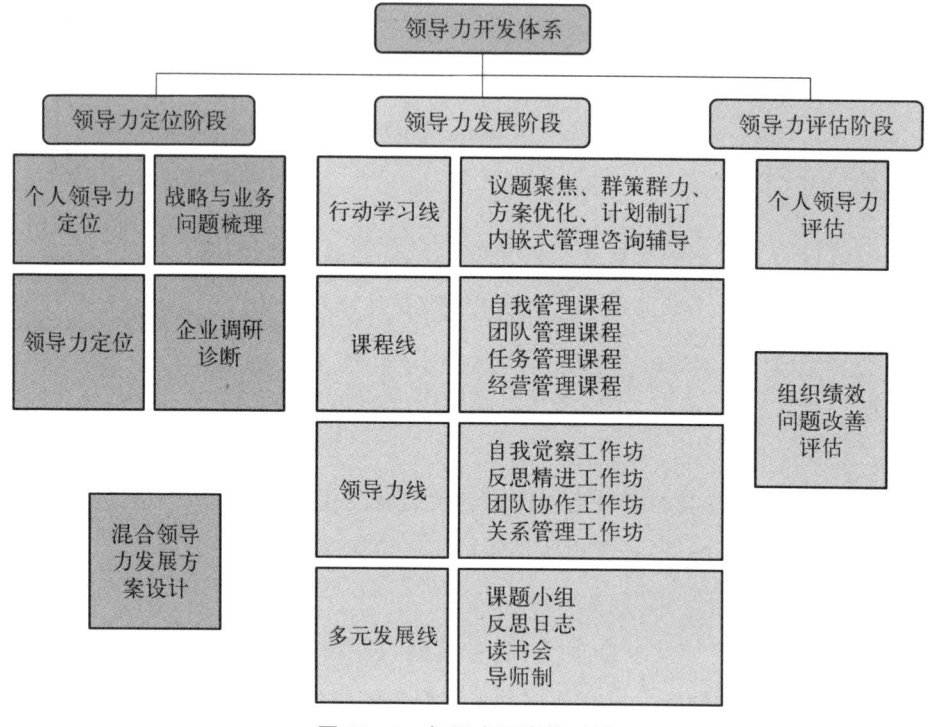

图 17-1 领导力开发体系图

(1)第一阶段:领导力定位阶段

领导力开发的第一步关键的核心是确定领导力发展的方向。要明确领导力开发的目的是为了让公司的管理者们能够在全新的环境和竞争格局中奋力搏击以促进组织变革;还是业务扩展需要管理者提升有效应对管理岗位问题的能力,提升个人的管理知识与技能;抑或是促进团队建设,强化企业文化,增强企业绩效等。

该阶段主要任务是完成个人领导力定位和组织领导力定位,并通过战略与业务问题梳理和企业调研诊断等方法,了解企业领导力发展现状,制定混合领导力发展方案设计。

（2）第二阶段：领导力发展阶段

该阶段主要任务是领导力发展方案实施，通过行动学习线、课程线、领导力线、多元发展线四条不同路径，整体赋能组织和个人领导力。具体涉及的内容非常丰富，周期也较长，需要应对处理的问题也更多。

（3）第三阶段：领导力评估阶段

该阶段主要任务是领导力发展效果评估，主要从个人领导力评估和组织绩效问题改善评估两个方面进行评价，采用的方式主要包括评价中心技术和发展中心技术两种，且发展中心技术理念更为先进、效果更好。另外，为了促进领导力开发的有效性，领导力评估在领导力发展阶段也需要开展，这可以大大节省开发成本，提升培养效果。

17.2　行动学习助力领导力开发

目前，行动学习已成为通用、IBM、默克等知名国外企业及培训机构最为炙手可热的培训方法，我国各类组织也在逐渐应用行动学习进行领导力开发，并出现了一些成功的案例。

瑞文斯（Revans）教授开创了行动学习理论，并提出了"学习（Learning）＝程序性知识或专家提供知识（Programmed Knowledge）＋有洞察力的质疑和反思（Questioning Insight）"的经典关系等式，即 L＝P＋Q。P 以传统教导和继承知识为核心，是对已知的学习；Q 以提出有洞察力的问题为特征，是通向未知的能力。传授程序性知识是传统教育和培训的主要形式，但在这个快速变革的社会中仅仅依靠这种学习方式是远远不够的，还需要主动自觉地探索我们所不熟悉的领域，在未知条件下提出有创见性和洞察力的问题和见解，这样才能有效适应快速变化的环境。他认为，只有以团队的架构将质疑和传统学习结合起来才是完整和有效的学习。总体而言，行动学习是一种通过"经验""做"来学习的形式，是以完成预定工作为目的、在团队支持下持续不断地反思和学习的过程，其本质是一种基于经验的学习取向，是一种理论与实践相结合的有效学习方法。

行动学习的方法很多，比如，行动学习九步法、十步法等，但总结起来，主要包括：

（1）行动学习的准备阶段

➤ 行动学习专题介绍研讨会。

➤ 组建行动学习小组。

➤ 确定行动学习项目主题。

➤ 行动学习开题报告会。

（2）行动学习的实施阶段

➤ 行动学习的解决问题流程实施。

➤ 行动学习前期调研。

➤ 开展行动学习会议。

（3）行动学习的效果评估阶段

➤ 行动学习完成四级评估。

➤ 行动学习成果汇报会。

➤ 行动学习项目实例分享会。

➤ 评价中心与发展中心评估。

17.3　领导力评估的新形式

随着外部环境变化速度的加快，未来企业面临的环境更加多变和复杂。企业管理者的领导力已成为核心中的核心，寻找高效快速的领导力开发方法已成为企业管理者最为关心的问题之一。

目前，从领导力开发的方式方法上讲，领导者知识与技能的开发方式已从评价中心向发展中心过渡。前面章节内容已经对评价中心进行详细介绍，在此就不再赘述。发展中心（Development Center，简称 DC），强调能力发展与人才发展的匹配，强调反思＋行动＋拓展。

作为一种新的评价方式，发展中心日益受到研究者的关注。从表面上看，发展中心与评价中心使用的工具非常相似，都包括心理测量、个体改进、群体互动任务、结构化面试、案例研究等。但近年来的实践表明,发展中心具备良好的设计,它的程序驱动符合领导胜任力的发展过程。通过不断的基于发展中心的评价,领导者在质疑和评论中检讨自我,全面地考量自身胜任力水平,为下一步的行动力改变目标,提高行动计划,后续的跟踪和反馈时时形成立体式的绩效评估网络,切实提高了整体领导水平,这无疑是组织和员工所共同期许的一种绩效模式。

从内容上看,发展中心领导力开发主要包括文化知识与技能的开发、角色意识的转换、个性特质的开发、态度与价值观的转变。

从意义上看,发展中心效果应用主要体现在:基于发展中心的评价模式可以发挥员工个体的技能和潜能,普及企业文化,通过对员工实施战略性的个体干预,帮助其成长和发展;发展中心领导力的作用对组织的整个中层管理者有激励效果;领导力开发的发展中心模式可以用于战略干预。

同时需要指出的是,发展中心需要注意以下几个问题:

(1) 向参与者讲清楚发展中心的目的。

(2) 为参与者做好保密工作。

(3) 基于岗位胜任力模型来实施发展中心。

(4) 收集多方面的信息来辅助个人发展计划。

(5) 重视对评价者的培训。

参考文献

［1］贝克尔,休斯里德,贝蒂.重新定义人才[M].曾佳,康至军,译.杭州：浙江人民出版社,2016.

［2］曹鹏飞,王尧.胜任特征模型构建方法综述[J].社会心理科学,2012,27(Z1)：24—26.

［3］车宏生.心理测量与人才选拔：人才测评技术科学化[M].海口：南海出版公司,2004.

［4］陈少华.人格心理学[M].广州：暨南大学出版社,2010.

［5］陈燕.大学生心理健康[M].北京：北京师范大学出版社,2015.

［6］戴海琦.心理测量学[M].2版.北京：高等教育出版社,2015.

［7］丁琳,席西民.变革型领导对员工创造力的作用机理研究[J].管理科学,2008,21(6)：40—46.

［8］丁秀玲.基于胜任力的人才招聘与选拔[J].南开学报(哲学社会科学版),2008(2)：134—140.

［9］段烨.学习设计与课程开发[M].北京：电子工业出版社,2015.

［10］樊富珉.团体心理咨询[M].北京：高等教育出版社,2005.

［11］付文科,刘继昌.大学生职业生涯规划与创业指导[M].杭州：浙江大学出版社,2010.

［12］郭鹏,郭文凯.职业生涯规划[M].北京：清华大学出版社,2016.

［13］郭庆科.心理测验的原理与应用[J].北京：人民军医出版社,2002.

［14］霍夫曼.人才心理测评[M].曾飚,艾晔,译.北京：中国财政经济出版社,2002.

［15］贾建锋,赵希男,温馨.胜任特征模型构建方法的研究与设想[J].管理评论,2009,21(11)：66—73.

［16］李常仓,赵实.人才盘点：创建人才驱动型组织 [M].北京：机械工业出版社,2012.

[17] 李金珍,王文忠,施建农.积极心理学:一种新的研究方向[J].心理科学进展,2003, 11(3):321—327.

[18] 李旭旦,吴文艳.员工招聘与甄选[M].2版.上海:华东理工大学出版社,2014.

[19] 李永鑫,孙卓.人才测评从业人员职业素质分析[J].人才资源开发,2006(10):19—20.

[20] 刘佛翔,代春艳.人员素质测评[M].长春:吉林大学出版社,2005.

[21] 刘平青.领导力开发[M].北京:清华大学出版社,2014.

[22] 刘长江,郝芳.职业兴趣的结构:理论与研究[J].心理科学进展,2003,11(4):457—463.

[23] 柳恒超.人格测验在人事选拔中的应用:问题与对策[J].上海行政学院学报,2010, 11(4):92—98.

[24] 陆昌勤,方俐洛,凌文辁.组织行为学中自我效能感研究的历史、现状与思考[J].心理科学,2002,25(3):345—346.

[25] 罗斯特,格伦博.现代心理测量学:第3版[M].李晓,缪晶晶,编译.王登峰,审校.北京:中国人民大学出版社,2011.

[26] 迈尔斯.社会心理学[M].侯玉波,乐国安,张智勇,等,译.北京:人民邮电出版社,2016.

[27] 裴建娟.基于岗位胜任力模型的人才招聘与选拔体系研究[J].心理技术与应用,2016, 4(1):60—64.

[28] 沈登学,格桑泽仁.人力资本管理中的心理测评[M].成都:四川科学技术出版社,2004.

[29] 石梦良,范晓玲.学习能力倾向测验研究的文献综述[J].湛江师范学院学报,2010,31(1):167—171.

[30] 斯滕伯格.创造力手册[M].施建龙,等,译.北京:北京理工大学出版社,2005.

[31] 苏丹,张金玲.大学生心理健康教育研究[J].人才资源开发,2014(24):152.

[32] 苏永华.人才测评操作实务[M].北京:中国人民大学出版社,2011.

[33] 唐丽颖.素质测评方法与工具[M].北京:中国劳动社会保障出版社,2013.

[34] 王泽兵,黄钢威,朱建军.大学生职业生涯规划概论[M].成都:西南财经大学出版社,2011.

[35] 萧鸣政.人员测评理论与方法[M].北京:中国劳动出版社,1997.

[36] 萧鸣政.人力资源开发与管理:在公共组织中的应用[M].北京:北京大学出版社,2005.

[37] 萧鸣政.人才评价与开发:行政管理的基点[M].北京:北京大学出版社,2014.

[38] 熊军.人才招聘网站的优势、不足及改进措施[J].人才资源开发,2006(5):14—15.

[39] 徐世勇,刘亚军.人才素质测评[M].北京:中国人民大学出版社,2014.

[40] 薛琴.论基于岗位胜任力模型的人才选拔[J].江苏商论,2007(9):111—113.

[41] 严瑜.心理测量与人才评鉴[M].北京:人民出版社,2008.

[42] 严正,黄才恩.业务领先的人才战略[M].北京:电子工业出版社,2016.

[43] 张进辅.现代人才测评技术与应用策略[M].重庆:重庆出版社,2006.

[44] 张磊.企业人才盘点的呈现形式及其应用[J].企业改革与管理,2017(21):61,81.

[45] 张素玲.行动学习与领导力开发[J].中国浦东干部学院学报,2008,2(2):90—94.

[46] 张云华.人才测评:绘图测验的应用[M].北京:清华大学出版社,2015.

［47］赵曙明.人才测评——理论、方法、工具、实务［M］.北京：人民邮电出版社,2014.

［48］浙江省卫生健康委员会.浙江省新型冠状病毒感染的肺炎疫情心理保健问答 30 条［EB/OL］.(2020－02－05)［2021－02－03］.https://wsjkw.zj.gov.cn/module/download/downfile.jsp?classid=0&filename=cc1f32090814417d81bf859fd5425782.docx.

［49］郑洁,阎力.职业价值观研究综述［J］.中国人力资源开发,2005(11)：11—16.

［50］郑孝领,朱晓红.人才测评实操手册［M］.北京：中国发展出版社,2016.

［51］中国心理学会.心理测验管理条例［J］.心理学报,2015,47(11)：1415—1417.

［52］中国心理学会.心理测验工作者职业道德规范［J］.心理学报,2015,47(11)：1418.

［53］钟虹添,奚国华,张建国.人才梯队建设和思 8 步法［M］.厦门：厦门大学出版社,2011.

［54］朱海涛.人才测评师：职场急需的"伯乐"［J］.中国人才,2011(17)：54—55.

第一章 总 则

第 1 条 为促进中国心理测验的研发与应用，加强心理测验的规范管理，根据国家有关法律法规制定本条例。

第 2 条 心理测验是指测量和评估心理特征（特质）及其发展水平，用于研究、教育、培训、咨询、诊断、矫治、干预、选拔、安置、任免、就业指导等方面的测量工具。

第 3 条 凡从事心理测验的研制、修订、使用、发行、销售及使用人员培训的个人或机构都应遵守本条例以及中国心理学会《心理测验工作者职业道德规范》的规定，有责任维护心理测验工作的健康发展。

第 4 条 中国心理学会授权其下属的心理测量专业委员会负责心理测验的登记和鉴定，负责心理测验使用资格证书的颁发和管理，负责心理测验发行、出售和培训机构的资质认证。

第二章 心理测验的登记

第 5 条 凡个人或机构编制或修订完成，用以研究、测评服务、出版、发行与销售的心理测验，都应到中国心理学会心理测量专业委员会申请登记。

第 6 条 登记是心理测验的编制者、修订者、版权持有者或其代理人到中国心理学会心理测量专业委员会就其测验的名称、编制者（修订者）、版权持有者、测量目标、适用对象、测验结构、示范性项目、信度、效度等内容予以申报，中国心理学会心理测量专业委员会按照申报内容备案存档并予以公示。心理测验登记的申请者应当向中国心理学会心理测量专业委员会提供测验的完整材料。

第 7 条　测验登记的申请者必须确保所登记的测验不存在版权争议。凡修订的心理测验必须提交测验原版权所有者的书面授权证明。

第 8 条　中国心理学会心理测量专业委员会在收到登记申请后，将申请登记的测验在中国心理学会心理测量分会的有关刊物和网站上公示 3 个月（条件具备时同时在相关学术刊物公示）。3 个月内无人对版权提出异议的，视为不存在版权争议；有人提出版权异议的，责成申请者提交补充证明材料，并重新公示（公示期重新计算）。

第 9 条　公示的测验内容包括但不限于测验的名称、编制者（修订者）、版权所有者、测量目标、适用对象、结构、示范性项目、信度和效度。

第 10 条　对申请登记的测验提出版权异议需要提供有效证明材料。1 个月内不能提供有效证明材料的版权异议不予采纳。

第 11 条　中国心理学会心理测量专业委员会只对登记内容齐备、能够有效使用、没有版权争议的心理测验提供登记。凡经过登记的心理测验，均给予统一的分类编号。

第三章　心理测验的鉴定

第 12 条　心理测验的鉴定是指由中国心理学会心理测量专业委员会指定的专家小组遵循严格的认证审核程序对测验的科学性、有效性及其信息的真实性进行审核验证的过程。

第 13 条　心理测验只有获得登记才能申请鉴定。中国心理学会心理测量专业委员会只对没有版权争议、经过登记的心理测验进行鉴定，只认可经科学程序开发且具有充分科学证据的心理测验。

第 14 条　中国心理学会心理测量专业委员会每年受理两次测验鉴定的申请。

第 15 条 鉴定申请材料包括但不限于以下内容：测验（工具）、测验手册（用户手册和技术手册）、记分方法、计分方法、测验科学性证明材料、信效度等研究的原始数据、测试结果报告案例、信息函数、题目参数、测验设计、等值设计、题库特征等内容资料。

第 16 条 对不存在版权争议的测验，中国心理学会心理测量专业委员会组织专家在 3 个月内完成鉴定。

第 17 条 鉴定工作程序包括初审、匿名评审、公开质证和结论审议 4 个环节。

1）初审主要审核鉴定申请材料的完备程度和是否存在版权争议。

2）初审符合要求后进入匿名评审。匿名评审按通讯方式进行。参加匿名评审的专家有 5 名（或以上），每个专家都要独立出具是否同意鉴定的书面评审意见。无论鉴定是否通过，参与匿名评审专家的名单均不予以公开，专家本人也不得向外泄露。

3）匿名评审通过后进入公开质证，由鉴定申请者方面向鉴定专家小组说明测验的理论依据、编修或开发过程、相关研究和实际应用等情况，回答鉴定专家小组成员以及旁听人员对测验科学性的质询。鉴定专家小组由 5 名以上专家组成，成员由中国心理学会心理测量专业委员会聘任或指定。

4）公开质证结束后进入结论审议。鉴定专家小组闭门讨论，以无记名方式投票表决，对测验做出科学性评级。科学性评级分 A 级（科学性证据丰富，推荐使用）、B 级（科学性证据基本符合要求，可以使用）、C 级（科学性证据不足，有待完善）。

第 18 条 为保证测验鉴定的公正性，规定如下：

1）测验的编制者、修订者和鉴定申请者不得担任鉴定专家，也不得指定鉴定专家。

2）为所鉴定测验的科学性和信息真实性提供主要证据的研究者或者证明人不得担任鉴定专家。

3）参加鉴定的专家应主动回避直系亲属及其他可能影响公正性的测验鉴定。

4）参与鉴定的专家应自觉维护测验评审工作的科学性和公正性，评审时只代表自己，不代表所在部门和单位。

第 19 条 为切实保护鉴定申请者和鉴定参与者的权益，参加鉴定和评审工作的所有人员均须遵守以下规定：

1）不得擅自复制、泄露或以任何形式剽窃鉴定申请者提交的测验材料。

2）不得泄露评审或鉴定专家的姓名和单位。

3）不得泄露评审或鉴定的进展情况和未经批准和公布的鉴定或评审结果。

第 20 条　对于已经通过鉴定的心理测验，中国心理学会心理测量专业委员会颁发相应级别的证书。

第四章　测验使用人员的资格认定

第 21 条　使用心理测验从事职业性的或商业性的服务，测验结果用于教育、培训、咨询、诊断、矫治、干预、选拔、安置、任免、指导等用途的人员，应当取得测验的使用资格。

第 22 条　测验使用人员的资格证书分为甲、乙、丙三种。甲种证书仅授予主要从事心理测量研究与教学工作的高级专业人员，持此种证书者具有心理测验的培训资格。乙种证书授予经过心理测量系统理论培训并通过考试，具有一定使用经验的人。丙种证书为特定心理测验的使用资格证书，此种证书需注明所培训使用的测验名称，只证明持有者具有使用该测验的资格。

第 23 条　申请获得甲种证书应具有副高以上职称和 5 年以上心理测验实践经验，需由本人提出申请，经 2 名心理学教授推荐，由中国心理学会心理测量专业委员会统一审查核发。

第 24 条　申请获得乙种和丙种证书需满足以下条件之一：

1）心理专业本科以上毕业。

2）具有大专以上（含）学历，接受过中国心理学会心理测量专业委员会备案并认可的心理测量培训班培训，且考核合格。

第 25 条　心理测验使用资格证书有效期为 4 年。4 年期满无滥用或误用测验记录，有持续从事心理测验研究或应用的证明（如论文、被测者承认的测试结果报告或测量专家的证明），或经不少于 8 个小时的再培训，予以重新核发。

第 26 条　中国心理学会心理测量专业委员会对获得心理测验使用资格的人颁发相应的证书。

第五章　测验使用人员的培训

第 27 条　为取得心理测验使用资格证书举办的培训,必须包括有关测验的理论基础、操作方法、记分、结果解释和防止其滥用或误用的注意事项等内容,安排必要的操作练习,并进行严格的考核,确保培训质量。学员通过考核方能颁发心理测验使用资格证书。

第 28 条　在心理测验培训中,应将中国心理学会心理测量专业委员会颁布的心理测验管理条例与心理测验工作者职业道德规范纳入培训内容。

第 29 条　培训班所讲授的测验应当经过登记和鉴定。为尊重和保护测验编制者、修订者或版权拥有者的权益,培训班所讲授的测验应得到测验版权所有者的授权。

第 30 条　培训班授课者应持有心理测验甲种证书(讲授自己编制的、已通过登记和鉴定的测验除外)。

第 31 条　中国心理学会心理测量专业委员会对心理测验使用资格的培训机构进行资质认证,并对培训质量进行监控管理。

第 32 条　通过资质认证的培训机构举办心理测量培训班需到中国心理学会心理测量专业委员会申报登记,并将培训对象、培训内容、课时安排、考核方法、收费标准与详细培训计划及授课人的基本情况上报备案。中国心理学会坚决反对不具有培训资质的培训机构或者个人举办心理测验使用培训。

第 33 条　培训的举办者有责任对培训人员的资质情况进行审核。

第 34 条　培训中应严格考勤。学员因故缺席培训超过 1/3 以上学时的,或者未能参加考核的,不得颁发资格证书。

第 35 条　培训结束后,主办单位应将考勤表、试题及学员考核成绩等培训情况报中国心理学会备案。凡通过考核的学员需填写心理测量人员登记表。

第 36 条　中国心理学会心理测量专业委员会建立心理测验专业人员档案库,对获得心理测验使用资格者和专家证书者进行统一管理。凡参加中国心理学会心理测量专业委员会审批认可的心理测量培训班学习并通过考核者,均予颁发心理测验使用资格证书,列入中国心理学会心理测量专业委员会专业心理测验人员库。

第六章　测验的控制、使用与保管

第 37 条　经登记和鉴定的心理测验只限具有测验使用资格者购买和使用。未经登记和鉴定的心理测验中国心理学会心理测量专业委员会不予以推荐使用。

第 38 条　为保护测验开发者的权益,防止心理测验的误用与滥用,任何机构或个人不得出售没有得到版权或代理权的心理测验。

第 39 条　凡个人和机构在修订与出售他人拥有版权的心理测验时,必须首先征得该测验版权所有者的同意;印制、出版、发行与出售心理测验器材的机构应该到中国心理学会心理测量专业委员会登记备案,并只能将测验器材售予具有测验使用资格者;未经版权所有者授权任何网站都不能使用标准化的心理量表,不得制作出售任何心理测验的有关软件。

第 40 条　任何心理测验必须明确规定其测验的使用范围、实施程序以及测验使用者的资格,并在该测验手册中予以详尽描述。

第 41 条　具有测验使用资格者,可凭测验使用资格证书购买和使用相应的心理测验器材,并负责对测验器材的妥善保管。

第 42 条　测验使用者应严格按照测验指导手册的规定使用测验。在使用心理测验结果作为诊断或取舍等重要决策的参考依据时,测验使用者必须选择适当的测验,并确保测验结果的可靠性。测验使用的记录及书面报告应妥善保存 3 年以备检查。

第 43 条　测验使用者必需严格按测验指导手册的规定使用测验。在使用心理测验结果作为重要决策的参考依据时,应当考虑测验的局限性。

第 44 条　个人的测验结果应当严格保密。心理测验结果的使用须尊重测验被测者的权益。

第七章　附　　则

第 45 条　对于已经通过登记和鉴定的心理测验,中国心理学会心理测量专业委员会协助版权所有者保护其相关权益。

第 46 条　中国心理学会心理测量专业委员会对心理测验进行日常管理。为方便心理测验的日常管理和网络维护,对测验的登记、鉴定、资格认定和资质认证等项服务适当收费,制定统一的收费标准。

第 47 条　测验开发、登记、鉴定和管理中凡涉及国家保密、知识产权和测验档案管理等问题,按国家和中国心理学会有关规定执行。

第 48 条　中国心理学会对违背科学道德、违反心理测验管理条例、违背《心理测验工作者道德准则》和有关规定的人员或机构,视情节轻重分别采取警告、公告批评、取消资格等处理措施,对造成中国心理学会权益损害的保留予以法律追究的权利。

第 49 条　本条例自中国心理学会批准之日起生效,其修订与解释权归中国心理学会心理测量专业委员会。

（原载《心理学报》,2015 年,第 47 卷,第 11 期,第 1415—1417 页。）

附录2 心理测验工作者职业道德规范

（中国心理学会'2015.05）

　　凡以使用心理测验进行研究、诊断、安置、教育、培训、矫治、发展、干预、选拔、咨询、就业指导、鉴定等工作为主的人，都是心理测验工作者。心理测验工作者应意识到自己承担的社会责任，恪守科学精神，遵循下列职业道德规范：

　　第1条　心理测验工作者应遵守《心理测验管理条例》，自觉防止和制止测验的滥用和误用。

　　第2条　心理测验工作者必须具备中国心理学会心理测量专业委员会认可的心理测验使用资格。

　　第3条　中国心理学会坚决反对不具有心理测验使用资格的人使用心理测验；反对使用未经注册或鉴定的测验，除非这种使用出于研究目的或者是在具有心理测验使用资格的人监督下进行。

　　第4条　心理测验工作者应使用心理测量学品质好的心理测验。

　　第5条　心理测验工作者有义务向受测者解释使用测验的性质和目的，充分尊重受测者的知情权。

　　第6条　使用心理测验需要充分考虑测验结果的局限性和可能的偏差，谨慎解释测验的结果和效能，既要考虑测验的目的，也要考虑影响测验结果和效能的多方面因素，如环境、语言、文化、受测者个人特征、状态等。

第 7 条　应以正确的方式将测验结果告知受测者。应充分考虑到测验结果可能造成的伤害和不良后果，保护受测者或相关人免受伤害。

第 8 条　评分和解释要采取合理的步骤确保受测者得到真实准确的信息，避免做出无充分根据的断言。

第 9 条　应诚实守信，保证依专业的标准使用测验，不得因为经济利益或其他任何原因编造和修改数据、篡改测验结果或降低专业标准。

第 10 条　开发心理测验和其他测评技术或测评工具，应该经由经得起科学检验的心理测量学程序，取得有效的常模或临界分数、信度、效度资料，尽力消除测验偏差，并提供测验正确使用的说明。

第 11 条　为维护心理测验的有效性，凡规定不宜公开的心理测验内容如评分标准、常模、临界分数等，均应保密。

第 12 条　心理测验工作者应确保通过测验获得的个人信息和测验结果的保密性，仅在可能发生危害受测者本人或社会的情况时才能告知有关方面。

第 13 条　本条例自中国心理学会批准之日起生效，其修订与解释权归中国心理学会心理测量专业委员会。

（原载《心理学报》，2015 年，第 47 卷，第 11 期，第 1418 页。）